舩橋晴俊／壽福眞美 編著

持続可能なエネルギー社会へ

ドイツの現在、未来の日本

ペーター・ヘニッケ
ヨーク・ラウパッハ・スミヤ
オルトヴィン・レン
クリスティアン・クリーガー
山本知佳子
ジルヴィア・コッティング゠ウール
北澤宏一
アイリーン・美緒子・スミス

法政大学出版局

はじめに

　2011 年 3 月 11 日から 5 年が過ぎた。日本とドイツはエネルギー政策で正反対の道を歩んでいる。

　(1) 2015 年 7 月，日本政府は「長期エネルギー需給見通し」を決定した。それによると，2030 年度の電源構成は，核エネルギー 22〜20％程度，再生可能エネルギー 22〜24％程度とされている（**図 1**）。原子炉等規制法は，老朽化による危険性を回避し，安全性を確保するために 40 年運転停止原則を定め，60 年運転を例外としているから，現存 43 基のうち，2030 年末時点で運転開始後 40 年未満のものは 18 基であり，25 基は廃炉となる。これは約 15％に相当する。したがって，22〜20％を達成するためには，例外を常態化する運転期間の延長か，新増設による以外に方法はない（橘川，2016）。新増設は想定外のようである（しかし，電力事業者はしばしばリプレースについて語っている！）から，日本政府は，現存の原発をすべてできるだけ早く再稼働し（プルサーマル発電を含む），運転期間を 20 年間延長することを想定していることになる。原発の輸出に邁進することと併せて，「原発依存度を可能な限り低減する」（2014 年 4 月の「エネルギー基本計画」）どころか，核エネルギーの利用拡大が基本方針とされているのである（2012 年 9 月の「2030 年代に原発稼働ゼロを可能とする」オプションは抹消された）[1]。

---

[1]　2016 年 3 月 9 日，大津地裁は関西電力高浜原発 3 号機（2016 年 1 月 29 日再稼働），4 号機（2016 年 2 月 26 日再稼働後，2 月 29 日トラブルで停止中）の運転差し止めの仮処分を決定した。「住民らの人格権が侵害されるおそれが高いにもかかわらず，その安全性が確保されていることについて，関電が主張と説明を尽くしていない部分がある」からとされている（『東京新聞』2016 年 3 月 10 日）。ここで人格権とは，2014 年 5 月 21 日の福井地裁判決──関電大飯原発 3，4 号機の運転差し止め──で鍵を握る認識の 1 つで，今回もそれを踏襲していると思われる。すなわち，憲法第 13 条，第 25 条に基づいた「個人の生命，身体，精神および生活に関する権利の……総体」で，至上の価値を

図1 2030年度の電源ミックス　　　　　　　　　　　　（経済産業省，2015：7）

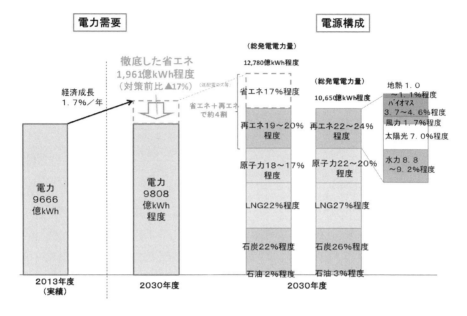

　もっており，「この人格権とりわけ生命を守り生活を維持するという人格権の根幹部分に対する具体的侵害のおそれがあるときは……侵害行為の差止めを請求できる」(「福井地裁判決」，39頁)。
　この決定も上記地裁判決と同じく，四国電力伊方原発に関わる1992年10月29日の最高裁判決——司法審査は，「原子力委員会若しくは原子炉安全専門審査会の専門技術的な調査審議及び判断を基にして被告行政庁の判断に不合理な点があるか否かという観点から行われるべきである」(『判例時報』1441号，1993年2月21日，41頁)として，行政庁の判断の合理性を問題にするとされる。だが，論理的に当然のことながら，行政判断の合理性を判断するには，その判断の基礎となっている専門家の判断自体も審理しなければならない。だから判決もこう認めている。「現在の科学技術水準に照らし，①右調査審議において用いられた具体的審査基準に不合理な点があるか否か，②当該原子炉が右の具体的審査基準に適合するとした原子力委員会若しくは原子炉安全専門審査会の調査審議及び判断の過程に看過し難い過誤，欠落があるか否かを審理」する，と。ところが実際には，判決は専門家の判断そのものの合理性・不合理性を検討していないのである——とは異なり，科学・技術的検討も行い，政府・原子力規制委員会のあり方にも疑念を呈した上で，電力事業者を批判している。
① 福島事故の原因究明は「道半ば」で，原子力規制委員会の「新規制基準」(2013年7月)にも関電の姿勢にも「不安を覚える」。具体的には，
②「電源事故が発生した際の備えは，相当に重厚で十分なものでなければならない」けれ

図2　全国の原発の現状
（『朝日新聞』2016年3月10日 朝日新聞社提供）

　ども，新規制基準に基づいて取られた「備え〔ディーゼル発電機，その燃料備蓄，蓄電池，空冷式非常用発電装置，電源車，パラメーター推定設備等に言及している〕で十分であるとの社会一般の合意が形成されたといってよいか，ちゅうちょせざるを得ない」。
③ 関電の断層調査は不充分であり，最大の地震力想定にも「十分な資料はない」。基準地震動についても「十分な資料は提供されていない」。
④ 「若狭に大津波」をもたらした1586年の天正地震も問題にすべきである。
⑤ 現在実施されているのとは反対に，「地方公共団体個々によるよりは，国家主導での具体的な可視的な避難計画が早急に策定されることが必要であ」る。
⑥ 「この避難計画をも視野に入れた幅広い規制基準が望まれるばかりか，それ以上に，過酷事故を経た現時点においては，そのような基準を策定すべき信義則上の義務が国家には発生している」。
⑦ 「安全性が確保されていることについて，関電が主張と説明を尽くしていない部分がある」。

図3 日本の原発の将来はどうあるべきか （Iwai/Shishido, 2015 : 183 より）

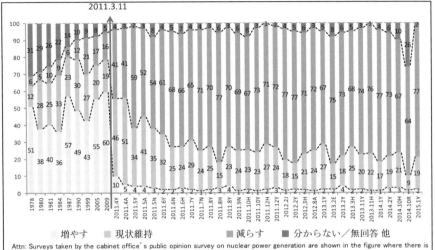

　これが日本国民全体の意思とかけ離れていることは言うまでもない。福島事故直後から原発を減らすべきと回答した人は52〜73%，増やすべきは15〜41%と，過半数の人が核エネルギーの利用に反対してきている（図3）。最近の日本経済新聞の世論調査（2014年8月26日）でも，原発の再稼働に反対が56%，推進が32%，反対のうち電力料金の値上げを受け入れられる人が68%となっており，またNHKの世論調査（2014年10月31日〜11月3日）でも，川

　運転差し止めはこれで4例目（2006年3月の北陸電力志賀原発2号機に関する金沢地裁判決（後逆転敗訴），上記福井地裁判決，2015年4月の関電高浜原発3，4号機に関する福井地裁決定）になる（九州電力川内原発1，2号機は，2015年4月の鹿児島地裁仮処分決定で再稼働した）。

　それでも日本政府の核エネルギー推進政策にはいささかの変化もない。それどころか，いっそう強い決意が語られている。3月10日，安倍首相は「新規制基準に適合した原発のみ，再稼働を進めるという一貫した方針に変わりはない。……エネルギー供給の安定性を確保するためには，原子力は欠かすことができない」と会見で述べ（『日本経済新聞』2016年3月11日），菅官房長官も再稼働方針を堅持すると強調した（『東京新聞』2016年3月10日）。

内原発の再稼働に反対57%,賛成32%(地元の薩摩川内市では賛成49%,反対44%)で,先の基本的傾向は変わっていない。

(2) 翻ってドイツのメルケル首相は,核脱却賛成71%の世論(*Spiegel*, 2011年3月21日)も背景にして,2011年3月15日,前年秋に決定した原発稼働期間の平均12年延長を凍結するとともに,もっとも古い原発7基を3ヶ月間停止し(故障停止中の1基を加え計8基),全17原発の安全性の検証を指示した。これと並行して3つの専門家委員会に福島以後のエネルギー計画(「エネルギー転換」)について検討し,3ヶ月後までに報告するよう求めた。国立科学アカデミー「レオポルディナ」は,「10年の期間で核エネルギーの利用から脱却することは可能である」としたのに対して,原子炉安全委員会は「ドイツの原発は……福島第一よりも強度が高い」と語った(つまり,安全であるから今後も利用するというメッセージ)。倫理委員会「安全なエネルギー供給」は,事故の危険性を回避すべきであるとして,10年以内の核脱却を勧告した(壽福,2013:21-22, 31)。

連邦議会は6月30日,連邦参議院は7月8日,「エネルギー転換」に関する法律を可決した。①2022年までに原発をすべて廃止する。停止した8基は直ちに廃炉とし,残余の9基は段階的に廃止する。②廃止に伴って電力の安定供給に必要な予備容量は,化石燃料発電所によって確保する。③再生可能エネルギー,とりわけ海上風力発電を強化する(2050年までに最終エネルギー消費に占める再生可能エネルギーの割合を60%,電力に占める割合を80%とする)。④建物,交通分野のエネルギー効率化を向上させる(以上②~④は,2010年「エネルギー計画」と同じ内容で,同計画は,二酸化炭素の排出について1990年比マイナス80~95%としていた。壽福,2013:32-33, 30)。

現在に至るまで,ドイツの「エネルギー転換」は一貫して実践されている(ただし,巨大電力事業者はイギリス,チェコなど海外への原発輸出に「活路」を見出そうとしている)。いくつもの重大な問題も抱えてはいる(廃炉と高レベル放射性廃棄物の最終貯蔵,北の風力発電パークから南の工業地域へ送電する「電力アウトバーン」建設,再生可能エネルギー賦課金等を含む電力料金の上昇,高効率石炭・ガス発電所新設,アフリカのメガソーラー・パーク「デザーテック」

計画など）けれども，核エネルギーから再生可能エネルギーへの転換という基本方針に揺るぎはなく，一見ドイツだけの「特殊な道」は，「世界の模範」たらんとしているのである（ヘニッケ／ヴェルフェンス，2013）。

(3) 私たちは，このようなドイツの経験から学ぶことがたくさんあると思う。また日本の経験を通してドイツの人々が示唆を受ける場合もあるだろう。日本とドイツの歴史的・社会的・文化的条件はたしかに異なる（ドイツはヨーロッパの歴史に深く組み込まれている，ヨーロッパ連合の中軸国であり，ヨーロッパ域内市場が成立している。地域・州の独立性が高い連邦制国家である。戦後からの反核・平和運動が根づいている。強力な環境保全運動があり，同盟90／緑の党という政党が確固たる地位を築いている。原発反対運動も連綿として続いてきた。温暖化防止・核脱却・環境保全で専門家合意が存在し，政治家，市民との対話もある程度行われている等々，枚挙に暇がない）。しかし，そのことは両者が交流し学びあうことを妨げるものではないし，とりわけ核エネルギー政策の転換に関しては，世界的に見ても意義があると言えよう。すなわち，持続可能な「エネルギー転換」で世界の先頭を歩むドイツ，世界史的に類例のない福島原発事故（表1）を体験して，新たな一歩を踏み出そうと苦闘している日本。

(4) 本書は，法政大学サステイナビリティ研究所が行った2つの催しが基になっている。1つは，2013年12月の国際シンポジウム「エネルギー政策の転換と公共圏の創造――ドイツの経験に学ぶ」（法政大学社会学部科研費プロジェクトと共催）であり，もう1つは「「脱原発とエネルギー転換」を勧告したドイツ倫理委員会委員2名の来日講演会・討論会」（原子力市民委員会と共催）である。いずれもそれぞれ100名，50名以上の研究者，市民，学生が参加し，ドイツ内外の6名の専門家の報告，ドイツの研究者2名の報告に基づいて活発な意見交換・討論が行われた。しかし，その後日本でもドイツでも核エネルギー政策，「エネルギー転換」において理論的・政策的・実践的に変化と進展があった。それも踏まえて新しく編集した論文集が本書である。主題は明確なので，以下各論文の内容を簡略に紹介したい。

第1章 ヘニッケ「エネルギー転換 好機と挑戦」――エネルギー転換が長

期的な社会的・経済的構造転換であるという基本的な視点を明確に堅持して，現段階（2015年）で必要な課題を解明する。①現在の政権は，「エネルギー基本計画（2010〜2050）」（電力，熱，交通）を実現する政策を充分に実行しておらず，とくに電力問題に矮小化して批判する勢力が存在する。②電力消費を削減し，効率化を促進することが肝要である。石炭火力の新設を断念し，天然ガス火力への転換，コージェネレーション，蓄電池の推進を堅持する。熱，とくに暖房需要減を進める。バイオ燃料，再生可能水素によって交通燃料を確保し，化石燃料は航空交通に制限する。③エネルギー節約・効率化のポテンシャルは巨大である。公的資金，投資の増大がカギを握る（とくに建物近代化）。④資源効率化戦略，市場参入障壁の撤廃，リバウンド効果抑制の経済効果は大きい。⑤以上を実行するには，市民と社会運動の力が必要である[2]。

第2章 ラウパッハ「ドイツにおける再生可能エネルギーの地域経済効果」——バリューチェーン分析は，経済的付加価値を測定・評価し，地域住民の所得収入，利潤，税収の総額，構造を解明する。①投資者は，個人（私的世帯，農民），とくにエネルギー協同組合が最大で，次に都市公社を含む自治体・企業である。これが地域分散型システムの基盤を形成する。②付加価値の段階（投資，投資サポート，プラント経営，マネージメント）的評価によると，付加価値全体の50％が被雇用者の収入，利潤が40％である。③太陽光と風力が付加価値全体の70％である。④この分析によって，再生可能エネルギーの拡大から期待される経済効果のポテンシャルを予測できる。これによって地域特有の構造的政策を立案し，住民とのコミュニケーションを促進できる。⑤自治体，市民イニシアティブ，市民の公開コミュニケーションとネットワークが，再生可能エネルギー・プロジェクトの鍵を握る。

第3章 レン／クリーガー「ドイツの核エネルギー政策」——世論，経済的圧力，政治的関与が核エネルギー政策を決定してきている。①チェルノブイリによってドイツとヨーロッパの核エネルギー政策は劇的に変わった。とくに専門家に対する信頼が失われた。②ヨーロッパの文脈（エネルギー市場の自由化

---

[2] なお，国際シンポにおけるヘニッケ報告「未来のための持続可能なエネルギー（英文）」は，予稿集（2013），3-47頁に収録。

による経済的効率化，野心的な気候変動目標，国内エネルギー源重視の安全保障）に埋め込まれたドイツ。③輸入依存度が60％（旧ソ連が30％），寡占的な石油・石炭企業と多層・分散的なガス・電力企業の特徴がある。④エネルギー政策は専門家委員会と研究所の報告，討論によって大きな影響を受ける。また社会運動，公的世論，司法が大きな役割を果たしてきている。⑤1986年以後，とくに2000年の核合意が現在の政策の源となっている。

　第4章 山本「ドイツ脱原発」――市民が社会の方向を決定する原動力である。①40年間の歴史を基礎に現在の政策がある。難題はあるが，ドイツのエネルギー転換は，世界の新しいモデルになる。②市民による反対運動，緑の党の活動（とくに他の政党への影響），専門家・研究所・シンクタンクの大きな役割，批判的なメディアの影響力等が政治の変化をもたらした。③日本は上記4要素がたいへん弱い。その原因，①歴史への反省と責任から反核平和・反原発などの運動が生まれた。日本は社会のあり方を問い，社会を市民がつくる意識が弱い。②異なる意見をぶつけ合うなかで妥協と合意を形成し，具体的な変化をもたらす。日本は全員一致の幻想にとらわれている。③広島・長崎の経験，敗戦，福島の事故を考え，社会に発信し続けることで意識の変化が起きる可能性はある。ドイツでも40年かかったのだから，日本でも脱原発を次世代にバトンタッチできる努力が必要だ。

　第5章 壽福「専門家討議，市民参加，政治的意思形成」――社会運動と専門家討議，市民参加が社会を動かす。①司法が安全性最優先，あらゆる危険性の排除，残余の危険性の最小化を率先して主張した。②市民参加の専門家討議が，過酷事故の可能性と危険性，再処理・高速増殖炉の危険性，（使用済み核燃料を含む）高レベル放射性廃棄物貯蔵問題解決の決定的重要性を明らかにし，市民社会の意識変革に貢献した。③核エネルギーの賛否両者の同席する国際的討議により，連邦と州の統合処理センター計画は変更を余儀なくされた。④これを期に核エネルギー政策全体がほころび始め，現在に至るエネルギー転換の嚆矢となった。

　〈特別寄稿〉ウール「緑の党とエネルギー転換」――再生可能エネルギーへの転換は何を意味し，誰に何をもたらすのか。①緑の党は，エネルギーの節約と効率化，再生可能エネルギーによる持続可能な経済と社会の建設，太陽光発

電導入の「10万の屋根プログラム」を主導している。②核エネルギーは危険が大きく，多額の税金投入がなければ可能ではない。③再生可能エネルギーは，温暖化防止，化石燃料輸入削減，雇用創出（2005年以降で40万人），緑の技術の輸出に貢献する。④社会の協力なしにエネルギー転換はできない。再生電力の優先接続が鍵を握る。出資者は利益を得ている（インゲルスハイム・エネルギー協同組合，リューネブルク・ヴィルヘルムラーベ学校，シェーナウ発電所）。⑤日本は緑のエネルギーに向かう転換能力をもっている。廃棄物処理についてヨーロッパでも議論できる（たとえば日本以外で処理する代わりに日本は核エネルギーから撤退する）。

　第6章 北澤「3・11 Fukushima と世界・日本のエネルギー事情」──福島の原発事故は，世界のエネルギー転換を加速させている。①各国の対応は異なる（フランス，アメリカ，東欧，中国，インド）。②科学技術に対する不信感，国際的信用の失墜，避難生活と環境汚染，賠償の遅れなど。③安全神話を妄信し，過酷事故対策を怠った。原子力ムラに対する規制が育たなかったことが大事故を招いた。④海外の安全対策の学習・導入が必要である。⑤節電，電気自動車化，省エネがまず必要である。⑥再生可能エネルギーが今後の主軸となるが，市民中心の政策・活動が重要である。

　同「福島事故の検証からわかったこと」（口頭報告）──福島原発事故独立検証委員会と学術会議での討論で学んだことを報告したい。①原子炉は冷却が命だが，海水と電源の喪失により水蒸気圧上昇，燃料溶融，水素爆発，放射能放出が起きた。②注水，ベント，複雑な配管操作などが困難をきわめた。③16万人が避難する，スリーマイル，チェルノブイリに続く大事故で，安全神話は崩壊した。④はるかに深刻な事故になる可能性もあった（4号機プールの冷却水喪失，2号機の圧力上昇）。⑤根底に安全神話があり，事故の備えがなかった（たとえばアメリカもヨーロッパもスリーマイル後最新式の水位計と交換した）。⑥原子力安全委員会は電力会社を規制できず，安全保安院も指導しなかった。⑦大国は原発に鷹揚，小国は脱原発，東欧はロシアのリスク重視という経験則があるようだ。⑧地震大国の日本では，コアキャッチャーも備えていない，危険の多い原発を再稼働していくことになるが，安全性の向上が足りない。改善をめぐるせめぎあいが続くだろう。

第7章　舩橋「原子力政策をめぐる社会制御の欠陥とその変革」――原子力政策の制御不足は，勢力関係モデルの優越と原子力複合体の自立・独走にあり，民衆の公論形成が日本の質的変革を左右する。①地域独占，発送電統合，総括原価方式，電源三法交付金が電力業者の経済力や経産省の権力をつくってきた。②この経済力が情報操作と政治力を形成してきた。③原子力複合体が支配力となり，規制を空洞化した。④政策形成過程では，決定の場・政策立案の場・科学的検討の場・公論形成の場の相互関係が重要である。行政偏重の制度的枠組みを科学的検討，公論中心に組み替えることが重要である。公正と公平を軸とした政策形成，社会的合意形成の鍵は民衆の公論にある。

　第8章　スミス「日本の市民運動は，原子力発電所を終わらせエネルギー政策の転換を実現することができる」――現在はエネルギー転換の最大の好機であり，実現の道筋を示し，市民に納得してもらうことである。①再稼働を阻止するために情報発信，立法者とメディアへの働きかけ，勉強・討論会が行われている。電力会社と政府の虚偽を暴く。民主的な政策討議過程の形成に取り組み，安倍政権の非民主性を暴く。②市民社会の公共圏を創造する。③議論だけではなく，一番大切なのは，女性，若者の参加を拡大することだ。④世界との意見交換を活発にするには言語能力を磨き，潜在的な支援者に接近する能力を身につけることだ。⑤エネルギー転換の主人公は社会の人々であり，私たちの仕事は触媒になることである。

　⑸　共編者である舩橋晴俊先生は，2014年8月15日に急逝された。12日に本書の出版について出版局の郷間編集長と最後の打ち合わせをした直後であった。日本と世界の環境社会学界で，また市民運動の領域で稀有な能力を発揮し，指導力をもっていた彼を失う悲しみは筆舌に尽くしがたい。何よりも彼自身が突然の不幸に驚き，失望しているであろう。しかし，残された人間には遺志を受け継ぎ発展させる責任がある。そのことを肝に銘じたい。

　報告者であった北澤宏一先生も，同じく9月26日に他界された。「福島原発事故独立検証委員会」の委員長として原因と被害の究明の先頭に立たれ，その『調査・報告書』は今後も真相解明に大きく貢献するだろう。また東京都市大学学長としてのお仕事も志半ばであったことを思えば，胸中いかばかりであ

ったかと胸が痛む。

　本書をお2人に捧げ，その遺志に応えることを誓いたい。

　法政大学サステイナビリティ研究所の出版助成がなければ，本書が陽の目を見ることはなかった。深くお礼を申し上げる。

　最後に，法政大学出版局の郷間編集長と皆さんの励ましと助けがあってこそ，本書を公刊することができた。心から感謝したい。

2016年3月11日

壽福眞美

〈参考文献〉

Iwai/Shishido (2015), Iwai, Noriko/Shishido, Kuniaki, The Impact of the Great East Japan Earthquake and Fukushima Daiichi Nuclear Accident on People's Perception of Disaster Risks and Attitudes Toward Nuclear Energy Policy, *Asian Journal for Public Opinion Research* — ISSN 2288-6168（Online）Vol. 2 No.3 May 2015：172-195（http://koreascience.or.kr/search/articlepdf_ocean.jsp?url=http://ocean.kisti.re.kr/downfile/volume/anpor/ORJSBL/2015/v2n3/ORJSBL_2015_v2n3_172.pdf&admNo=ORJSBL_2015_v2n3_172）（岩井紀子先生のご教示による。2016年2月29日閲覧）。

橘川武郎（2016），「原子力改革の遅れ　挽回を」『日本経済新聞』2016年1月19日

経済産業省（2015），「長期エネルギー需給見通し」（http://www.meti.go.jp/press/2015/07/20150716004/20150716004_2.pdf）2016年2月26日閲覧

壽福眞美（2013），「専門知，社会的公開対話，政治的決定——ドイツ・エネルギー転換の「合意」形成過程」『大原社会問題研究所雑誌』第661号，東京，20-35頁

ヘニッケ／ヴェルフェンス（2013），Hennicke, Peter/Welfens, Paul J. J., Energiewende nach Fukushima. Deutscher Sonderweg oder weltweites Vorbild?, München: oekom.

予稿集（2013），法政大学科研費プロジェクト「国際シンポジウム予稿集」，東京，相模プリント

予稿集・補遺（2013），法政大学科研費プロジェクト「国際シンポジウム予稿集」，東京，法政大学社会学部資料室

表1 8報告書等比較年表　　　　　　　　　　　　　　　　　　　　　　　　（　）内の数字は頁数

福島原発事故の原因と被害	東電：『東京電力福島原子力事故調査報告書』，2012年6月20日 政府（中）：東京電力福島原子力発電所における事故調査・検証委員会『中間報告』，2011年12月26日 政府（終）：東京電力福島原子力発電所における事故調査・検証委員会『最終報告書』，2012年7月23日 独立：福島原発事故独立検証委員会『調査・検証報告書』ディスカヴァー・トゥエンティワン，2012年3月11日 国会：東京電力福島原子力発電所事故調査委員会『国会事故報告書』徳間書店，2012年9月30日

		東電	政府（中）	政府（終）	独立
			〈基本方針〉100年後の評価に耐えられる報告／国民と世界の人々の疑問に答える／責任追及を目的としない／組織的，社会的背景を明らかにする／再現実験と「動態保存」が必要（3～4） ・「想定以外のことがあり得ることを認識すべきである。「あり得ることは起こる」と考えるべきである」（506） ・事業者「自主保安」の限界，保安院・安全委事務局の知見と審査が不分，専門分化の弊害，シビアアクシデント対策の規制要求＝現行施設の欠陥商人のパラドックス（496～498） ・国内外への情報公開の遅れ，プレス発表を控え，説明をあいまいにするなどリスクコミュニケーションが不適切（485）	・「ありえないと思うことも起こる。見たくないものが見えない，見たいものが見える」（444～445） ・政府や官邸の現場対応介入は不適切（374） ・東電には，原因を究明し，再発防止・安全性向上に役立てる熱意が認められない（405～406） ・保安院と安全委：国際基準に基づく規制，専門的知識に基づく指導が不十分（400～401） ・リスク認識の転換が必要：発生確率にかかわらず，安全・防災対策を立てる，「残余のリスク」を放置しない（413） ・被害者の視点からの欠陥分析を行う（414～417） ・事故原因・被害の全容解明の調査継続の必要性（429）	A nuclear accident anywhere is an accident everywhere.
直接的原因1（地震と津波）		・津波による浸水を起因として，長時間に及ぶ全交流電源と直流電源の同時喪失と，長時間におよぶ非常用海水系の除熱機能の喪失が要因である（317） ・想定，知見を超えた巨大地震・巨大津波であった⇒土木学会指針に依拠（32～33，325） ・国，学会の基準を満たしていた（7，27） ・地震による被害が原因ではない（4，104） ・過去数百年の地震発生履歴からは想定できなかった地震（6） ☆貞観津波⇒9.2mに対して，6.1mを想定（19～21）	・耐震クラスCの消火系配管に地震起因の可能性のある複数の破断（373） ・2002土木学会津波評価技術に基づき5.7メートル（後6.1）工事（381，488） ・2008数百億円＋4年かかる（396） ・2008吉田昌郎原子力設備管理部長と武藤栄原子力立地副本部長「9.3～15.7メートルの津波は来ない」，「津波対策としての防潮堤建造は，周辺部落を犠牲にするので社会的受容は無理」（397） ・2010/8東電「福島地点津波対策ワーキング」発足（400） ・女川原発：1970敷地高14.8メートル（3・11波高3メートル：406）	・1号機：地震発生直後から津波到達までの間，閉じ込め機能を損なう損傷が生じた可能性は否定。ただし，軽微な亀裂，ひび割れ等の可能性までは否定しない（28） ・2008/5～6福島県沖で明治三陸地震クラス発生の試算で9.3～15.7メートルの数値，10津波高試算で第一原発8.6～9.2，第二原発7.7～8.0の数値→2011/3/3文科省「貞観三陸沖地震の震源未特定」の要請（421～422）	・事故の直接の原因は，津波に対する備えがまったく不十分で，電源喪失による多数の機器の故障が発生したことに尽きる（4） ・安全上重要な設備に変形は生じていない，復水器も破損したとは考えられない，圧力抑制室の破損は実証すべき（37） ・安全上重要な配管に地震の影響は認められない，地震動による優位な亀裂進展は認められなかった（261） ・貞観津波の知見を対策につなげられなかった（273）

学術：日本学術会議総合工学委員会原子力事故対応分科会『報告　東京電力福島第一原子力発電所事故の教訓』，2014年6月13日
市民委：原子力市民委員会『原発ゼロ社会への道』，2013年10月7日（改訂版2014年4月12日。改め略記）
学会：日本原子力学会・東京電力福島第一原子力発電所事故に関する調査委員会『福島第一原子力発電所事故　その全貌と明日に向けた提言――学会事故調最終報告書』丸善出版，2014年3月11日
規制庁：原子力規制庁『東京電力福島第一原子力発電所事故の分析　中間報告書（案）』，2014年7月

国会	学術	市民委	学会	規制庁
・事故は収束しておらず，被害も継続している（10） ・破損した原子炉の現状は詳しくは判明しておらず，今後の地震，台風などの自然災害に果たして耐えられるのかも分からない。今後の環境汚染をどこまで防止できるのかも明確ではない。廃炉までの道のりも長く予測できない。一方，被害を受けた住民の生活基盤の回復は進まず，健康被害への不安も解消されていない。	・原子力の安全は絶対的に保証できるものではない，大きなリスクがある（1） ・原子力の安全に関わる国際的な知見を役立てられなかった，学術会議や学会も連携してこなかった（2）	・核反応の再燃リスク，放射能の追加放出リスクが十分小さくならないかぎり，事故収束ではない（8，改33）	・how safe is safe enough?（許容できる安全レベル） ・専門家が事故前に学術的立場から事故の危険性を指摘したことがあったにもかかわらず，それらの知見が事故の未然防止に役立てられていなかった（364） ・周辺地域の方々が避難を余儀なくされているなど，依然，事故は深い爪跡を残したまま。廃炉は，汚染水の処理や溶融燃料の取出しなど，多くの困難を抱えている（発刊挨拶） ・原子力安全の目標は人と環境を放射線の有害な影響から防護すること（110, 117） ・わが国はこれまで，上位の安全思想（IAEA: Principles1999/Standards 2006）を規制制度において位置づけてこなかった（116） ・原子力安全にこれでよいという到達点はない。どの水準までの安全が用意されれば受容すると決めるのかを，社会と合意しなければならない（333）	
・06年安全委は耐震バックチェックを求めたが，東電は16年に延期，保安院は黙認（10） ・06年東電・保安院はSBO・メルトダウンの危険を認識していたが，無対策を安全委は黙認（11） ・米9.11後対策は保安院内のみ ・規制者と被規制者が「逆転関係」となり，規制当局は電気事業者の虜となっていた（12, 17） ・安全上重要な機器の地震による損傷がないとは言えない，特に1号機のLOCAの可能性を否定できない（13） ・15時35〜36分停止の1号機A系の電源喪失の原因は津波ではない（津波第2波到達は15時37分以降）。15時37分停止の1号機B系，2号機A系，15時38分停止の3号機A/B系も，電源喪失が津波によるかは疑問（215）	・津波の襲来により……1〜5号機の全交流電源喪失，最終的には1〜4号機の全電源喪失（3） ・設計条件を超えた巨大津波による過酷事故（17）	・地震大国・津波襲来リスクのある日本では，全原発が原発震災のリスクを抱えている（6） ・1号機：地震によって配管が破断ないし損傷し，冷却材漏洩が起きた可能性（改82, 改154） ・格納容器の圧力抑制機能喪失の可能性（改154） ・圧力抑制プール水温上昇による放射性物質除去効果喪失の可能性（改154）	・地震時の健全性は確保された（149） ・地震により，外部電源は喪失したが，非常用ディーゼル発電機が作動，電源確保（98），4号機：外部電源喪失で燃料プールの残留熱除去系が停止，津波により全電源喪失（95） ・津波により，全交流電源喪失（3号機），全電源喪失（1, 2, 4号機）（95, 98） ・津波によって多数の安全設備が同時に機能喪失（135） ・事故の起点は津波によるすべての電源の喪失と電気系統の機能喪失（144）	・津波到達前までは，燃料の露出・損傷に至る圧力容器からの冷却材の漏洩はなかった（6） ・微小な漏洩があったとしても，10時間程度で炉心損傷は発生しない（6） ・A系非常用交流電源が機能喪失した時刻は15：35：59から15：36：59の間であり，津波による浸水が原因（15〜16）

	東電	政府（中）	政府（終）	独立
直接的原因2（安全確保への備え）	・2001年の台湾第3（馬鞍山）SBOを踏まえ，適切に保守・管理（37） ・2004年スマトラ沖地震の海水ポンプ浸水被害に基づく対策（37）	・不十分な全電源喪失対策，消防車による注水・海水注入策の未策定，機能不全の緊急通信手段，緊急時機材操作要員手配の関連企業任せ（493〜495）		・規制関係者がスマトラ沖地震・津波の被害を重視した形跡は見当たらない（273） ・長時間にわたるSBOは，送電線の復旧又は非常用交流電源設備の修復が期待できるので考慮する必要はない（90設計審査指針276） ・安全規制が，諸外国に比べ10年以上の遅れ（286） ・手順書はSBOを想定していない，SAへの備えなし，IC作動経験なし（383）
直接的原因3（過酷事故への備え）	・工学的には現実に起こることは考えられないほど発生の可能性は十分小さい，リスクは十分低くなっている，この低いリスクを一層低減するアクシデントマネジメントを実施（40） ・9・11後のNRC対策を保安院は知っていたが，民間事業者は知らなかった（44） ・安全文化の醸成は，世界のトップレベルの視点を積極的に取り入れていた（47）	・1977原子力委「原子炉施設の安全設計指針」：「短時間30分の全動力電源喪失に停止・冷却できる設計」，「長期間にわたる電源喪失は，送電系統の復旧または非常用DGの修復が期待できるので考慮する必要はない」（411） ・武藤，吉田，小森常務「設計基準を超える自然災害発生を前提とした対処は考えなかった」（439,440）		・備えの不足と連絡系統の混乱（41） ・AMで外部事象（地震・津波）を考慮していれば，SAの影響を緩和できた可能性が十分にある（284） ・人災の本質は，SAに対する備えにおける組織的怠慢（383）
災害時の対応（情報公開）	官邸，保安院の事前了解を得るのに時間を要した（67）	・原子力災害対策本部の情報集約，伝達ルートが未確立（471）	・3/11 9:45中村審議官「一部溶け始めの可能性」，14:00「炉心溶融の可能性」→3/12 21:30野口審査官「不明」，3/13 17:15西山保安院付「不明」→3/14 9:15保安院職員「溶融は不適切」（276〜230）	
災害時の対応（復水器等）	・設計前提を大きく外れた特異な状況（144） ・復水器運転継続の有無にかかわらず，メルトダウンは起こった（145） ・開閉状態を把握し対応することは現実的に困難（151） ・津波による電源盤の被水⇒直流電源喪失⇒復水器機能不全・高圧注水系不起動（310）	・複数プラントの同時損壊故障時の対処方策なし（411） ・消防車による消化系ラインの代替注水策，大水注入策を整備せず（443） ・通信連絡設備の未整備・IC，RCICの教育，訓練不十分（445,472） ・3号機の代替注水手順の誤りと情報共有体制の不備（475）	・1〜3号機：地震直後ICの配管破断の可能性なし，津波到達までにHPCI（2,3号機のRCIC）損傷の可能性は低い（30〜40），3号機圧力容器：3/132：42HPCI手動停止後数時間注水なし→閉じ込め機能を損なう損傷の可能性大（37）	・1号機メルトダウンの直接的原因は，全電源喪失後復水器の不作動（39） ・復水器の作動状況の誤認は，もっとも重大なエラーだったかもしれない（383）
災害時の対応（ベント・海水）	現場優先でなく，官邸・本店の指揮・命令優先（146）			

国会	学術	市民委	学会	規制庁
	・過酷事故に備える国際的な深層防護対策が進まなかった（7） ・事業者や規制当局が時々の事故対応に追われ，抜本的な安全対策を進めなかった（8）	・政府と東電が巨大地震と津波の事前評価も含め，事故に対する十分な備えを怠った（改82） ・連鎖的事故への対処の困難さで，近接立地のリスクが明らかに（6） ・上階にある使用済み核燃料プールの冷却水喪失事故のリスク	・炉心溶融防止の可能性：1号機：3月11日17：41燃料過熱ないし18：36燃料棒最高温度570度・水素発生時にIC再起動（108），2,3号機：炉圧早期減圧＋消防車注水，注水系統配管閉止（109）	・3号機使用済燃料プール内で燃料貯蔵ラック・燃料集合体の大きな損傷は確認できない（83）
・東電はSAを住民へのリスクと捉えず，既設炉停止・訴訟対策を経営リスクと捉えていた（17），現場より官邸を優先		・1992年，原子力安全委が「過酷事故対策は事業者の自主整備に任せ，規制の対象外と決定した」（160）	・1992年5月，原子力安全委員会のSA防止・影響緩和対策（深層防護第4層）⇒事業者任せ（123） ・2003年，安全委，深層防護（異常発生防止/異常拡大防止・事故への発展防止/放射性物質異常放出防止）を指摘（125） ・2012年6月，原子力規制委設置法の定性的安全目標：日常的健康リスクを有意に増加させない＝炉心損傷頻度10-4/炉・年（125）が，社会的リスク目標なし（126）	
・東電は不都合な事実を公開せず，特に2号機の事故，電力供給の見通しの情報開示に遅れ（17）			・炉心溶融：3月18日，保安院は可能性が強いと判断→5月16日，政府認める（305）	
		・逃し安全弁の不作動（改155） ・水位計，温度計，圧力計，放射線モニタの故障続出（改155）	・1号機：IC非常用復水器を断続的に操作したが，全電源喪失後は作動せず．3月11日21：11炉心溶融（98～99） ・2号機：RCIC（原子炉隔離時冷却系）を手動起動（65時間後停止），3月14日20：25炉心溶融（108～104） ・3号機：RCICとHPCI（高圧注水系）が自動作動，3月13日2：42手動停止，3月13日10：35炉心溶融（105～107）	・直流電源喪失後も交流電源が働き続ける可能性あり（67）
			・1号機：3月12日14時過ぎ，12日15：36水素爆発（94） ・2号機：ベント不成功 ・3号機：3月13日9：20ベント，14日11：1水素爆発（95）	

	東電	政府（中）	政府（終）	独立
水素爆発	・燃料被覆管内の放射性物質が圧力容器内に漏出，被覆管（ジルコニウム）と水蒸気の反応で，水素発生（269）⇒格納容器・建屋に漏洩（259） ・格納容器窒素密閉など⇒水素爆発は想定せず（268）		・1, 3号機：津波到達後IC（3号機HPCI）機能喪失→14～2時代替注水なし→ジルコニウム・水反応で水素発生（52, 70） ・4号機：3号機配管経由の可能性大（78～80） ・5, 6号機（定期点検中）：6号機DG1台作動→電源融通（85）	
放射性物質の放出	・放射性物質と水素による格納容器内圧上昇⇒ベント⇒放出（269） ・1020Pq（294）			
汚染水の海洋流出	・タービン建屋への汚染水の流入は想定せず（279）			
歴史的・構造的要因（なぜ備えが十分でなかったのか）（246）		・東電は，あらゆる不測の事態に備える積極的かつ継続的なAM策の充実化取り組みを行ってこなかった」（438），津波によるシビアアクシデント対策なし（503） ・保安院は，大規模な原子力災害の予想，事前準備に積極的に取り組む姿勢が欠けていた可能性（461） ・原子力安全委「地震・津波対策指針の策定が迅速だったかなど今後も検証継続が必要」，「保安院審査に続く二次審査の形骸化の指摘」（463） ・オフサイトセンター機能不全の原因は，地震・原子力災害を想定していなかったこと（467, 471） ・複合災害視点の欠如（504） ・全体像を俯瞰する視点の欠如		・「安全神話」←「原子力ムラ」（246～248）①中央の原子力ムラ：通産省・電力会社⇒（献金）政治家，メディア，労組，専門家（325～），②地方の原子力ムラ：財政構造（雇用，交付金329～），③国民の無知・無関心（332～） ・「国策民営」体制⇒安全規制の脆弱さ（246～248） ・保安院の専門性不足⇒事業者主導（288～290, 304） ・安全規制のガバナンス：安全委は書類審査機関（311） ・IAEAの勧告を無視（346～），ICRP防護最適化原則（358～）
被害拡大の要因		・福島県，東電のモニタリングポストは地震・津波・停電を想定せず（478） ・文科省のデータ公表は3/16以降，安全委の公表は3/26以降（429） ・原災本部，保安院はSPEEDI情報公開の発想なし（481）		

国会	学術	市民委	学会	規制庁
		・1号機：5階（東電）か4階（国会）か⇒配管損傷の有無に関わる（東電が現場検証拒否：改84)		・4号機爆発の水素は、3号機で発生し流入した。4号機使用済み燃料プールの水素ではない（99）
		・圧力容器や格納容器からの漏洩経路不明（改154） ・格納容器からの水素・放射性物質漏洩の定量的評価が不十分（改154）		・1号機逃し安全弁が作動不可となる可能性は、非常に低い（58）
		・格納容器から建屋地下への汚染水漏洩経路、建屋への地下水流入経路、タービン建屋地下・トレンチへの漏洩経路等不明（改84）		
・規制当局は、監視・監督機能を果たせなかった（17）、独立性・専門性・実行力は国民の安全を守るには程遠い、国際的な安全基準に背く（特に深層防護18） ・原子法規制は利用促進が優先され、国民の生命・身体の安全第一ではなかった、事業者の第一義的責任が不明確、世界の最新の知見を無視（18）	・海外技術依存体質で、総合力で国際水準に達していない（10） ・安全確保を含む「原子力の失われた20年（1990〜2010）」の原因は、「原子力村」の閉じた関係と、安全文化を追求しなかった（11）		・「わが国では誰もが長期間全電源喪失の対応が現実に必要との認識に至らず、現場ではその対応に係わる教育・訓練は実施されていなかった。また、全電源喪失に対応した非常用マニュアルもなかった」（108） ・深層防護第3層に依存しすぎて、第4・5層が機能する備えを怠る（141）	
・規制当局の原子力防災対策の怠慢、官邸・規制当局の危機管理意識の低さが住民避難の混乱の原因（15）				

	東電	政府（中）	政府（終）	独立
住民の被害状況		・避難指示すべき現地対策本部が機能不全（官邸代替），かつ，SPEEDI活用されず（482） ・「絶対安全」にしがみつき，「万が一」の事態を等閑視してきた「安全神話」が〔避難を含む〕事前の備えを怠らせた」（485）	・3/11 19：03 原子力緊急事態宣言・原災本部設置→21：23 3キロ圏内避難＋10キロ圏内屋内退避→1,2号機ベントできず→3/12 5：44 10キロ圏内避難→15：36 1号機建屋爆発→18：25 20キロ圏内避難→3/14 11：13 3号機建屋爆発・3/15 6：00頃4号機爆発音等→3/15 11：00 20～30キロ圏内屋内退避（229～231）	
その他の被害		・計画的避難区域設定基準20ミリシーベルトを校庭利用基準としたのは適切か（486） ・5つの初期被ばく医療機関のうち4病院が避難区域内となり，機能不全（487）		

＊参考事項
①学会事故調設置経緯：2012年6月22日，日本原子力学会総会で決定
②過酷事故（シビアアクシデント）：設計基準事象を大幅に超える事象が発生すると，設計の評価上想定された手段では適切な炉心の冷却や炉心反応度の制御ができない状態となり，その結果，炉心の重大な損傷に至る（学会：12），その具体例：冷却材喪失事故の外部電源喪失，非常用電源喪失，非常用炉心冷却系不作動，残留熱除去失敗（128）
③日本の深層防護（①異常・故障発生防止，②事故への発展防止，③設計基準事故防止，④過酷事故防止，⑤防災対策）論の歴史（原子力安全白書）：1961～1994：第3層までのみ，1995：過酷事故の発生可能性は現実には考えられないほど低い，1996：IAEA, Defence in Depth in Nuclear Safety, 1997：事業者の自主的対応として過酷事故対策，2000：初めて第4・5層を記述，2002：アクシデントマネジメントの必要性説明，2003～2004：第4・5層記述消え，第3層までのみ，2005～深層防護説明なし（学会：133），2006：保安院長「寝た子を起こすな」要請（134）

国会	学術	市民委	学会	規制庁
・事故の状況は続いている。放射線被ばくによる健康問題，家族・生活基盤の崩壊，広大な土地汚染は深刻。避難生活が続き，除染，復興の道筋が見えていない。政府・規制当局の意思の欠如，生活基盤回復の対応の遅れ等が原因（16）		・福島県の避難・出13万4000人以上＋福島県以外が数万人（改27） ・震災関連死者1648名（原発事故関連死が大部分7），震災関連死1656人，福島県内原発関連死1048人（改31） ・無用の被ばくを強制された ・陸地・海洋の汚染（と拡大8，改24〜26） ・莫大な被ばく労働者（8，改33〜34） ・社会的な対立と分断の拡大（9，改30）		
		・数10兆円以上の損害（特に収束・処理コスト，損害賠償，除染，被災者支援9，改34）		

持続可能なエネルギー社会へ
ドイツの現在，未来の日本

目　次

はじめに　　壽福眞美　　i

第Ⅰ部　ドイツのエネルギー転換

第1章　エネルギー転換——好機と挑戦　　3
ペーター・ヘニッケ
1　はじめに　　3
2　エネルギー転換への長い助走　　5
3　目標体系——コンパスがなければ方向を見失う　　6
4　発電の変動——解決できる挑戦　　11
5　莫大なエネルギー節約のポテンシャル
　　——「眠れる巨人」を目覚めさせる　　15
6　リバウンド効果　　22
7　展望と戦略的オプション　　25

第2章　ドイツにおける再生可能エネルギーの地域経済効果　　31
ヨーク・ラウパッハ・スミヤ
1　はじめに　　31
2　ドイツ・エネルギー転換の推進者としてのコミュニティ　　33
3　バリュー・チェーン・アプローチ　　36
4　結論　　42

第3章　ドイツの核エネルギー政策
——スリーマイル島，チェルノブイリ，福島に対する反応　　47
オルトヴィン・レン／クリスティアン・クリーガー
1　はじめに　　47

2　核政策に関するヨーロッパの文脈　52
　3　ドイツのエネルギーに関する国家的文脈　54
　4　ドイツの核エネルギー政策の発展とインパクト　56
　5　結　論　65

第4章　ドイツ脱原発──市民参加から発した政策転換　69
　　　　　　　　　　　　　　　　　　　　　山本知佳子
　1　脱原発の決断　71
　2　脱原発に至るまでの道筋　74
　3　日本の状況　81

第5章　専門家討議，市民参加，政治的意思形成
　　　──1979年，ドイツ核エネルギー政策の挫折の始まり　85
　　　　　　　　　　　　　　　　　　　　　壽福眞美
　1　安全性は原子力発電に優先する──ヴュルガッセン判決　90
　2　あらゆる危険性を排除すべきである──ヴィール判決　92
　3　市民の蒙を啓く？──「市民対話：核エネルギー」と2冊の文書　94
　4　「残余の危険性」論の両義性──カルカール決定　102
　5　（再）処理なくして原発なし──ブロークドルフ判決　108
　6　国際シンポ「ゴアレーベン公聴会」
　　　──ドイツ核政策の挫折の始まり　110

〈特別寄稿〉　緑の党とエネルギー転換　163
　　　　　　　　　　　　　　　ジルヴィア・コッティング＝ウール

目次　xxiii

第Ⅱ部　日本のエネルギー転換

第6章　3・11 Fukushima と世界・日本のエネルギー事情　171

北澤宏一

1　各国のエネルギー事情　172
2　福島原発事故の経緯と再稼働のリスク　173
3　今後の日本のエネルギー政策　180

福島事故の検証からわかったこと（口頭報告）　186

第7章　原子力政策をめぐる社会制御の欠陥とその変革　205

舩橋晴俊

はじめに　205
1　福島原発震災を引き起こした社会的要因連関はなにか　205
2　震災後のエネルギー政策の迷走　217
3　政策決定過程の分析枠組み　220
4　日本社会における社会制御の質的変革の可能性　227
結び　232

第8章　日本の市民運動は，原子力発電所を終わらせエネルギー政策の転換を実現することができる
──私たちは何をすべきか　235

アイリーン・美緒子・スミス

1　はじめに　235
2　私たちが直面する具体的課題　238

3	何が進められているか,まだ何がなされていないか	239
4	戦略的展望のために	243
5	結 論	255

著者紹介 258

法政大学社会学部創設60周年記念

国際シンポジウム
エネルギー政策の転換と公共圏の創造
―ドイツの経験に学ぶ

東日本大震災の被災経験を真剣に見つめるならば、日本社会は早急に原子力発電所による電力生産から脱却し、再生可能エネルギー中心の地域分散型・市民参加のエネルギー生産に転換すべきである。そのためには、ドイツの経験に学ぶことがとくに重要かつ有益であろう。本シンポジウムでは、ドイツでの脱原発政策をリードした「倫理委員会」の議論も参考にしながら、ドイツから何を学ぶことが出来るのか、日本における政策転換の条件は何なのかを共に考えていきたい。

2013年12月8日（日）9:50～18:00（9:20開場）

参加費 無料　定員200名

会場：法政大学多摩キャンパス百周年記念館国際会議場
（所在地：町田市相原町4342）JR中央線「西八王子駅」よりバス20分、京王線「めじろ台駅」よりバス10分、JR横浜線「相原駅」よりバス10分

■プログラム

9:50	開会のご挨拶　法政大学総長　増田壽男／法政大学社会学部学部長　田中優子
10:00	第1セッション「ドイツにおけるエネルギー転換」 ①ペーター・ヘニッケ（前ヴッパータール研究所所長、前ダルムシュタット大学教授） ②山本知佳子（前在独ジャーナリスト）
12:00	（休憩　※近くに食事をとれる場所がございませんので、昼食は各自でご用意下さい。）
13:15	第2セッション「日本におけるエネルギー転換」 ①北澤宏一（福島原発事故独立検証委員会委員長、東京都市大学学長） ②アイリーン・ミオコ・スミス（グリーン・アクション代表）
15:15	（休憩）
15:30	第3セッション「政策決定と地域経済の活性化」 ①舩橋晴俊（法政大学社会学部教授、原子力市民委員会座長） ②ヨーク・スミヤ・ラウパッハ（立命館大学経営学部教授）
17:30	総括セッション　ペーター・ヘニッケ教授／舩橋晴俊教授
18:00	閉会

申込方法
※定員になり次第締め切り
下記専用サイトよりお申し込みください
- パソコン　https://www.event-u.jp/fm/10335
- モバイル　https://www.event-u.jp/fm/m10335

主催：法政大学・サステイナビリティ研究所（所長：福田好朗教授）
　　：法政大学社会学部科研費プロジェクト「公共圏を基盤にしてのサステイナブルな社会の形成」（代表：舩橋晴俊教授）

本件に関するお問合せ先：法政大学　サステイナビリティ研究所
（月～金）9:00～17:00（11:30～12:30除）
TEL：042-783-2084　FAX：042-783-2309　E-mail：sus@hosei.ac.jp

「脱原発とエネルギー転換」を勧告した ドイツ倫理委員会委員2名の 来日講演会・討論会のご案内

　現在、日本でも福島原発事故を期に、国民の多数が脱原発を求め、再生可能エネルギーを中心とするエネルギー転換が全国各地で進もうとしています。ドイツは、脱原発とエネルギー転換を政策として決定・実施して2年余になります。この決定に大きな役割を果たしたのが、ドイツ倫理委員会「安全なエネルギー供給」の報告『ドイツのエネルギー転換』でした。レン、シュラーズ両教授は、その委員として多大な努力と貢献をされた方々です。

　両先生の「日本の脱原発とエネルギー転換」を支援したいという強い熱意に支えられて、今回、日本の多くの市民と研究者、技術者、弁護士など専門家と意見交換する機会を設けることができました。非常に貴重な講演と討論の機会ですので、関心のある多くの方々のご参加をお願いいたします。

日時 **2013年12月14日** 18時～20時30分
場所 **こどもの城　研修室906**
〒150-0001 渋谷区神宮前 5-53-1　phone: 03-3797-5666, fax: 03-3797-5676

参加費無料　日英同時通訳あり

講演

「ドイツにおけるエネルギー政策転換の社会的ルーツ」
　オルトヴィン・レン教授（シュトゥットガルト大学：環境・技術社会学：リスク・技術革新学際研究センター所長）

「専門家委員会の討議と市民との対話（仮題）」
　ミランダ・シュラーズ教授（ベルリン自由大学：比較政治：環境政策研究センター所長）

自由討論

主　催：法政大学社会学部科研費プロジェクト（代表：舩橋晴俊、法政大学社会学部教授）
　　　：原子力市民委員会（座長：舩橋晴俊）

連絡先：科研費プロジェクト　壽福眞美　e-mail:mjfk@hosei.ac.jp

法政大学社会学部創設 60 周年記念　国際シンポジウム
「エネルギー政策の転換と公共圏の創造——ドイツの経験に学ぶ」

　2011 年 3 月 11 日の東京電力福島第一原子力発電所の事故は，チェルノブイリ事故と並ぶ史上最悪の事故である。未だに事故の収束には程遠く，廃炉の見通しもまったく立っていない。それどころか放射性物質の放出は現在も続いており，空間線量も依然として高い（2013 年 5 月 7 日現在の最高値は，福島県大熊町夫沢三地区集会所の 29.671 μSv/h である）。何よりも土地や家屋，森林や河川・海洋が広範囲にわたって汚染されており，現在でも立地地域を中心に 15 万人余の住民が避難生活を余儀なくされている。

　私たちは，この過酷事故（シビア・アクシデント）を重大に受け止め，早急に原子力発電所による電力生産から脱却し，再生可能エネルギー中心の地域分散型・市民参加のエネルギー生産に転換すべきであると考える。そして，国民のなかでも原子力発電所の再稼働に反対し，早急な脱原発を求める運動が全国各地で続いており，最近の世論調査でも約 70% の国民が脱原発を支持している（2013 年 2 月の日本世論調査会や朝日新聞社による調査）。

　しかしながら，原子炉製造業者，電力業者，政府は早急な原発の再稼働をもくろみ，また海外での原子力発電所建設を積極的に進めている。

　「脱原発を含むエネルギー転換」を進めるためには，それに向けた社会・政治的合意を形成することが重要であるが，そのためにはまず市民と専門家が共同で意見を交わし，討論を深め，社会的合意を形成しなければならず，それを踏まえた政治的討議と合意，そして政策決定が行われなければならない。

　私たちは，このような日本のエネルギー政策の転換を実現するうえで，ドイツの経験に学ぶことがとくに重要かつ有益だと考える。というのは，ドイツは福島の事故を直接の決定的なきっかけとして「脱原発を含むエネルギー転換」政策に踏み出したが，その決定過程で 3 つの専門家委員会の討論と勧告，公開市民対話を踏まえた政治的審議・政策決定を行ったからである。とくに 2 つの専門家委員会，公開市民対話では原発に対する賛否両者が対等の立場で意見交換・討論を行い，さらに後者では電力業者，アルミニューム製造業者など企業代表も，環境保全団体を含む多くの NGO 代表も参加して議論した。

　このような政策転換の背景には，1960 年代末以降反核平和運動，環境保全運動と並んで反原発運動が発展し，とくにチェルノブイリ事故以降脱原発が国民の過半数の支持を得るようになったこと，その延長線上で 2000 年には連邦政府と電力業者が

脱原発で合意し，再生可能エネルギー優先法を制定したという事実がある。
　私たちはこのようなドイツの経験から，次のような課題についてより深く学び，日本のエネルギー政策の転換を実現する条件をともに考え，共同してつくっていきたい。

1　開催日時：2013年12月8日（日）9：50〜18：00（9：20開場）
2　開催場所：法政大学多摩キャンパス100周年記念館国際会議場
3　プログラム：
　　挨拶（9：50〜）：　　法政大学総長　　　　増田壽男
　　　　　　　　　　法政大学社会学部学部長　田中優子
　　第1セッション（10：00〜12：00）：ドイツにおけるエネルギー転換
　　　①ペーター・ヘニッケ
　　　　（前ヴッパタール研究所所長，前ダルムシュタット大学教授）
　　　②山本知佳子（前在独ジャーナリスト）
　　第2セッション（13：15〜15：15）：日本におけるエネルギー転換
　　　①北澤宏一（福島原発事故独立検証委員会委員長，東京都市大学学長）
　　　②アイリーン・美緒子・スミス（グリーン・アクション代表）
　　第3セッション（15：30〜17：30）：政策決定と地域経済の活性化
　　　①舩橋晴俊（法政大学社会学部教授，原子力市民委員会座長）
　　　②ヨーク・ラウパッハ・スミヤ（立命館大学経営学部教授）
　　総括セッション（17：30〜18：00）：ペーター・ヘニッケ教授
　　　　　　　　　　　　　　　　　：舩橋晴俊教授
＊　福島訪問（富岡町）：2013年12月7日（土曜日）

主催：法政大学・サステイナビリティ研究所（所長：福田好朗教授）
　　：法政大学社会学部科研費プロジェクト「公共圏を基盤にしたサステイナブルな社会の形成」（代表：舩橋晴俊教授）
問い合せ先：法政大学　サステイナビリティ研究所
　　（月〜金）9：00〜17：00（11：30〜12：30除）
　　TEL：042-783-2084　FAX：042-783-2309　E-mail：sus@hosei.ac.jp

第Ⅰ部　ドイツのエネルギー転換

第1章

エネルギー転換

好機と挑戦[1]

ペーター・ヘニッケ

1 はじめに

　エネルギー転換は，2014年の公共の場での討論では異様に静かになり，それに代わって**電力転換**がいっそうかまびすしく語られるようになった。両者ともそれほど落ち着いたわけではない。「正しい」未来の電力市場デザインをめぐるコンフリクトに満ちた討論は，政府の公式の決定が**全部門**（電力，熱，交通）におけるエネルギー転換にあることから，したがって，21世紀中葉までに「石油とウラン」からの完全な脱却（エコ研究所）を実現することから，脇道に逸れてしまう可能性がある——この脱却は，両ドイツ国家の統一後，ドイツの戦後史でもっとも包括的な社会的・政治的プロジェクトだったのだが。

　エネルギー転換の実現は，長期的な社会的・エコロジー的転換過程であり，グローバル化時代の高度に発展した工業国家の改革能力が試される，社会的実験場である。シナリオ分析が証明しているように（詳細は下記参照），**成功した**エネルギー転換は新しい仕事をつくり，専門的職場への推進力をつくるだけでなく，効率化技術と再生可能エネルギーにとって，未来の卓越した先導的(リーディング・)市場(マーケット)における競争力も高める。ドイツのエネルギー転換がそのような成功を収

---

[1] 本章は次の論文に基づいている（そこからの抜粋は引用を明示していない）。バルトッシュ他，2014，ヘニッケ他，2014，ヴッパータール研究所編，2013。

めれば，持続的なエネルギーに向かっての開花を世界中で促進し，気候と資源を保全する一種のスタート地点となれる[2]。

最初から分かっていたことだが，政治と科学は残念ながら積極的にコミュニケーションすることを怠ってきた。上記のようなエネルギー転換の経済的・地政的な利点を10年，20年と定着させるには，臨時に相当の助走融資が必要であり，これは比較的高額な初期投資の公正な配分という問題も提起する。だがシナリオが示しているように，エネルギー転換が成功した場合のドイツのエネルギー費用計算の国民経済的収益閾は，およそ2030年頃である[3]。これは，供給の安全保障面でも，国内の核による破局からの防護に関しても，社会的・政治的な非連続的飛躍であろう。

そのかぎりでエネルギー転換は，すぐれて暗黙の世代間契約に基づいている。現役世代がエネルギー・システム全体のエコロジー的転換を形づくり，財政的に支援することで，暴力的な生命の危険から守るのである。つまり，化石・核のエネルギー・システムの費用から，核燃料サイクルの危険から，気候変動の危険から，またエネルギーの輸入依存とエネルギー価格のショックから，さらに世界規模の資源戦争に巻き込まれることから守るのである。

エネルギー転換のような野心的なプロジェクトにとって，歴史的な先例はない。だからこそそれは，「共同作業」（倫理委員会）によってしか成功できない。長期的で先見的な過程と制御の責任を必然的に自覚することは，「創生する国家」〔Gestaltender Staat 対立的両側面，つまり政治的多元システムに優先順位をつける強い国家と，市民参加を媒介する新しい国家概念。2011年のドイツ政府専門家諮問委員会の報告『新しい社会契約』で提起された〕を必要とし，技術的・社会的革新の発展と市場変革の加速は，エネルギー経済の民主化と分散化による企業家の経済活動を，また市民参加に向けた編入と積極的な奨励とを必要とする——共同作業はまばゆい技術ショーで飾られたアクセサリーではなく，エネルギー転換と社会的受容の主柱なのだ。

---

2) ヘニッケ／ヴェルフェンス，2012参照。
3) ニッチュ，2014参照。

2　エネルギー転換への長い助走

　1975年にエイモリー・ロヴィンスは「ソフト・エネルギーの道」という表現を使ったが，彼はそれによって，中央集権的な化石燃料や核による供給構造から，効率化革命と再生可能エネルギーへの道を提示した。1年後に彼の著作『ソフト・エネルギーの道――永続的な平和』が出版されたが，これが世界規模のエネルギー転換の最初のビジョンだった。

　ドイツではエコ研究所が，1980年に『エネルギー転換――石油・ウラン抜きの成長と豊かさ』を出版したが，それはロヴィンスに依りながら，ドイツのエネルギーの未来のオールタナティブ・シナリオを提示していた。この研究が〔連邦議会〕調査委員会「未来の核エネルギー政策」（1980年）の道程4の基礎となったが，既存のエネルギー学界とエネルギー経済界は，この研究を当時は挑発と感じ，実践的なエネルギー政策にとってはとるに足りないものとした。

　しかし，技術的なポテンシャルの分析とシナリオによって，ドイツでは石炭・天然ガス・石油・ウランなしの経済的発展のパースペクティブが原理的に可能であり，またどのようにして可能なのかが証明され，節約とエネルギー効率化がエネルギー転換の中心的な解決策であると見なされるようになった。

　次いで，これに基づいたエコ研究所の第二の研究『エネルギー転換は可能だ』（ヘニッケ／コーラー／ジョンソン／ザイフリート，1985）が，社会・政治的，経済的実現可能性と，自治体の決定的な参加によるすぐれて分散的な電力経済への転換（「再自治体化」）の可能性を具体的に説明した。

　したがって，エネルギー転換はとくに核施設をめぐる激しいコンフリクトのせいもあって，長期にわたる社会・政治的過程をたどった。多くの指摘のとおり，勇敢な反原発運動と核に批判的な学界の相乗効果が，政治と市民社会に，このように顕著な影響を及ぼしたことは，世界の他の国にはなかった。最終的に，チェルノブイリと福島の核の破局によって，エネルギー転換は21世紀ドイツのもっとも重要な未来のプロジェクトとなり，他に例を見ないほど集中的に議論され，多様な学問的成果と方法を通じて探究され準備されたのである。

3　目標体系——コンパスがなければ方向を見失う

　現在提出されている研究とシナリオ分析の数は，これまで誰も数えたことはないので，全部を読むことはできない。このような多様性に直面して全体への視線と本来の追求目標を見失う危険は，政治にとっても学問と市民社会にとっても大きい。エネルギーの専門家も，もし技術的な細々とした分析——それらは疑いもなく重要だが——だけに深入りすれば，その危険に対して安全というわけではない。だから，目標を必ずいつも繰り返し公共的に確認することが，エネルギー政策の航路を保持する前提となる。

　長期的な視野を必要とする政治の世界が複雑になればなるほど，最善の学問的方法によって，競合する方法と仮定に基づくシナリオ分析を用いてできるだけ合意に基づいた専門的な目標システムを探究し，次いで具体的な道程のさまざまな分析（たとえば技術的オプション，経済性，社会・経済的前提）を把握することがいっそう大切になる。

　このことをエネルギー転換に適用すると，次のようになる。専門家の共同体によってより有益なオールタナティブが示されないかぎりは，「黒・黄〔キリスト教民主同盟／社会同盟・自由民主党〕」の連邦政府が2010年9月と2011年に決定した目標体系が，エネルギー政策上のコンパスとして固定されるということである。

　2010年9月，連邦政府は「エネルギー計画」を決定し，次いで2011年に補完したが，そこでは「革命的目標」（メルケル首相）として実際に温室効果ガスの削減，再生可能エネルギーの拡張，（現存建物と交通領域の部門別目標を含む）エネルギー消費の削減が書き込まれた。たとえ指標でしかないにしても，このような野心的な目標を公表した政府は，これまで世界中どこにもない。

　「エネルギー計画」で数値化された主要目標（一部は部分的目標）は，2050年までのエネルギー政策の行程表を示している。表1では，目標とともにこれまで達成された削減を第1次モニタリング報告『未来のエネルギー』[4]に従っ

---
4)　連邦経済省, 2012, レッシェル他, 2012参照。

表1　現状と2010年9月の「エネルギー計画」の数値目標

	2011年	2020年	2050年		
温室効果ガス排出					
温室効果ガス排出 （1990年比）	−2.64 %	−40 %	2030年 −55 %	2040年 −70 %	2050年 −80 % bis −95 %
効率化					
1次エネルギー消費 （2008年比）	−6.0 %	−20 %	−50 %		
エネルギー生産性 （最終エネルギー消費）	2.0 %／年 (2008–2011)		2.1 %／年 (2008–2050)		
総電力消費（2008年比）	−2.1 %	−10 %	−25 %		
建物					
熱需要	未定	−20 %			
1次エネルギー需要	未定	—	−80 %		
近代化率	約1 %／年		年2 %に倍加		
交通分野					
最終エネルギー消費 （2005年比）	約 −0.5 %	−10 %	−40 %		
再生可能エネルギー					
総電力消費に占める割合	20.3 %	最低35 %	2030年 最低50 %	2040年 最低 %	2050年 最低80 %
最終エネルギー消費に占める割合	12.1 %	18 %	2030年 30 %	2040年 45 %	2050年 60 %

（出典：連邦経済省・環境省, 2012）

てまとめてある。目標体系はより長期的に設定されているだけでなく，全体としてヨーロッパ連合およびほとんどの構成国の現在の主要目標（EU：20/20/20）よりも明確に野心的である。

　どうして保守的な政府がこのような野心的な目標基準——経済界と市民社会は真剣に受けとめるだろうが，政治的には異議が出るかもしれない目標——を公表することになったのだろうか。「エネルギー計画」は，一種の政治的プラセボと評価できる。それによって原子力発電所の稼働期間の延長をめざす保守的政府の決定は，いわば「革命的」長期目標の宣言によってより受け入れやすくされたのである。

　当時決定された稼働期間の延長に従えば，最後の原子力発電所が停止されるのが2036年以前になることはないだろう。

2011年春，福島第一の原子炉の破局が，悲劇的な形で核産業の技術的な思いあがりを示したとき，状況は変わった。津波が冷却システムに対する電力供給をゼロにし，その結果いくつかの原子力発電所で炉心溶融が起きた。たくさんのことが明らかになった。つまり，世界中のどこでも比較的長時間の電力供給の停止を引き起こす他の原因も考えられるし，それは技術的な傑作——原子力発電所——を破局の機械に転化させるのである。

　2011年6月，公共的意見の圧力を受けて連邦政府は，エネルギー転換の諸決定によって応えた。稼働期間の延長は撤回され，2022年までの最終的な核脱却の予定表，8原子力発電所の短期的停止が確定した。

複数のシナリオ——不確実さの縮小と合意の基盤

　もちろん，公言された核エネルギーからの不可逆的な脱却は，政治がみずから選んだ「エネルギー計画」の長期目標（2050年）という「コンパス」を固持しないかぎり，ほんとうのエネルギー転換にはならない。だが，目標設定（2050年）に従って目標と合致した行動が続いているかは，現在のところ連立公約に基づいたとしても疑問である。

　現在恐れなければならないのは，全体的方針つまり核脱却とエネルギー転換を多かれ少なかれ公然と疑問視しようとする，イデオロギーと利害に固執する勢力が経済界，社会，政界に存在することである。だが，これに対しては次の事実がとても重要である。つまり，2011年から2012年にかけての連邦政府の「エネルギー計画」の主要な数値目標が，関連する複数のドイツの研究所の広範な合意——10年前には考えられなかった——によって支持されていることである。これによって知的基盤と長期的方針に関して決定的な前提が満たされることになるが，この前提はほとんどの国々にとってはこれまでまだ存在していない。

　図1は，ドイツの代表的な長期シナリオを比較したもので，それは再生可能エネルギーへの転換，エネルギー効率化と並んで，中心的な役割を果たしている。当時の知的水準からして要点は明白である。第1に，絶対的な分離——緩慢な国内総生産の上昇とたとえば1次エネルギー消費の半減——は，2050年までに技術的に可能である。同時に現在のエネルギー・システムの全体的危

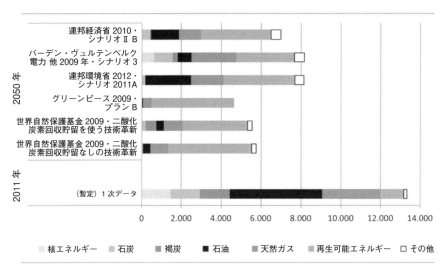

図1 エネルギー源別の代表的なエネルギー転換シナリオ（2050年）と2011年1次エネルギー消費の比較（ペタジュール／年）

（出典：サマディ／ヴッパータール研究所）

険性（たとえば気候変動，エネルギー輸入依存）は劇的に減らすことができ，核脱却はたとえば10年以内に達成できる。第2に，エネルギー消費に占める再生可能エネルギーの割合は，大量節約戦略によって残余のエネルギー消費の削減に成功すればするほど，それだけ早く引きあげることができる。第3に，そのために重要なのは，算定された1次エネルギー消費の半減に向かう道程を実際にも進むことである。まさにこの決定的な地点で，ドイツの政治には最大の欠点がある。

双生児——エネルギー消費の効率化と再生可能エネルギー

図1に対しては，各シナリオがひょっとして時代遅れの知的水準をまとめただけなのではないかという異議がある。だから，次にはいわゆる主導シナリオの展望に立ち入ってみたい[5]。そこには現実的な複数のシナリオに照らして，根本的に新しい洞察があるのだろうか。

---

5) バルトッシュ他，2014所収のニッチュ（第4章）論文を参照。

ヨアヒム・ニッチュはより現実的な「シナリオ100」（ニッチュ，2014）を展開したが，それは連邦環境省の「主導シナリオ」（連邦環境省，2012）のモデル化に基づいている。これは2013年の暫定的な主要統計データを基礎に，エネルギー供給をモデル化したもので，全部門にわたる効率化の向上と再生可能エネルギーの拡張によって「エネルギー計画」の二酸化炭素削減目標を確実に満たし，2060年にはほとんど100％再生可能エネルギーに基づくエネルギー供給を達成するとする。

　必要なエネルギー政策上の行動は，シナリオ「大連立」〔GROKO：Grosse Koalition　2013年キリスト教民主同盟／社会同盟・社会民主党連立政権〕と比較することで描ける。それは現在のトレンドの継続をモデル化しており，気候保全目標の達成可能性に関する，これまでの「大連立」の識別可能な欠点を記述している。

　シナリオ100は，2020年に二酸化炭素の（1990年比）43％削減，2050年に86％削減によって，努力目標を達成する[6]（図2）。このシナリオの分析期間は，ほとんど排出ゼロのエネルギー供給（二酸化炭素95％削減）のために，さらに10年間拡張される。

　シナリオ大連立が2050年の政府公式の気候保全目標を逸しているのは明白である。その原因は，現時点で（2014年）はっきりしているように，とくに効率化のポテンシャルの活用度が低すぎることにある。

　エネルギー効率化のこれまでの年上昇率をほぼ倍化する（目標）には，刺激策の相当の強化（たとえばヨーロッパ連合の効率化指針を拘束力のある計画と法律に有効に転換する）と効率化戦略の実施過程に対する責任の明確な規制しかないだろう。そうしてこそ――シナリオ100で計算されているように――，2020年までに1次エネルギー消費1万1700ペタジュール／年を達成でき，さらに「エネルギー計画2011」で目標とされた（2008年比）20％の削減を達成できるだろう。この過程が続けば，このダイナミズムは2050年（2060年）には，1次エネルギー消費を47％（51％）削減することなる。これに対して，従

---

6)　「エネルギー計画2011」の気候保全目標は，すべての温室効果ガスと関連しているが，ここではその他の温室効果ガスが二酸化炭素削減に比例して減少すると仮定して，エネルギー・産業過程に限定した二酸化炭素排出の削減に関するものを取り上げた。

図2 両シナリオにおける1次エネルギー消費および再生可能エネルギー割合の発展

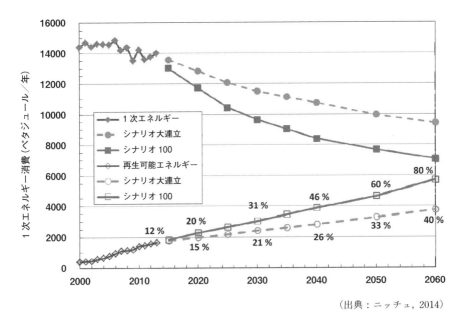

（出典：ニッチュ，2014）

来の介入の弱いエネルギー政策（シナリオ大連立）が継続されると，最善の場合でも1次エネルギー消費の削減は，2008年比30％となる。

4　発電の変動——解決できる挑戦

　電力供給部門の新しいデザインと再生可能エネルギー拡張の問題が，現在，エネルギー転換に関する議論の焦点である。その背景には，在来の化石・核エネルギーの巨大発電所構造が，有効な気候保全および（最小の運転費用による）不安定な再生可能エネルギー発電の増加と調和していないことがある。1つのことは明瞭なのだが，残念ながら，〔再生可能〕電力利用の増加の加速は欄外でしか議論されていない。つまり，費用効果の高い効率化戦略と電力節約によって電力消費の増大が回避できればできるほど，費用総額はそれだけ少なくなる。また急速な構造変革を遂げる再生可能エネルギーの発電容量から生ずる望ましくない副作用もそれだけ制御しやすくなるということは，はっきりしているの

図3 シナリオ100における発電技術ごとの総出力の発展（不安定さ整序済）

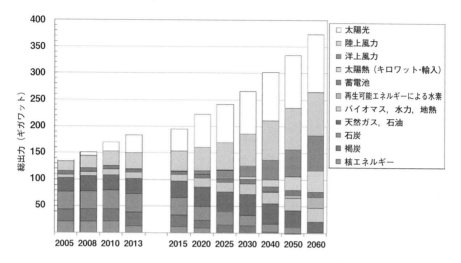

(出典：ニッチュ, 2014)

である。

電力需要はおよそ2025年まで，主として**在来型**電力消費者の効率化ポテンシャルをどれだけ利用するかにかかっている。

しかし，再生可能エネルギーの割合が上昇する（シナリオ100では2030年に64％，2040年に80％）につれ，核・化石エネルギー源に代わって**新しい応用領域**が影響力をもってくる。たとえば電気自動車，熱ポンプ，「新しい」電力熱，長期的には（不安定な再生可能エネルギー電力の過剰から生まれる）水素やメタンといった化学的エネルギー源である。この割合は2030年から明らかに増大し，長期的には在来型利用の電力消費と同様の規模に達する。このようにシナリオ100では，2060年には総最終エネルギーのおよそ65％が，95％再生可能エネルギー起源（直接あるいは水素を介して）の電力によることになる。

図3が示すように，2030年から再生可能エネルギー発電所の容量はほぼ指数関数的に増える。それが意味するのは，電力費用が顕著に上昇するとともに，資源・土地利用の費用が増大し景観がますます損なわれるということである。このような負荷を減らすためにも，エコロジー的構造転換によって誘導される

再生可能エネルギー電力の消費増は，大規模な効率化の向上を通じてできるだけ低く維持されなければならない。

再生可能エネルギー出力の増加は，とりわけ風力発電施設と太陽光発電施設の増設による。それと関連して，ピーク電力を晴天と順風の日に組み入れ，太陽光と風力を利用できないときの電力を準備することは，電力供給が直面する大きな挑戦である。ニッチュの評価によれば，再生可能エネルギーの割合が60％までは（2030年前後），高位の最大出力は適切な負荷管理によって，つまり在来型の蓄電池を投入し，熱目的および電気自動車に使うことによって，再生可能エネルギー電力を利用できる。

シナリオ100の行程を保証するためには，化石燃料による電力供給の構造を柔軟な天然ガス発電所方式に転換することを格段に推し進めなければならないが，その前提は，**石炭発電所のこれ以上の新設を断念する**ことと並んで，多数の旧式の石炭発電所を相応に停止することである。シナリオ100によると，同じ期間に，8ギガワットのガス・（熱）発電所を36ギガワットまで増やし，それによって約100テラワット／年の電力を生産する必要がある。シナリオ100では褐炭の電力化は2040年直後に終了し，石炭の電力化は，低い水準でもっぱら熱電併給〔コージェネレーション〕として2050年後まで残る。

このような発電所パーク全体の根本的な構造転換過程では，供給者の構造の新しい秩序と途方もない多様性が重要であるのは言うまでもない。とりわけ従来市場を支配してきた電力供給者である〔4大電力〕エーオン，ライン・ヴェストファーレン電力，バーデン・ヴュルテンベルク・エネルギー，ヴァッテンファルがドイツ市場で大きな適応圧力——これはとくに新しい仕事領域の多様化と国際化から生じうる——にさらされるのが見られるであろう。

シナリオ100は，熱部門と交通部門における大規模な構造転換過程が2060年までどのように推移するのかも詳細に記述している。それをまとめると，

1. 熱部門のエネルギー需要は，現在の5335ペタジュール／年から2020年までに15％減，2030年までに28％減，長期的には約50％減となる可能性があるが，そこでは暖房需要が最大の割合を占める。2050年までの80％の削減目標によって，連邦政府の決定はシナリオ100を超え

ている。
2. シナリオ100では，交通領域のエネルギー消費は，「エネルギー計画」の削減目標と呼応して2020年までに10％減，2030年までに22％減，2050年までに41％減となる。再生可能エネルギーの寄与は，中期的には（およそ2030年まで）基本的にまだバイオ燃料による。その後は再生可能エネルギー電力と再生可能エネルギー水素の割合が明らかに増大し，2050年にはエネルギー需要の57％が再生可能エネルギーによってカバーされ，2060年には83％にまで拡大する。比較的大量の化石燃料は，航空交通でしか利用されない。

中間考察

シナリオ100は他の新しいシナリオと同じく[7]，「エネルギー計画」決定時のすでに引用したシナリオ比較の核心を確認している。

- 国内総生産とエネルギー消費を劇的かつ絶対的に分離することは，エネルギー効率化とエネルギー節約の大幅な向上によって技術的に可能であり，適切な気候保全と資源保全および核脱却による危険性の低減の決定的な前提である。
- エネルギー効率化と再生可能エネルギーによる発電の意義は，エネルギー政策が今世紀中葉後に100％再生可能エネルギー・システムに向かって進めばそれだけ大きくなる。その場合，再生可能エネルギー電力はいわば「新しい1次エネルギー」として，交通と熱の分野で意義を増す。それと関連するコンフリクトの可能性（たとえば資源，土地，景観の利用によって問題が先延ばしされる）を最小にするためには，建物のエネルギー的近代化の推進と並んで，あらゆる適用分野における高効率の電力利用が絶対的な優位性を獲得する。

〔キリスト教民主同盟／社会同盟と自由民主党の〕連立公約と（2014年夏）現在のエネルギー政策には，依然として統一した戦略が見られない。だがそのような

---

[7] 連邦環境庁, 2014, フラウンホーファー, 2013。

戦略によってこそ，エネルギー供給の全部門にわたる完全なエコロジー的転換という挑戦は，次の10年間に成し遂げられよう。この転換は経済的理由からしてとくに望ましい。つまり，効率化革命が持続可能な経済モデルへの転換と緑の構造転換にとっての決定的な戦略となろう。

5　莫大なエネルギー節約のポテンシャル
――「眠れる巨人」を目覚めさせる

　エネルギー効率化のポテンシャル論争の出発点は，国内およびグローバルなエネルギー・システムが**極端に非効率的なエネルギー転換**であるということである。100％の1次エネルギー投入から，通例年当たりおよそ3分の1しか実際のエネルギー利用に転換されず，残りは利用エネルギーとエネルギー・サービスへの途上で，技術的理由から失われる。もしそのようなシステムが化石・核エネルギーではなく再生可能エネルギーの投入だけによって動かされるとすれば，重要なのは，（具体的に言うと）栓が開いたままで満たされる浴槽ということになる。だから，**損失を回避することによってはじめて，残りのエネルギーをできるだけ早くかつ全面的に再生可能エネルギーによってカバーする**ということが，持続可能なエネルギー・システムの第一の基本原則なのである。

　経済的な気候保全と資源保全に対するエネルギー効率化のポテンシャルは巨大である。だから，効率化の向上は繰り返し「眠れる巨人」と正当にも言われる。ただし，「眠れる巨人」がエネルギー転換の加速になぜ，どのように寄与できるのかは充分に解明されていない。

　ヨーロッパ連合の最終エネルギー消費は，2050年までにトレンドに抗して57％削減でき，エネルギー費用は年間で5000億ユーロ節約できるだろう。この最終エネルギー消費における節約と，発電所分野での追加的な節約によって1次エネルギー消費と温室効果ガスの排出は，トレンドに抗してそれぞれ67％に低減できる（連邦環境省／フラウンホーファー研究所，2012）。

　電力の効率化の向上によって，産業，家庭，商工業・サービス部門で，温室効果ガス削減に対するエネルギー効率化の経済的ポテンシャル全体の3分の1

をトレンドに抗して実現できる。これに加えて、トレンドに抗し、10年以内に電力全体で100テラワット／年と、〔エネルギー〕燃料で244テラワット／年を「原則として経済的に」節約できるだろう（未来のエネルギー・システム研究所他, 2011）。電力の節約は、回避したキロワット時当たり約2〜6セントになり、新たな発電容量のシステム費用は、ヨーロッパ連合平均でキロワット時当たり約12〜14セントになる[8]。

その場合「原則として経済的に」というのは、理念型的な「レベルの競争場」で、エネルギー回避技術と、完全な透明性をもった市場に対するエネルギー供給とが交換可能であるということを出発点とすることを意味する。

だが、現実のエネルギー市場はこの理念型的な「レベルの競技場」とは著しい対照をなしている。後者ではエネルギー供給（「メガワット」）と効率化技術や行動によるエネルギー回避（「ネガワット」）は、相互に完全競争の状態にある。そこでは市場の機能不全と障壁が例外ではなく、常態なのである。

したがって、エネルギー転換を成功に導き、効率化のポテンシャルをより早く開花させるためには、次の3つが必要である。第1に、障壁をとり除くために長期的で法的な拘束力のある戦略的エネルギー節約計画を発展させなければならない。第2に、戦略の実現とエネルギー節約目標達成のための過程と制御に対する責任が制度化されなければならない。第3に、政治、経済、市民社会のなかで転換の用意を促進するために、エコロジー的転換の経済的利益が市場で実証されなければならない。このことは、とくにエネルギー効率化にも当てはまる。

経済的好機——より「緑な」繁栄は可能だ

エネルギー転換の経済的好機は、エネルギー転換の総費用が何十年にもわたって積み重なるとされる場合に、いつでも繰り返し疑問視されてきた。前環境相アルトマイヤーの言明、「エネルギー転換の費用は1兆円かかる」（『フランクフルト一般新聞・ネット版』2013年2月19日付）は、そのかぎりで典型的である。というのは、この言明は（大いに異論の余地のある）純粋な費用算出と、

---

[8] ヘニッケ, 2014, バルトッシュ他, 2014。

効率化・再生可能エネルギーによる費用便益をけして対比せず，社会的利益がないまま多額のお金がいわば浪費されると示唆しているからである（FOS, 2013）。

したがって次に，エネルギー転換において，とりわけエネルギー効率化の向上において，私的および公的資金が適切に支出されていることを具体的に説明しよう。

複数のシナリオが示しているように，ドイツのエネルギー効率的なエネルギー・システムは再生可能エネルギーに立脚し，化石・核燃料を大幅に代替するようになっているが，およそ20年経った今，ドイツの国民経済にとって従来の化石・核エネルギー・システムより低費用となっている。もちろん過渡期には経済全体にとって，かなり高額の費用が計算されなければならない（ドイツ航空・宇宙センター／フラウンホーファー風力エネルギー・エネルギーシステム技術研究所／新技術のための技術者事務所, 2012：234）。

次のものが経済的好機に関する若干の指標である[9]。

- 建物部門全体には消費者にとって経済的で巨大なエネルギー効率化のポテンシャルがある。もちろん建物の近代化の障壁はとりわけ大きい。住宅用建物部門でドイツ復興金融公庫銀行グループは，2012年に全体として次の点からスタートした。エネルギー効率化建築と近代化の復興金融公庫プログラム向け連邦予算は年間15億ユーロで，これがおよそ194億ユーロの投資総額を誘導した（ドイツ復興金融公庫, 2012）。だから，近代化率を──連邦政府が目標としているように──倍加し，同時に積極的なマクロ経済的乗数効果（たとえばより多くの投資，雇用増加，いっそう大きな租税収入）を利用し尽くすべきであるなら，長期的な継続性と増額を伴う，国民経済的に魅力的な復興金融公庫促進プログラムを加速すべきであろう（下記参照）。それは国民経済的には──たとえ信用貸し（「赤字支出」）の金融であろうと──，適切に支出される公金なのである。
- プログノス社〔スイス〕は，復興金融公庫プログラム「エネルギー効率的建築と近代化」の2050年までの継続と財政的増額（必要とされるのは年

---

[9] バルトッシュ他, 2014, ヴッパータール研究所, 2013。

およそ30～50億ユーロ：近代化率の倍加には年50～100億ユーロ）によって，顕著な積極的・マクロ経済的効果が生じるという結論を出している。国家的視点からみると，公的予算からの赤字金融であっても，「自己資金調達割合は，1よりも大きい」（プログノス社, 2013：5）。
- 環境問題に関する専門家委員会は，エネルギー効率化による電力需要の低減をもっとも費用をかけずに利用できる「過渡期の技術」と評価し，また再生可能エネルギーによるエネルギー供給の費用をできるだけ低く維持し，電力システムの適応の余地をつくりだすための決定的な前提と評価している（環境問題に関する専門家委員会, 2011）。
- 経済的影響に関してはバウエルンハンス他が，2030年までに産業部門だけで約650億ユーロのエネルギー費用（およそ90億ユーロの投資支出を含む）を削減できるという全体的結論に達している（バウエルンハンス他, 2013。ハイデルベルク・エネルギー・環境研究所他, 2012に基づく）。
- ある研究は，効率化戦略の強化による国民経済的効果を探究している。シナリオ「効率化への挑戦」におけるマクロ経済的な指標の相違（ハイデルベルク・エネルギー・環境研究所／経済構造研究協会, 2012：9）を総括すると，2030年までに
  - 国内総生産と私的消費は増大しうる
  - 投資は著しく増加しうる
  - 国家の消費支出は減少しうる
  - エネルギー輸入（2010年総額は910億ユーロ）は40億ユーロ／年減少しうる
  - 加工業の（純）雇用は，年およそ13万人が追加されうることが分かる。

エネルギー転換にとっての投資のマクロ経済的効果に関しては，国際的投資割合の発展を一瞥し比較すれば，明るい（エーガー他, 2009）。その場合，過去何十年かのドイツの投資割合はトレンドとしてかなり後退していることが分かる。1970年には総投資割合はまだ，国内総生産のおよそ28％だったが，2012年までに12.6％にまで低下している。だから，世紀の転換以来明白にヨーロッパ連合および経済協力開発機構OECD平均以下で遅れをとってきた。投資割合の後退は資本金の劣化と技術的進歩の弱体化を招くが，それは潜在的な学

習過程が時とともに緩慢になるからである。その結果として，まさにエコロジー的構造転換と持続可能な発展（「緑の技術」）にとって中心となる部門においてさえ，成長と雇用のダイナミズムがいっそう弱体化する。そのかぎりでエネルギー転換の条件である投資割合の増加は，技術革新の能力と雇用への影響という理由から大いに歓迎されるであろう。

　ドイツ経済研究所[10]は，エネルギー転換を実現する追加投資を2014年から2020年の間年310～380億ユーロと見積もっている。それには再生可能エネルギー，住居用建物のエネルギー的近代化，送電線網インフラストラクチャー，電力部門のシステム統合への投資が含まれている（交通は除く）。

　エネルギーと資源の効率化の統合――相乗効果を最大限化する

　エネルギー転換は，経済的・エコロジー的理由から**資源の転換と革新的な資源効率化政策**に統合されなければならない（ドイツ資源効率化プログラム，ドイツ連邦議会，2012参照）。それによって，エネルギー効率化政策のマクロ経済的利点をさらに強化する相乗効果が生まれる。

　ドイツ連邦議会のエネルギー調査委員会（ドイツ連邦議会，2002）に従って，資源効率化を向上させる積極的な政策を仮定すると，トレンドの発展の比較から，次のような2030年までのドイツの追加的なエネルギー節約が達成できる。

1　リサイクルの強化（128ペタジュール）
2　特殊な資源需要の低減（193ペタジュール）
3　資源の代替（118ペタジュール）
4　利用密度の増大（65ペタジュール）

　調査委員会はその当時，準拠例ではすでにおよそ465ペタジュール（当時のエネルギー需要の約5％）を，また追加的に意識的な資源政策によってさらにおよそ同じ程度のポテンシャルを開拓できるということから出発した。

　加工業の平均的な費用構造（連邦統計庁，2008）を見ると，とりわけ原材料効率化の大きな意義が分かる。つまり，2006年ではおよそ19％が人件費で，

10）ドイツ経済研究所，2014参照。

およそ2%がエネルギー費用，およそ43%が原材料費用である[11]。だから，どのようにしてこの費用部分を統合的戦略によって，原材料とエネルギーの効率化[12]に向けて低減できるのか，そのために必要な枠組み条件と国家の刺激策をつくることができるのかという課題が提起される。

「原材料効率化と資源保全」プロジェクトでの統合的な資源・気候保全政策のシミュレーション（ディステルカンプ他，2010）が示しているように，複雑でダイナミックなインプット－アウトプット・モデルを使ったシミュレーション計算に，制限された資源政策的手段を投入することは，すでに次のような効果をもたらす——すなわち，2030年に温室効果ガスの54%削減を確実にする積極的な気候保全という準拠枠と比較して，それぞれ

・約20%の明白で絶対的な原材料の削減
・約14.1%の国内総生産の増加
・1.9%の雇用の増大
・2510億ユーロの負債の削減をもたらすのである。

全体としてシミュレーションの結果は次のとおりとなる。「首尾一貫した脱原材料化政策によって，ドイツの国際競争力は強化される」。そこで実証されたとおり，「積極的な気候保全政策を原材料効率化向上の政策と結合することによって，経済成長と資源消費の絶対的分離を達成することができる」（ディステルカンプ他，2010）。

最新の分析結果（ヨッヘム／ライツェ，2014参照）は，より効率的な原材料利用によって，エネルギー需要を追加的に年およそ0.5%削減することができるとしている。したがって，統合的なエネルギー戦略と原材料政策から生ずる効果を，「エネルギー計画」のエネルギー節約目標にさらに付け加えることが

---

11) 官庁統計によれば，原材料費用は原料その他の前産物，補助財（借家，エネルギー，水，燃料，事務・営業機材，非資産的な低価値の経済財を含む）と営業財の総計として定義される（連邦統計庁：2008）。そのかぎりで，ある企業の原材料費用は，先行納入者の原料と関連する先行投資（賃金費用と資本費用を含む）も含んでいる。原料，補助・営業財の削減によって，納入者の原料と関連する先行投資費用（教義の原材料費）も同様に削減される。

12) 以下では，エネルギー効率化の増加は密接な相互作用によって，常に資源・原材料効率化の増大の不可欠の構成部分と理解される。

できるだろう。

障壁を取り除く――要求し促進し知らせる

先述した数多くの市場の障壁が原因となって，計算上「原理的には経済的な」エネルギー効率化のポテンシャルがあるにもかかわらず，競合する「レベルの競争場」で算出されたポテンシャルが，市場経済の自動的な作用のなかで開花するのが妨げられている。いくつかのもっとも重要な障壁を挙げると，

- 外部費用の内部化が不充分なために，エネルギー供給への助成が継続される
- 〔製品の〕ライフサイクル費用がほとんど考慮されず，見た目の費用比較に固定されている。たとえば建物設計や冷蔵庫
- 極端に短い減価償却期間，とくに産業の場合（2〜3年）。すなわち収益性基準ではなく，リスク基準に基づく
- 膨大な数のオファーや製品，すなわち高い資本取引費用ないし探索費用
- 投資家-利用者のジレンマ（「インセンティブ・コンフリクト」，たとえばすべての賃貸物件の場合）

多数の障壁を克服するためには，一致した政策的手段が必要となる。だが，政治と政策的措置という積み木の箱を拡張し並列させるだけでは充分ではない（ヴッパータール研究所，2013参照）。

むしろ，戦略的エネルギー効率化政策とエネルギー節約目標を実際に達成する**過程の責任と調整に対する全権**を，1つの国家制度に移譲しなければならない。このような国家的「世話役」の制度的革新のために，ヴッパータール研究所は，**連邦エネルギー効率化・エネルギー節約基金**の創設を提案した（ヴッパータール研究所，2013）。

連邦エネルギー効率化・エネルギー節約基金は，「エネルギー節約政策の多元的ガバナンス」の枠組みのなかで，包括的な調整の役割を担い，連邦の管轄省による透明な監視の下に置かれ，確実な融資を維持することになる。現行のさまざまな制度（連邦エネルギー庁，連邦経済・輸出監督局，連邦エネルギー効率化局，地域エネルギー庁）との調整が保証されなければならない。

ヴッパータール研究所の分析によれば，現在の技術費用と助成条件に基づく

図4 節約目標達成のための融資計画（提案）

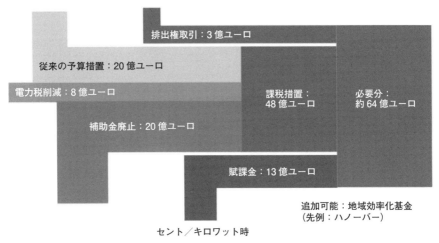

（出典：ヴッパータール研究所，2013）

と，効率化戦略の公的促進のためにはおよそ年640億ユーロが必要となり，可能な融資の原資は，図4に示されている。

6 リバウンド効果

エネルギー転換を成功させるもっとも低価格でもっとも包括的，かつ最速のオプションを実行するために，本章では効率化革命とエネルギー節約に重点を置いた。だが同時に，エネルギー・サービスの量と種類も検証しなければならない。

というのも，エネルギー利用がどれほど合理的な形態であろうと，エネルギー消費はリバウンド効果，快適効果，成長効果によって不必要に高くとどまるかもしれないからである[13]。

---

13) ここでリバウンド効果とは，よりエネルギー効率的なプロセス〔熱〕・建物・製品によって達成できるエネルギーの節約を，価格・費用効果によって制約したり——極端な場合には——過剰補償したりする可能性のある直接・間接の影響すべてを含む。

したがって，次のような種類の質問もしてみなければならない。われわれはいつでもより大きな住居，ショッピング・モール，テレビ，より大型の車を必要としているのだろうか。あるいは，それがなくとも充分なエネルギーのある善い生活と家計を手にできるのではないだろうか。このような，そして類似の疑問，「どれだけあれば充分なのか」，「誰が分かち合うのか，誰がもっとたくさん必要としているのか」，「より持続可能な消費と生産のモデルはどれだけたくさんの生活の質をつくりだすのか」に対しても，まさに技術優先のエネルギー節約戦略は応えなければならない。

　「リバウンド効果」がこれまでの効率化政策でとくに重要な否定的意義をもっていたからこそ，有効需要の政治と結びついたより野心的なエネルギー節約政策が，これまで以上に重要である。「リバウンド効果」が，エネルギーを使用する製品，機器，交通手段，建物の効率化を**実際**に向上させたことと，節約を**計画する**こととは違うのだということの理由かもしれない，これは正しい。しかし，気候保全・資源保全を理由として，節約したキロワット時をプレゼントした国はどこにもないのだ。

　このような問いのエネルギー政策上・気候政策上・社会政策上の重要性は，次の考えが示している。エネルギー効率化政策が前進しても通例は「リバウンド効果」によってより多くのエネルギー消費が生ずる（「逆火(さかび)」）と仮定すれば，エネルギー消費と（国内総生産で測られる）経済的発展の絶対的分離は不可能であろう。グローバルで持続可能なエネルギー・シナリオ，たとえば国際エネルギー機関のシナリオ[14]やエネルギー転換の目標体系（2020/2050）[15]を基礎づけるドイツの多様なシナリオは反古(ほご)になるだろうし，政治に対する科学の助言は必要なくなるだろう。エネルギー消費の削減と充分な気候保全は，工業諸国ではただ収縮する経済（「ポスト成長」）によってのみ実現可能である。たとえこの種の「脱成長」戦略の結果が，すでに分極化した社会における社会的凝集にとって不確実であり，新しい配分政策がないかぎり破滅的であろうとも。根本的な「成長批判論者」はそう論じている。

---

14) 国際エネルギー機関, 2013 参照。
15) ヘニッケ／ヴェルフェンス, 2012 参照。

それでは，最近のリバウンド効果の昂進にはいったい何があるのだろうか。ギリンガム等は，基本的な資料の分析と独自の研究に基づいて初めて冷静な回答をしている。「リバウンド効果は誇張されている」[16]。ヘニッケとトーマス[17]はこの成果を実証し，リバウンド効果の典型的な間違った解釈をイデオロギー批判的に分析して，ギリンガム等を補完した。その場合重要なのは，効率化革命の無条件の擁護であり，それと関連して，望ましくないリバウンド効果を抑制するためにどんなエネルギー政策的・社会政策的結果がもたらされるのかという問いである。

　もしリバウンド効果が平均して期待されるエネルギー上昇のおよそ25％を再補塡し，成長・贅沢・快適さの効果が追加的にエネルギー消費を高止まりさせるというのが当たっているならば，いっさいは拡張された効率化政策と充足政策に有利になる。これに関して準備されている手段の選択肢は，次の一覧表にリストアップされている。

〈望ましくない「リバウンド効果」を抑制するための効率化・充足の統合政策の諸要素〉
　○システム適合
　　＊直接的
　　　・拘束力のある国家的エネルギー節約目標
　　　・電力供給事業者に対する節約の義務化
　　　・在来型エネルギーに対する補助金の廃止
　　　・キャップ制。たとえば消費基準（ヨーロッパ連合の自家用車）
　　　・キャップ制と取引制度：ヨーロッパ連合の「排出権取引制度」におけるより厳しいキャップ制
　　　・累進的な基準（たとえば情報・コミュニケーション技術）
　　　・ボーナス／マイナス・ボーナス規制（「料金割引制」）
　　　・エコ税

---

16)　ギリンガム他, 2013 参照。
17)　ヘニッケ／トーマス, 2014 参照。

＊間接的
　　　・「資源消費の少ない部門」の構造転換（「サービス部門」）
　　　・集中的な資源効率化政策（「プログレス」）
　　　・社会的不平等の縮小
　○行動適合
　　＊持続可能な消費，教育，共有財の振興……

7　展望と戦略的オプション

　エネルギー転換を実現するための基本的問題と，同時にとてつもない好機とは，それが過去の時期の**政治の無力化**と比較してもっとたくさんの民主主義，長期的な政策，なかでも「創生する国家」への意思と能力を前提としていることである。

　一言でいえば，エネルギー転換，とりわけ資源転換は，エネルギー政策優位をめぐる先見的なエコロジー的産業政策とサービス政策を改めて活性化させることを要求する。

　バルトッシュ他[18]は国家的枠組みとして，エネルギー転換の実現のために，中心的なエネルギー転換オプションに集中することを提案している。

- 気候保全と「エネルギー計画（2020〜2050）」の長期的目標を拘束力のある形で厳しく規制する，「気候・エネルギー転換法」を提案する
- 持続可能な交通のための行程表を量的な重点とともに発展させる。たとえば，鉄道・電車，近隣公共交通，自転車，徒歩による交通回避と移動
- 建物領域のエネルギー的近代化戦略と近代化率の倍加を提案すると同時に，投資と助言に必要な助成枠，分散型ネットワーク拠点，転換のための拡充を保証する
- 増大する電力，熱，交通間統合領域（たとえば電気自動車，持続可能な燃料，再生可能電力によるガス・熱生産）の研究・開発を発展させ，パイロ

18）　バルトッシュ他, 2014 参照。

- ット事業・実証事業によって確定的相乗効果を促進する
- エネルギー転換のためのインフラストラクチャーの改造を推進し，個別化した技術促進から決別する
- 国家的レベルのエネルギー効率化とエネルギー充足化によって，エネルギー消費の絶対的削減過程と管理の責任を制度的に保証し（効率化・エネルギー節約基金），法的な管理権限と適切な人員によって整備する
- エネルギー転換の相当増額され信頼できる年間促進枠全体を策定し，予算措置，賦課金の融資，補助金の削減等を合わせて融資する
- エネルギー転換のインフラストラクチャーに対する新規の公的・私的融資の可能性を開発する，それには「未来の借金〔持続可能な成長と豊かさを創る社会モデル〕」も含まれる
- エネルギー転換に対する税原資で，投資支出用の予算措置は緊縮財政の例外とする。連邦予算に対するエネルギー転換投資の自己金融効果は実証されているからである
- 成長・快適さ・リバウンド効果によるエネルギー消費の再上昇を緩和するために，効率化戦略を支援する知足政策を発展させ促進する
- エネルギー転換の第二の主柱である地域間，自治体間，現地の市民融資モデル（たとえばエネルギー協同組合）間の移動を分散化，民主化，市民参加によって促進する
- エネルギー転換のための「コミュニケーション計画」を策定する。それはとくに長期的な目標，社会的な機会（危険性の最小化），積極的な経済全体への効果を主題とする

　これらと関連する経済的利点，課題，潜在的な社会的コンフリクト領域を前にすれば，大連立政権は**国民的合意形成の好機**ともなる。だが大連立政権は疑いもなく，積極的な転換戦略と困難な原則的決定を実行するという，議会外反対派の相応の圧力を今再び必要としているのである。

〈参考文献〉
Bartosch, U.; Hennicke, P.; Weiger, H. (HRSG.) (2014): Gemeinschaftsprojekt Energiewende: Der Fahrplan zum Erfolg. Oekom, München.
Bauernhansl, T., Mandel, J., Wahren, S., Kasprowicz, R.; Miehe, R. (2013): Energieeffizienz in Deutschland: Ausgewählte Ergebnisse einer Analyse von mehr als 250 Veröffentlichungen. Stuttgart: Institut für Energieeffizienz in der Produktion (EEP).
BMU (Bundesministerium für Umwelt, Naturschutz und Reaktorsicherheit), ISI (Fraunhofer-Institut für System- und Innovationsforschung) (2012): Policy Report. Contribution of Energy Efficiency Measures to Climate Protection within the European Union until 2050. Berlin, Karlsruhe.
BMWi (Bundesministerium für Wirtschaft und Technologie), BMU (Bundesministerium für Umwelt, Naturschutz und Reaktorsicherheit) (2012): Erster Monitoring-Bericht „Energie der Zukunft". Berlin.
Deutscher Bundestag (1980): Bericht der Enquete-Kommission „Zukünftige Kernenergie-Politik " über den Stand der Arbeit und die Ergebnisse gemäß Beschluß des Deutschen Bundestags. Drucksache 8/4341. Bonn.
Deutscher Bundestag (Hrsg.) (2002): Abschlussbericht der Enquete Kommission „Nachhaltige Energieversorgung unter den Bedingungen der Globalisierung und der Liberalisierung". Berlin.
Deutsches Institut für Wirtschaftsforschung (DIW) (2014): Energie- und Klimapolitik: Europa ist nicht allein. In: DIW Wochenbericht 6/2014, S. 91-108. Berlin: DIW.
ProgRess (Deutsches Ressourceneffizienzprogramm) (2012): Programm zur nachhaltigen Nutzung und zum Schutz der natürlichen Ressourcen. Berlin. Online unter: http://www.bmu.de/fileadmin/bmu-import/files/pdfs/allgemein/application/pdf/progress_bf.pdf. Letzter Zugriff: 26.09.2013.
Deutsches Zentrums für Luft- und Raumfahrt (DLR), Fraunhofer-Institut für Windenergie und Energiesystemtechnik (IWES), Ingenieurbüro für neue Energien (IFNE) (2012): Langfristszenarien und Strategien für den Ausbau der erneuerbaren Energien in Deutschland bei Berücksichtigung der Entwicklung in Europa und global. Berlin: DLR.
Distelkamp, M., Meyer, B., Meyer, M. (2010): Quantitative und qualitative Analyse der ökonomischen Effekte einer forcierten Ressourceneffizienzstrategie: Abschlussbereicht des Arbeitspaketes 5 des Projektes „Materialeffizienz und Ressourcenschonung" (MaRess). Wuppertal: Wuppertal Institut für Klima, Umwelt, Natur.
FAZ (2013): „Energiewende könnte bis zu einer Billion Euro kosten". Online unter: http://www.faz.net/aktuell/politik/energiepolitik/umweltminister-altmaier-energiewende-koennte-bis-zu-einer-billion-euro-kosten-12086525.html Letzter Zugriff: 28. August 2014.
Fraunhofer ISE (Hrsg.) (2013): Energiesystem Deutschland 2050: Sktor- und Energieträgerübergreifende, modellbasierte, ganzheitliche Untersuchung zur langfristigen Reduktion energiebedingter CO2-Emissionen durch Energieeffizienz und den Einsatz Erneuerbarer Energien. Freiburg.

Gillingham, K.; Kotchen, M. J.; Rapson, D. S.; Wagner, G.: Energy policy: The rebound effect is overplayed, In: Nature, vol 493, 24 January 2013.
Hennicke, P., Kohler, S., Johnson, J. P. (1985): Die Energiewende ist möglich: für eine neue Energiepolitik der Kommunen: Strategien für eine Rekommunalisierung. Frankfurt am Main: S. Fischer.
Hennicke, P.; Welfens, P. (2012): Energiewende nach Fukushima. Deutscher Sonderweg oder weltweites Vorbild? München.
Hennicke, P. (2014): Energiewende — Was nun? Die scheinbar paradoxe Antwort lautet: Der Ausbau der Erneuerbaren erfordert mehr Energieeffizienz! Vortrag beim Neujahresempfang von Bündnis 90/Die GRÜNEN am 15.01.2014.
Hennicke, P.; Thomas, S. (2014): „Rebound-Effekte": Kein Argument gegen, sondern für eine ambitioniertere Effizienz- und Suffizienzpolitik. Unveröffentlichtes Manuskript.
Institut für Energie- und Umweltforschung Heidelberg GmbH (Ifeu), Fraunhofer ISI, Prognos, Gesellschaft für Wirtschaftliche Strukturforschung mbH (GWS) (Hrsg.) (2011): Energieeffizienz: Potenziale, volkswirtschaftliche Effekte und innovative Handlungs- und Förderfelder für die Nationale Klimaschutzinitiative. Endbericht. Heidelberg, Karlsruhe, Berlin, Osnabrück, Freiburg: BMU. Onlien unter: http://www.isi.fraunhofer.de/isi-media/docs/e/de/publikationen/NKI_Zusammenfassung_Endbericht-NKI-V37.pdf, Letzter Zugriff am 24.Februar.2014.
Institut für Energie- und Umweltforschung Heidelberg (ifeu); Gesellschaft für Wirtschaftliche Strukturforschung (GWS) (2012): Volkswirtschaftliche Effekte der Energiewende: Erneuerbare Energien und Energieeffizienz. Osnabrück/Heidelberg. Onlien unter: http://www.bmu.de/fileadmin/bmu-import/files/pdfs/allgemein/application/pdf/studie_effekte_energiewende.pdf
Institut für Zukunftsenergiesysteme (IZES); Wuppertal Institut für Klima, Umwelt, Energie; Bremer Energie-Institut (BEI) (2011): Erschließung von Minderungspotenzialen spezifischer Akteure, Instrumente und Technologien zur Erreichung der Klimaschutzziele im Rahmen der Nationalen Klimaschutzinitiative (EMSAITEK). Endbericht zu PART 1. Untersuchung eines spezifischen Akteurs im Rahmen der NKI: Klimaschutz durch Maßnahmen von Stadtwerken unter Berücksichtigung betriebswirtschaftlicher Erfordernisse. Saarbrücken, Wuppertal, Bremen.
Jäger, C. C., Horn, G., Lux, T. (2009): From the financial crisis to sustainability, A study commissioned by the Federal Ministry for the Environment, Nature Conservation and Nuclear Safety; ECF. Potsdam. Online unter: http://www.european-climate- forum.net/fileadmin/ecf-documents/publications/reports/jaeger-horn-lux__from-the- financial-crisis-to-sustainabilty.pdf. Letzter Zugriff: 02.Februar.2014.
Jochem, E., Reitze, F. (2014): Material Efficiency and Energy Use. Im Erscheinen.
International Energy Agency (IEA): World Energy Outlook, Paris 2012 und 2013.
KfW Bankengruppe (2012): Innovative Regulatory Framework in the Building Sector The German Case. Präsentation durch: Hennes, Rudolf. Berlin am 04.10.2012.

Löschel, A.; Erdmann, G.; Staiß, F.; Ziesing, H.-J. (2012): Expertenkommission zum Monitoring-Prozess „Energie der Zukunft": Stellungnahme zum ersten Monitoring-Bericht der Bundesregierung für das Berichtsjahr 2011. Berlin/Mannheim/Stuttgart.

―― (2012): Langfristszenarien und Strategien für den Ausbau der erneuerbaren Energien in Deutschland bei Berücksichtigung der Entwicklung in Europa und global. Stuttgart, Kassel, Teltow. Studie im Auftrag des BMU.

Lovins A. (1976): Soft Energy Path. Toward a Durable Peace. Harper Colophon Books Cn653.

Nitsch, J. (2014): Szenarien der deutschen Energieversorgung vor dem Hintergrund der Vereinbarungen der Großen Koalition. Expertise für den Bundesverband Erneuerbare Energien e.V; Stuttgart.

Öko-Institut (1980): Energiewende. Wachstum und Wohlstand ohne Erdöl und Uran. Freiburg.

Prognos (Hrsg.) (2013): Ermittlung der Wachstumswirkungen der KfW-Programme zum Energieeffizienten Bauen und Sanieren. Berlin, Basel: Prognos.

Sachverständigenrat für Umweltfragen (SRU) (2011): Wege zur 100% erneuerbaren Stromversorgung. Sondergutachten. Berlin: Erich Schmidt Verlag.

Statistisches Bundesamt (2008): Statistisches Jahrbuch 2008 für die Bundesrepublik Deutschland. Wiesbaden.

Umweltbundesamt (2014): Vollständig auf erneuerbaren Energien basierende Stromversorgung Deutschlands im Jahr 2050 auf Basis in Europa großtechnisch leicht erschließbarer Potentiale: Analyse und Bewertung anhand von Studien. Climate Change. Dessau-Roßlau.

Vereinigung Deutscher Wissenschaftler (VDW) (2011): Ambitionierte Ziele ― untaugliche Mittel: Deutsche Energiepolitik am Scheideweg. VDW, Berlin.

Wuppertal Institut für Klima, Umwelt, Energie GmbH (HRSG.) (2013): Vorschlag für eine Bundesagentur für Energieeffizienz und Energiesparfonds (BAEff): Wie die Ziele der Energiewende ambitioniert umgesetzt und die Energiekosten gesenkt werden können. Wuppertal.

（壽福眞美 訳）

第2章

ドイツにおける再生可能エネルギーの地域経済効果

ヨーク・ラウパッハ・スミヤ

1 はじめに

　2011年3月の東日本大地震とそれに続く福島第一原子力発電所の破局は，日本のエネルギー政策の未来の方針と再生可能エネルギーのポテンシャルに関して，日本の公共圏の関心が増大する引き金を引いた。原子力への依存を減らし，日本の電力企業の地域独占を解決することをめざす日本のエネルギー政策の基本的な一部として，エネルギー・ミックスの多様化，エネルギー市場の自由化と規制緩和，エネルギー産業の再構築が重要な領域となっている。

　再生可能エネルギーの促進は，とくに注目を引いている。気候保全と安全は重要な目標だが，再生可能エネルギーの促進もエネルギー・システムの分散化と地域の発展に関わる積極的な経済効果を目的としている。太陽光，風力，バイオマスといった再生可能エネルギーは地域経済に収入をもたらし，新しい雇用を創出することが期待されている。だが，再生可能エネルギーがエネルギー需要を満たすのにほとんどわずかしか貢献していない現状では，日本の地域経済の発展に再生可能エネルギーがもたらしうる経済効果を定量化し測定し，評価し算定するのはむずかしい。日本とは対照的にドイツでは再生可能エネルギーが電力消費の22％をカバーし，市民や農民，自治体が大まかに言ってエネルギー生産の設備容量の半分を所有しており，豊富なデータが存在するだけでなく，再生可能エネルギーが地域経済にもたらす経済的付加価値を定量的に試

算・予測する研究も先行している。たとえばカッセル大学やベルリンやフライブルクに拠点を置くエコロジー経済研究所の研究成果が注目されている[1]。

本モデルの学術的な特徴や独創的な点は，バリュー・チェーン分析という経営学の有力な手法と，マクロ経済学の経済的付加価値統計分析法との組み合わせにある。

モデルのベースは，各種類の再生可能エネルギーのバリュー・チェーン〔価値連鎖〕分析にある。この手法では再生可能エネルギー産業の経済活動を4つの段階（再生可能エネルギーの設備・部品製造，プロジェクトの企画・設置・導入，設備の運営・メンテナンス，事業マネージメント）に分類し，各段階で創出されている付加価値を活動ごとに分析する。通常，経済学でよく使用されている産業関連分析法（インプット・アウトプット分析）と違って，経営学でよく使用されているバリュー・チェーン分析では，実践的なデータを活用しながら，特定技術・特定産業の付加価値創出を地域レベルで分析することが可能になる。

再生可能エネルギーが創出する地域の経済的付加価値は，経済統計学でよく使用されている，ステークホルダーへの所得分配から算出される。再生可能エネルギーに関わっている，各段階の経済活動による付加価値は，そこで働いている地域の従業員の所得，そのプロジェクトをファイナンスする地域金融機関の利息収入，その活動から得る事業者の税引き後の利益，およびその活動から得る自治体の税金収入から試算する。

本章では，再生可能エネルギーが地域経済にもたらす付加価値を試算するモデル構成を紹介する。それによって，エコロジー経済研究所のモデルに基づいて試算された，ドイツにおける再生可能エネルギーの地域の経済的付加価値の結果を分析する。さらに，バリュー・チェーン分析を使用したこのモデルをどのように自治体が地域の環境・エネルギー政策に適用できるかを論じる。

---

1) コスフェルト他, 2012, ヒルシュル他 (a), 2010。

2　ドイツ・エネルギー転換の推進者としてのコミュニティ

　2012年，再生可能エネルギーは1998年の3％以下と比較して，ドイツの総エネルギー消費（電力，熱，交通）の12.6％と見積もられている[2]。そして総電力消費に関して言えば，再生可能エネルギー源の割合は，1998年の5％から2012年の22.9％に上昇し，そのうち7.4％が風力，6.6％が（廃棄物を含む）バイオマス，4.5％が太陽光エネルギー，3.4％が水力による。再生可能エネルギーは，2012年に生産された総量1361億キロワット／時によって，褐炭・石炭に次いでドイツで2番目に重要な電力源となり，原子力（16％で995億キロワット／時）よりはるかに大きな割合を占めている[3]。2000年の「再生可能エネルギー優先法」による固定価格買い取り制度の導入以来，再生可能エネルギーによる発電の設備容量は6倍以上に増え，10.9ギガワットから2012年には72.9ギガワットになった[4]。2004年から2011年の間に再生可能エネルギーによる発電に総額で1090億ユーロが投資されてきたが，これは在来型電力産業による投資総額のほぼ2倍で，後者は同じ期間にわずか560億ユーロしか投資しなかった[5]。その結果，再生可能エネルギー源は，世界で4番目に大きい経済圏であるドイツのエネルギー・システムの不可欠な大黒柱となったのである。

　この見事な達成は世界中の注目を集め，（少なくともこれまでのところ）ドイツの再生可能エネルギー促進策の全般的な成功の原因とされている。その結果，次のような疑問が生まれる。いったい誰がドイツのエネルギーの風景を一変させたキー・プレーヤーなのか。いったい何が何十億ものユーロをこのきわめてリスクをはらんだ技術に投資するプレーヤーの基本的な動機なのか。

　連邦再生可能エネルギー庁によると，2012年の再生可能エネルギー源による発電の設備容量のほぼ半分は，私的個人が所有している（私的世帯が35％，

---

2)　連邦環境・自然保全・原子炉安全省。
3)　ドイツ再生可能エネルギー庁。
4)　連邦環境・自然保全・原子炉安全省。
5)　ドイツ再生可能エネルギー庁の図に基づいて独自に計算。

11％が農民)。エネルギー産業と関係のない私的企業が14％, (自治体所有のいわゆる「都市公社」を含む) 比較的小規模な公益企業が7％の設備容量を所有しているのに対して, トップ4の巨大電力企業, ライン・ヴェストファーレン電力, エーオン, ヴァッテンファル, バーデン・ヴュルテンベルク・エネルギーはたった5％しか投資してこなかった[6]。開発業者や契約会社, 金融機関(銀行, 基金)は所有権の25％をもっていて, これは増加している。さらに分析から明らかになるように, およそ150万人の市民と農民および増えつつあるたくさんの自治体管理の公益企業が, 再生可能エネルギー生産のきわめて分散的なシステムが急速に拡張してきた事実の背後にいるキー・プレーヤーなのである[7]。

　自宅に太陽光発電パネル等々を設置しているたくさんの自宅所有者に次いで, さまざまの個人がエネルギー協同組合を設立しそれに投資しているが, こうした組合は太陽光発電パーク, 風力発電パーク, バイオマス施設を開発し経営している。2006年の「ドイツ協同組合法」の改正以来, 登録されたエネルギー協同組合の数は, 86(2006年)から656(2012年)に増加した。ドイツ協同組合・農業協同組合連盟によれば, 2013年春, 13万6000人の市民がエネルギー協同組合の株式の所有者(「協同組合員」)になり, およそ4億2600万ユーロの株式資本に投資した。全体でこれらのエネルギー協同組合は約12億ユーロを再生可能エネルギーに投資し, およそ58万メガワット／時を発電したが, これは16万軒の家庭の年間需要に相当する[8]。

　農民は再生可能エネルギー源による発電の設備容量の11％を所有し, 2009年から2012年に約182億ユーロを再生可能エネルギー施設に投資したが, その大部分(57％)はバイオ・ガス施設と太陽光発電(37％)で, 風力発電も増えている[9]。

　1998年以来のヨーロッパ・エネルギー市場の規制緩和と自由化から, ミュンヘンやハノーバーといった都市の自治体所有施設, またエネルギー供給ヴェ

---

6) ドイツ再生可能エネルギー庁。
7) ドイツ再生可能エネルギー庁。
8) ドイツ協同組合連盟。
9) 連邦再生可能エネルギー庁。

ーザー・エムス社，ミュンヘン市公社，ヘッセン，トリアネル社のような自治体優位の地域エネルギー・グループは，エネルギー生産・配電での割合を着実に増やし，現在ではドイツの総発電容量のおよそ10％を占めている[10]。ヴッパータール研究所の最新の調査によれば，ドイツの配電網の営業権の約60％が2010年から2015年の間に更新され，たくさんの自治体が配電網を買い戻したり，あるいは電力供給を自治体の管理下に取り戻すことを考えたりしている[11]。

自治体管理下の公益企業がしばしば在来型の化石燃料発電所にかなり投資しているという事実にもかかわらず，彼らは再生可能エネルギーを拡張するという積極的な目標を設定しており，したがって，この自治体所有の公益企業に向かう傾向は，ドイツのエネルギー転換をいっそう加速させるだろう。

上記の事実は，普通の市民，農民，自治体がドイツのエネルギー転換の背後にいる推進力であるという結論を支えている。これらのプレーヤーも，再生可能エネルギー技術——これは優勢で高度に集権化された，核燃料と化石燃料に基づく大規模発電所システムの経済的基盤をますます弱体化させている——に基づいた小規模の発電・配電の地域分散型システムの登場に，成長しつつある強固で広大な基盤を構成しているのである[12]。したがって，ドイツのエネルギー転換は長期にわたる深い社会・経済的インパクトを有しており，資本の流れや雇用，エネルギー産業の地域的構造に関わる転換ももたらしている。地域や自治体レベルで再生可能エネルギーを推進している政治家や政策立案者は，気候保全目標への対応と関連する便益を指摘しているだけでなく，地域の経済および社会的インフラストラクチャーの強化と発展にも資すると議論している。というのは，エネルギー関連の資源はコミュニティ内部にとどまり，しかも新しい雇用，新しいビジネス・システム，地域の経済的価値を創造するために使われるからである[13]。

---

10) 連邦エネルギー・水事業連盟。
11) 2010年以来，およそ190の自治体が送電線網を接収し，およそ70の自治体発電所が新設された。ヴッパータール研究所，2013。
12) 再生可能エネルギーの急速な成長が，ヨーロッパの既成の発電所の利益率を低下させた重要な原因だと考えられる。『エコノミスト』，2013。
13) ホッペンブローク他。

3　バリュー・チェーン・アプローチ
―― 再生可能エネルギーにより地域の経済的付加価値をモデル化し測定する

(1) 再生可能エネルギーの経済効果を評価する複数のアプローチ

　政治的，経済的，地域的研究では，所与の政策ないしプロジェクトが地域経済の発展に与える経済的インパクトを定義し測定し評価するさまざまなモデルと方法を，たとえば経済基盤モデル，インプット－アウトプット分析，社会的会計マトリックス，計量経済学的／インプット－アウトプット統合モデル，一般均衡モデルとしてつくりあげてきた[14]。だが，再生可能エネルギーが地域の経済的発展に与える影響に関する経験的研究は，往々にして，地域プロジェクト研究やいくつかの再生可能エネルギー技術の事例研究といった領域に限定されている[15]。

　ドイツでは経済学，地域研究，環境政策分野の多くの研究者が，ミクロ経済学的バリュー・チェーン分析を構築する新しいアプローチを提案してきたが，現在は所与の地域の再生可能エネルギーが生みだした経済的付加価値を包括的に測定し評価しようと試みている[16]。

　付加価値とは，経済理論で充分に確証された概念で，インプットとしての原材料，財，サービスをより高い貨幣価値をもった財とサービスに転換することに関連している。だからある経済活動の貨幣価値を，生産されたアウトプットの価値とこの価値を生産するのに必要な外部要因インプットの価値との差額ととらえる[17]。国民経済計算は付加価値を，価値生産の視点（＝アウトプット価値－インプット要因費用）から，あるいは分配の視点から測定するが，後者のアプローチは，付加価値が労働，資本，土地，公的サービス等々といった要因インプットの個々の提供者（ステークホルダー）にどのように分配されるかということと関連づける。

　バリュー・チェーン分析は産業組織論にルーツがあり，マイケル・ポータ

---

[14]　地域の経済的インパクト分析のモデルに関する概観は，ラヴリッジ，2004 を参照。
[15]　たとえばアラン，2011。
[16]　ヒルシュル他 (a)，2010，コスフェルト，2012，連邦国土交通省，2011。
[17]　サミュエルソン／ノルトハウス，2010。

ー[18]が初めてつくった概念だが,それはある会社を,インプットと情報をより価値の高いアウトプットに転換する経済活動の流れとして解釈し,そうすることで会社をさまざまに組み合わさった活動――これが会社の競争的優位の源泉であり,消費者の便益を生みだす価値創造システムを形づくる――に分解する。ある会社のバリュー・チェーンのデザインは,その経済活動の水平的および垂直的な組織展開と関連した基本的な戦略的選択を反映している。全体として,それがある産業の包括的な価値システム内部におけるその会社の位置を決定する。

ドイツの研究者のさまざまなモデルは,細部ではいろいろと異なってはいるものの,再生可能エネルギーによって地域で生みだされた付加価値を測定しようとしており,次のような特徴を共有している。

①個々の再生可能エネルギー技術にとっての詳細なバリュー・チェーンの構築。4つの一般的な価値創造の段階を区別する。
・直接投資(たとえば取引を含む設備装備の生産)
・投資関連のサポート(たとえばプロジェクト・プランニング,設置,組み立て)
・プラント経営(たとえば土地と敷地のマネージメント,メンテナンス,ユーティリティ,融資・保険・税・法的助言といったサポート・サービス,管理,リパワリングと撤退)
・商業的マネージメント(たとえばプラント所有者によるサービス)[19]

②すべての価値創造段階に沿った被雇用者の純所得の総額としての地域の経済的付加価値の定義。プラント所有者と(価値創造過程全体を通じて関与する)他のビジネス・パートナーの税引き後利潤,地域の税収

③技術特有の地域の経済的付加価値の計算。これは,所与の再生可能エネルギー技術のバリュー・チェーンにおける個々の段階に応じた,詳細な費用構造と収入の流れに基づく。

④地域特有のポテンシャルおよびバリュー・チェーンの利用可能性と所有権構造の分析に基づく地域の経済的付加価値の評価。

---

18) ポーター,1985。
19) ホッペンブローク。

次に紹介するのは，2009年のドイツの再生可能エネルギーによる地域の経済的付加価値を評価したエコロジー経済研究所の研究結果である（2010年，2011年更新）[20]。

- ドイツ全体で再生可能エネルギーによって直接生みだされた地域の経済的付加価値の量は，2009年におよそ68億ユーロ，2010年に105億ユーロ，2011年に約90億ユーロに上る。
- 太陽光と風力が地域の経済的付加価値全体のおよそ70％を占めるのに対して，バイオマス・バイオガスおよび熱生産の再生可能エネルギー源は大きくない。
- 直接的な地域の経済的付加価値の約50％は，バリュー・チェーンの異なる段階で働いている被雇用者の個人的収入の形をとっている。エコロジー経済研究所は，再生可能エネルギーが直接提供するフルタイムの雇用をおよそ11万6000人と見積もっている[21]。
- 直接的な地域の経済的付加価値の約40％は利潤分であり，これは所有権の構造と財産権の分配の重要性を示している。他方，地域税収の形態をとった付加価値は比較的少なくて，これは，地域政府の財政に対する再生可能エネルギーの寄与が限定されていること，少なくともドイツの地域的課税制度の枠内にあることを示している（表1）。

このような結果の重要性を判断するためには，この結果を再生可能エネルギーによって生みだされるかもしれない付加価値ポテンシャル全体と関連づけて見ることが必要である。

発電に関しては，データはドイツの固定価格買取制度から得ることができる。

たとえば投資段階では，2009～2011年に再生可能エネルギーに投資された全額の12～21％は，個人的な所得，利潤，地域税収の形態をとった，直接生

---

20) ヒルシュル他（a），2010，ヒルシュル他（b），2010。
21) ヒルシュル他（a），2010。これは連邦環境省による計画よりもはるかに少ない。つまり，同省は再生可能エネルギー産業の雇用全体をおよそ30万人と見積もっている。その理由は，同省が間接的な雇用および研究開発ないし教育の分野の雇用も考慮しているからである。

表1

100万ユーロ	2009年		2010年		2011年	
地域付加価値総額	6,785	100%	10,534	100%	8,948	100%
段階						
投資	1,880	28%	3,506	33%	2,279	25%
計画／設置	1,214	18%	2,666	25%	1,553	17%
技術運用	1,399	21%	1,758	17%	1,996	22%
商業管理	2,248	33%	2,555	24%	3,072	34%
取引	44	1%	49	0%	48	1%
分配						
個人収入	3,283	48%	5,887	56%	4,311	48%
利潤	2,878	42%	3,743	36%	3,796	42%
税収	624	9%	904	9%	841	9%
エネルギー源						
太陽光	3,283	36%	5,764	55%	3,882	43%
風力	2,050	30%	2,241	21%	2,246	25%
バイオマス（電力）	456	7%	501	5%	583	7%
バイオガス	557	8%	584	6%	673	8%
水力	30	0%	129	1%	76	1%
熱ポンプ	253	4%	282	3%	305	3%
太陽熱	354	5%	224	2%	347	4%
バイオマス（熱）	81	1%	62	1%	91	1%
バイオ燃料	557	8%	747	7%	745	8%

(出典：ヒルシュル他 (b)，2010)

みだされた地域の経済的付加価値のままであり，2009年～2011年の固定価格買い取り制度の支払い全体の24～28％は，再生可能エネルギー施設の実際の技術的運転と商業的マネージメントによって生みだされた直接的な地域の経済的付加価値に終わっている（**表2**）。

表2

運用段階（発電のみ）	2009	2010	2011
賦課金支払い（100万ユーロ）	10,780	13,182	16,735
技術運用・商業管理による付加価値	3,051	3,532	4,018
運用段階の直接的付加価値の割合	28%	27%	24%
投資段階（発電のみ）	2009	2010	2011
再生可能エネルギー投資	20,400	26,600	19,500
投資・計画・設置段階の付加価値	2,484	5,686	3,193
投資段階の直接的付加価値の割合	12%	21%	16%

(出典：エコロジー経済研究所のデータに基づいて独自に計算)

表3

再生可能エネルギーの割合	基準年 2009	シナリオ2020 環境省	シナリオ2020 再生エネ連盟
電力消費	16.3 %	34.7 %	46.8 %
熱消費	8.8 %	17.2 %	25.1 %
交通燃料消費	5.5 %	11.5 %	21.4 %
インパクト			
地域の付加価値（10億ユーロ）	6.8	7.2	13.2
純雇用（人）	116.013	101.877	212.422
CO_2輩出削減（100万トン）	77	125	202
輸入化石燃料削減（兆ユーロ）	3.7	11.5	34.8

（出典：連邦再生可能エネルギー連盟, 2009）

　投資とプランニング・設置段階で生みだされた付加価値がゆっくり変動しているのに対して，事業運営とマネージメントを通じて生みだされた付加価値は，着実に増加している。投資（＝生産）段階の地域の経済的付加価値の割合は，付加価値全体の3分の1以下であり，これは，地域の発展にとって製造業の役割が限定されていることを示している。

　エコロジー経済研究所は，2020年に予定される設備容量に関する2つの異なるシナリオに基づいて，2020年のドイツの再生可能エネルギーによる地域の経済的付加価値も予測している[22]。

　2つのシナリオ——1つは連邦環境・自然保全・原子炉安全省による「より保守的な」シナリオ[23]であり，もう1つは連邦再生可能エネルギー連盟による「より革新的な」シナリオ[24]である——は，再生可能エネルギーの拡張に関する明確な目標に基づいており，2020年ドイツの地域の経済的付加価値，再生可能エネルギー産業の純雇用のレベル，二酸化炭素排出の削減と化石燃料の輸入に対するエコロジー的インパクトを見積もっている。その結果は，上の表にまとめられている（表3）。

---

[22]　ヒルシュル他（a），2010。計画は，海上風力発電といったいくつかの重要な再生可能エネルギー源を除いている。
[23]　ニッチュ，2007。
[24]　ドイツ再生可能エネルギー連盟，2009。

2つのシナリオでは地域の経済的付加価値は増加を続け，二酸化炭素排出と化石燃料の輸入の削減に大きく貢献するけれども，環境省の予測は再生可能エネルギー連盟の予測よりも大幅に低い。雇用に関しては，環境省のシナリオは主として新規投資の漸減と再生可能エネルギー装置価格の継続的な低下のために，純雇用の減少を予測している。

(2) 経済的付加価値のモデル化を地域政策に適用する

　付加価値モデルは，再生可能エネルギーが地域レベルで及ぼす経済効果を測定し評価するために，強力で有効なデータを与える。だから，付加価値のモデル化は，地域や自治体のプランナーや政治家，政策立案者をサポートして，地域の経済的発展の目標をもった再生可能エネルギーの促進政策をつくる強力な道具，とりわけ事実に基づいた判断と意思決定の基盤となる量的かつ透明なデータを提供する。

　ドイツでは再生可能エネルギーによる地域の経済的付加価値分析は，再生可能エネルギー技術が特定の地域[25]に与えるさまざまな積極的な経済効果を強調することによって，地域の気候政策とエネルギー政策を促進する重要な手段となってきた。したがって，これらの政策のより広範な受容を生みだすのに役立ち，地域の合意形成をサポートし，コミュニティや地域で異なる利害をもったさまざまなステークホルダー間の協調を育む。その結果として，政策についてのコミュニケーションにとって，また地域のステークホルダーを政治過程に積極的に参加させることにとって効果的な道具となってきたのである[26]。

　さらに再生可能エネルギーの付加価値分析は，所与の地域や自治体の政策形成や戦略策定の基盤となる強力なデータも提供し，このデータは特定の地域における異なる再生可能エネルギー技術の経済的・エコロジー的有効性を比較するのにも役立ち，もっとも適切なエネルギー・ミックスの決定，実行可能で現実的な政策目標の設定，政策的オプションの評価に役立つ。付加価値分析を通

---

25) その好例は，5年のうちにエネルギー輸入者から輸出者に変化したライン－フンスリュック群であり，地域付加価値分析は，その「包括的寄稿保全計画」に統合されている。詳細は，応用電力管理研究所，2011を参照。
26) アレッツ，2013。

じて所与の地域の再生可能エネルギーの現状ないし将来の経済的ポテンシャルを包括的に評価する基盤が与えられ，それは価値創造の源泉と段階のポテンシャルに対する，また地域特有のバリュー・チェーンに沿った付加価値の分配ついての地域特有の洞察を明らかにし，未来のシナリオの開発を可能にし，所与の地域における再生可能エネルギー源の拡張から期待されうる経済効果のポテンシャルの予測を可能にする[27]。

4 結論

バリュー・チェーン分析は再生可能エネルギー施設の生産，プランニングと設置，事業運営，商業的マネージメントの各段階に応じた再生可能エネルギー源の費用構造と収入の流れに対する詳細な洞察を提供するとともに，所与の地域で生みだされた経済的付加価値の評価と予測を可能とする包括的で強力な構造的データを提供する。

地域の経済的付加価値の概念は，再生可能エネルギーが地域の発展や地域的な収入の流れの創造，新規雇用の機会に対してもっている重要な経済効果を強調する。したがって，それは地域と地方自治体に対して強力な道具を提供し，気候保全の戦略と政策を策定する努力をサポートする。また経済効果を強調することで，再生可能エネルギーの受容を強化するのに役立ち，地域のステークホルダーと共有する，コミュニケーションとネットワークの道具として役立つ。

自治体と地域のプランナーは，エネルギー・気候の保全政策の経済的実行可能性全体を評価し，再生可能エネルギーを促進する現実的な政策目標をつくるのに，地域の経済的付加価値分析を適用することができる。

ドイツの地域の経済的付加価値分析の結果は，地域的な気候・地理的条件に次いで，その創出が地域のバリュー・チェーンの視界と構造に大きく依存していることを証明した。付加価値分析は，再生可能エネルギーにおける地域的バリュー・チェーンの地域特有の構造と特徴に関する洞察を提供する。したがって，所与の地域での再生可能エネルギーの経済的ポテンシャルに関する指標，

---

[27] ホッペンブローク他。

また地域がどのようにしたら地域の会社,技能,ノウハウと強みといった地域的資源を動員し使用し向上させられるのかに関する指標を提供する。地域のポテンシャルを資本化し,地域の特有な優位と制約を利用する再生可能エネルギーの地域戦略を開発する場合には,地域で利用可能な資源と能力のストックを包括的に取りあげることが最初の重要なステップである。地域の強みや資源,能力はしばしば非常に異なっており,公有地・公有林,屋根の空間,学校や保健施設・福祉施設といった公共の建物と関連しているだけではない。たとえば自治体の廃棄物処理場,汚水処理施設や焼却場,放棄された軍事基地[28]も含まれる。

しかしながら,事業マネージメントから生じる利潤が普通付加価値の最大の割合を占めるように,付加価値の生産は財産権と所有権の配分構造に大きく依存している。付加価値分析は収入の流れの技術特有の構造に対する洞察を提供し,一定の技術の経済的実行可能性を評価する基盤をつくり,したがって再生可能エネルギーの地域的所有権と受容を促進するのに役立つ。自治体は,再生可能エネルギーへの投資に向けた規則,必要条件,枠組みをつくるのに強い影響力をもっており,公共政策を通じて地域の投資と所有権を奨励できる。

最後に,地域の経済的付加価値分析は,地域コミュニティとのコミュニケーションの力強い道具として役立ち,それによってコミュニティの異なるステークホルダー間の信頼,受容,合意をつくりだす。多くの例が示しているように,自治体,地域の〔市民〕イニシアティブ,市民の積極的な参加による公開のコミュニケーション,そしてカギを握るステークホルダー間の強力なネットワークは,再生可能エネルギー・プロジェクトの成功と地域の能力形成の育成にとって絶対に必要不可欠なのである。

---

[28] エコ村であるモルバッハ村やフェルトハイム村,セルベック自治体といったドイツの先導的な再エネ100%地域は,かつてのアメリカ軍弾薬貯蔵庫(セルベック,モルバッハ)から,またかつての旧東独ソ連軍の通信センター(フェルトハイム)から,再生可能エネルギーの地に変わった。

〈参考文献〉

Allan, Grant/McGregor, Peter/Swales, Kim: The importance of revenue sharing for the local impacts of a renewable energy project — A social accounting matrix approach, in: Regional Studies, Vol. 45/9, October 2011, pp. 1171–1186

Aretz, Astrid/Heinbach, Katharina/Hirschl, Bernd/Rupp, Johannes: Hintergrundmaterial zum Thema Wertsschöpfungs und Beschäftigungseffekte durch den Ausbau erneuerbarer Energien, Institut für Ökologische Wirtschaftsforschung (IÖW), Berlin, August 2013, pp. 22–26: download under:

http://www.greenpeace.de/fileadmin/gpd/user_upload/themen/energie/20130902-Greenpeace-Studie-Wertschoepfung.pdf

Bundesministerium für Verkehr, Bau und Stadtentwicklung (BMVBS): Strategische Einbindung regenerativer Energien in regionale Energiekonzepte — Wertschöpfung auf regionaler Ebene, 2011, download under:

http://www.bbsr.bund.de/BBSR/DE/Veroeffentlichungen/BMVBS/Online/2011/ON232011.html?nn=423048

Bundesverband der Energie- und Wasserwirtschaft e.V. (BDEW): Wettbewerb 2012 — Wo steht der deutsche Energiemarkt, 2013, pp. 31–36/Verband Kommunaler Unternehmen VKU,

http://www.vku.de/energie/energieerzeugung/kommunale-kraftwerkskapazitaeten/kommunale-kraftwerkskapazitaeten.html

German Renewable Energy Federation (BEE=Bundesverband Erneuerbare Energie e.V.) : Stromversorgung 2020 — Wege in eine moderne Energiewirtschaft, Berlin, January 2009, download under:

http://www.bee-ev.de/_downloads/publikationen/studien/2009/090128_BEE-Branchenprognose_Stromversorgung2020.pdf

Hirschl, Bernd Hirschl/Aretz, Astrid/Prahl, Andreas/Böther, Timo/Heinbach, Katharina/Pick, Daniel/Funcke, Simon: Kommunale Wertschöpfung durch Erneuerbare Energien, Schriftenreihe des Institut für Ökologische Wirtschaftsforschung (IÖW 196/10), Berlin, 2010 (a)

Hirschl, Bernd/Aretz, Astrid/Böther, Timo: Kommunale Wertschöpfung durch Erneuerbare Energien — Update für 2010 und 2011, Institut für Ökologische Wirtschaftsforschung (IÖW), Berlin, 2010 (b)

Hoppenbrook, Cord/Albrecht, Anne-Kathrin: Diskussionspapier zur Erfassung der regionaler Wertschöpfung in 100% - EE-Regionen, DEENET (Hrsg.), Arbeitsmaterialien 100EE, Nr. 2, pp. 16–21/58–59; download under:

http://www.100-ee.de/index.php?id=schriftenreihe&no_cache=1

Institut für angewandtes Stroffstrommanagement (IfaS): Integriertes Klimaschutzkonzept für den Rhein-Hunsrück-Kreis — Abschlußbericht, Birkenfeld, September 2011; download under: http://www.kreis-sim.de/Leben/Klimaschutz/Klimaschutzkonzept

Kosfeld, Reihold/Gückelhorn, Franziska: Ökonomische Effekte erneuerbarer Energien auf regionaler Ebene, in: Raumforschung und Raumordnung, 2012, Vol. 70, p. 437-449

Loveridge, Scott: A typology and assessment of multi-sector regional economic impact models, in: Regional Studies, Vol. 38/3, May 2004, pp. 305-317

Nitsch, Joachim: Leitszenario 2007 — Ausbaustrategie Erneuerbare Energien — Aktualisierung und Neubewertung bis zu den Jahren 2020 und 2030 mit Ausblick bis 2050, Federal Ministry for the Environment, Nature Conservation and Nuclear Safety, 2007; download under: http://www.bmu.de/fileadmin/bmu-import/files/pdfs/allgemein/application/pdf/leitstudie2007.pdf

Porter, Michael: Competitive Advantage — Creating and sustaining superior performance, New York/The Free Press, 1985

Samuelson, Paul A./and Nordhaus, William D.: Economics, 19th ed., Boston/McCrawHill, 2010

The Economist: European utilities — How to lose half a trillion euros — Europe's electricity provided face an existential threat, October 12, 2013

Wuppertal Institut für Klima, Umwelt, Energie GmbH: Stadtwerke — Neugründungen und Rekommunalisierungen — Energieversorgung in kommunaler Verantwortung, September 2013, download under: http://wupperinst.org/uploads/tx_wupperinst/Stadtwerke_Sondierungsstudie.pdf

〈ウェブサイト〉

German Cooperative and Raiffeisen Confederation (DGRV), http://www.dgrv.de/

Germany's Federal Ministry for the Environment, Nature Conservation and Nuclear Safety (BMU), http://www.erneuerbare-energien.de

German Renewable Energies Agency (AEE), http://www.unendlich-viel-energie.de

(壽福眞美 訳)

第 3 章

ドイツの核エネルギー政策
スリーマイル島, チェルノブイリ, 福島に対する反応

オルトヴィン・レン／クリスティアン・クリーガー

1 はじめに

　過去 50 年間の核エネルギーの発展と応用の過程で, エネルギー生産に核分裂の力を利用する政策は, 世界中のほとんどの国々で熱狂から深い懐疑にわたる情緒的なローラーコースターを経験した。いわゆる安価で無尽蔵のエネルギー供給という約束は, 核の安全性と拡散, 廃棄物処理に関わる懸念と際立った対照をなしていた (マルティネス／ビルン, 1996)。核エネルギー政策の歴史の主要な画期は, アメリカのスリーマイル島の原発事故, ウクライナのチェルノブイリの事故, もっとも最近では日本の福島のメルトダウンである。この 3 つの出来事すべてが, 人々の態度と同時に規制とリスク管理の主要な変化と対応の引き金を引いた。

　この 3 つの出来事は, 世論に永続的な影響を与えた。スリーマイル島の後, アメリカとカナダ, ほとんどのヨーロッパ諸国で, 核エネルギーおよび他の巨大技術システムのチャンスとリスクに関して, 大多数の人々のうちに両義的な立場が増大してきたことが示されている (ジャスパー, 1990)。リスク認識の研究と原子力に対する人々の態度の調査が示したように, 人々は環境および健康に対する巨大技術のインパクトを心配すると同時に, しかし, 技術エリートと政治エリートに対して相当な信頼を託していた。スリーマイル島の事故後になって, 少なくともアメリカでは (ベラ他, 1988, カスパーソン他, 1999), 信頼

を失った人たちもいたけれども，ほとんどのアメリカ人とヨーロッパ人は，原子力のような巨大技術は必要だが，きわめて望ましからぬ近代の表現だと確信していた。さらに，世論調査は，「専門家の文化」がノウハウと問題解決の能力をもっているという世論があることを証明したが，専門家は感情移入と道徳的動機づけの点で充分ではないとした（オートウェイ／フォン・ヴィンターフェルト，1982，バーク／ジェンキング＝スミス，1993）。他方，エコロジストと技術の批判者は，納得のいく論拠をもった真摯で勇敢な闘士だが，現実的な技術的知識に欠けていると見られていた。人々の永続的なイメージは，科学と技術の専門家の合理性対エコロジストの勇敢な道徳性，というものだった（レン，2008：53）。

　技術陣営は，人々のより強力な支持を得ているように思われ，技術エリートの代表は確かに，公共政策を支配しているように思われた。彼らのリスク評価は，〔巨大技術に〕内在する脅威という最初の認識が不当であることを充分に保証するものであった。技術エリートは社会に対して，巨大技術の設計基準とリスク管理の実施が，このような技術の破局的な可能性を抑制するのに充分だと保証できるだけでなく，巨大技術が近代社会で果たすべき正当な役割をもっていることを，政府ないし公的な管理機関に確信させることにも成功していた（レン，2008：54）。公式の文句は次の通りである。つまり，重大な破局のリスクが充分に小さいかぎり，社会は残余のリスクを進んで引き受け，また引き受けることができなければならない。きわめて不人気な原子力産業に反対するたくさんの市民運動にもかかわらず，また，新しい化学プラントの建設や空港の拡張に反対する粘り強い抗議にもかかわらず，さらに，至る所で湧き上がる新しいオールタナティブ運動にもかかわらず，技術部門の有力者たちは，すべてのヨーロッパ諸国で保守党，自由党，民主党に対して影響力を行使することができた（マットラリー，1997）。化石燃料の埋蔵量がほとんどないフランスでは，原子力計画の拡張を志向する政治エリートに強力な支持があり，スリーマイル島の影響は小さかった（バスティド他，1989）。ドイツでは抗議運動が始まっていたにもかかわらず，原子力発電所は次々と稼働していった（ワーグナー，1994）。スイスでは1986年以前のすべての国民投票で，稼働中の原子力発電所の維持が決定され，スウェーデンでは国民投票で，現存する原子力発電所を期

間限定で稼働することが決定された（レフシュテット，2001）。その他のヨーロッパ諸国は，この不人気な技術を開発するペースを落としたが，全体としてみれば，〔稼働の〕一時停止や，ましてやどんな政治的Uターンの兆しもなかった。

　この事態は，1986年のチェルノブイリの後，劇的に変わった。1986年が他の2つの重大な技術的事故の年であることを記しておくのは興味深い。つまり，〔アメリカのスペースシャトル〕チャレンジャーの事故と，バーゼル（スイス）の化学プラントの事故に起因するライン河の汚染である。巨大技術の支持者たちが守勢に回ったのに対して，懐疑論者たちは巨大技術のリスクと受容可能性について，新しい考え方を明確にし始めた（レン，2008：53）。今では専門家は，道徳性の欠如だけでなく，合理性の欠如も非難されるようになった（シュレーダー＝フレチェット，1998：48以下）。この直接の結果は，フランスを例外として，すべてのヨーロッパ諸国が事実上核エネルギーの開発を延期したことである。ドイツでは長く激しい論争の後，核廃棄物の再処理プロジェクトが完全に放棄され，2000年代中期に社会民主党と緑の党（強力な若い政党）が連立したドイツ政府は，次の30〜40年のうちに核産業と原子力から脱却するという合意に達した（ケルン／レッフェルゼント，2003）。しかし，メルケル首相の保守政権は，2010年に核エネルギーからの脱却を修正し，原子力の放棄過程をさらに20〜30年間遅らせることを決定した（ブーフホルツ，2011）。だが，ドイツの核エネルギーの活性化は，福島が起こった時，突然中止されることになった。

　オーストリアでは，原子力発電所の建設は，1998年の国民投票後中止され，スイスでは，原子力発電所の開発が一時停止された。しかしながら，核エネルギーは，徹底的な精査の後で信用が失墜した唯一の技術ではなかった。化学産業や廃棄物リサイクル工場，道路の建設計画や空港の拡張，最後に遺伝子技術を応用する研究所や生産設備の創設に対する強い非受容のムードがあった（バスティド他，1989，ハンペル他，200）。1980年代後半の魔法の言葉は，分散化と消費者近接の供給，再生可能エネルギー源とエコロジー的農法，地域的な公共輸送インフラストラクチャーの拡大，「ソフト」な技術に基づく開発であり，さらに，このようなリスクに関する新しい視点は，より厳しい安全基準および予防原則の厳格な実施を通じて表現されていた（サンド，2000，アハーン／ビ

ルクホーファー，2011)。リスクの政治学は，今では「下手な言い訳よりも，よりよい安全性」の原則に基づくことになり，1986年から1996年の10年間で，巨大技術設備の支持者と見られたい人間はほとんどいなくなった。もし現存設備の利用を勧める論拠があるとすれば，それは純粋に経済的な理由に基づいていた。広範囲にわたる技術的リスクは，よくても過渡的な現象として許容され，巨大規模の技術は，意図することなく守勢に立たされることになった。大勢の技術専門家が姿を消し，彼らの野心的なプロジェクトを敵対的な時代精神から隠蔽することになったのである（レン，2008：54）。

1986年の環境災害後の最初の10年間に，技術的リスクの専門家は守勢に立つことを余儀なくされ，多くの技術専門家は自分たちのコミュニティ内で冬眠するか，（時には絶望しながら）社会的な虐待を自分たちの決定やアセスメント方法と結合しようとした。ところが，1996年後風向きが再度変わった。以前拒絶された専門家の意見が，1986年の災害は結局それほどひどい災害ではなかったと言い立てながら，ある種「他人の不幸は蜜の味」的に再浮上したのだ。ライン河は，ほとんどの楽観的意見が予想していたよりもはるかに早く，スイスの工場の事故から復旧した。ごく最近まで，チャレンジャーのエピソードを想起するような宇宙飛行と結びついた災害は起こっていない。しかも，毒物学の専門家によれば，チェルノブイリという巨大原子炉の事故でさえ，世間が信じ込まされていたより少ない死者しかもたらさなかったのである。

だから，多くの国々が核エネルギーに回帰したり，1986年以前の核エネルギー政策を強化したりした。フランスの高官は1990年代には，社会党政権が緑の党のメンバーを環境相に指名したという事実にもかかわらず，核エネルギーの拡大を主張した（フルト，1994）。ドイツの論争は，1998年に表明され社会民主党と緑の党の連立政権によって促進された核脱却の決定の実行可能性と合理性に関して，より決然としたものになった（リューディッヒ，2000）。この決定の余波として，強力な核エネルギー連合は核脱却の中止，少なくともその延期をめざしてロビー活動を行った（ケルン／レッフェルゼント，2003）。核エネルギーに対してより好意的な態度と政策が復活した主たる理由の1つは，グローバル化という経済的挑戦の増大のなかにあるのだろう。グローバル化した経済とともに，産業界のなかに機動性の問題が登場した。もし潜在的にリスク

のある設備を国内に建設しないなら，海外の拠点を提供するたくさんの候補者がいるのだ。エコロジー的条件が厳しくなれば，企業は国内の失業を犠牲にしても，より寛容な地域に居を定める。このことはとくに，ドイツやフランスのような高度に工業化した国々のベースロード・エネルギーについて当てはまる。

さらに，核エネルギーと他の高度な技術に対する社会的異議は，以前よりも確固としたものではなくなってきており（ワーグナー，1994），かつて技術に反対していた多くの人たちは，リスク管理の専門家となり，少なくとも以前の敵によるリスク評価の方法論の一部を引き受けている（ディーツ他，1989）。西ヨーロッパ，とりわけドイツでは多くのリスク問題が環境運動と緑の党によって担われ，社会問題を過去の専門家集団に委任しているのと同様に，多くの環境主義者は，リスクに関連した問題を環境リスクの専門的なケア・テーカーに委ねている。緑の党は政治システムの内側からの政策形成に成功したが，それにつれて，妥協したり政治的政策をでっちあげたりする必要が出てきたのである。

悲惨な津波の影響によって日本の福島で原発事故が起きたとき，核エネルギーに対する支持のゆっくりとした回復は完全に阻止されることになり（国際エネルギー機関，2012），もっとも劇的な逆転がドイツで起こった。メルケル首相は，ドイツの核の未来に対する新しい政策を提案するために，いわゆる倫理委員会を設置した（レン／ドライヤー，2013）。委員会は満場一致で，2022年までに核エネルギーから脱却すること，エネルギー効率化の改善と再生可能エネルギー設備の設置によって核と化石燃料を代替することを提議した（倫理委員会，2011）。フランス政府は，核エネルギーへの積極的な態度をあらためて主張したが，福島の出来事に照らしてフランスの全原子力発電所の安全性を調査する重要なストレス・テストを始めた（フランス核安全委員会，2011）。他のヨーロッパ諸国は，（オーストリア，スペイン，イタリアのように）反核政策を確認したり，（スイスのように）将来の核エネルギーからの脱却を決定したり，あるいは（イギリス，いくつかの東ヨーロッパ諸国のように）将来の核のより慎重な拡張を指示した。

以下の節では，ドイツの主要な出来事の政策的帰結をより詳しく報告する。その主な重点は，規制者と政策決定者の反応を世論，経済的圧力，政治的関与の作用として探究することである。

2 核政策に関するヨーロッパの文脈

ドイツの核政策を議論する前に、ヨーロッパのエネルギー政策が埋め込まれている文脈を理解することが重要である。エネルギー政策はいつでも、ヨーロッパの政治的・経済的統合過程における最初の一歩の核心であった（マトラリ，1997）。ヨーロッパ・レベルの強大な影響力は、個々の構成国家のエネルギー政策に重大なインパクトを与えた3つの主要な発展によって描くことができる。(1)ヨーロッパのエネルギー市場の規制緩和と自由化、(2)気候変動、(3)エネルギー安全保障がそれである。

(1) ヨーロッパのエネルギー市場の規制緩和と自由化

1980年代中葉、ヨーロッパのビジネス・エリートや政治エリートの間で経済政策に関する1つの合意が成立した。この合意は、厳しい競争をもたらす規制緩和され自由化された市場が、経済的効率化を改善することを想定していた。このような確信は最初イギリスの政策を形成したが、後にはヨーロッパ連合の域内市場政策の形をとって、すべてのヨーロッパの指導者によって採用された。

一般的に言って、ヨーロッパのエネルギー市場は、産業を支配する社会的独占を伴いながら、相対的に厳しい規制に慣れていた。したがって、新しいパラダイムはエネルギー政策の決定者にとって重大な挑戦であり、独占的なエネルギー供給者の既得権益の抵抗に直面した。

抵抗にもかかわらず、市場は徐々に自由化され、社会的独占は挑戦を受けることになった。しかし、ヨーロッパ諸国の進路は国家の制度的布置と利害のために大きく異なっており、原子力はいくつかの事例では、補助金その他の市場介入によって競争から保護されていた。だが、個人投資家から資本を集める能力は、巨額の前払い投資費用と結びついた政治的・経済的不確実さ、および、技術的に可能な〔運転〕寿命に係わる許認可の不確実な将来のせいで制約されていた（ハッチ，1986）。

(2) 気候変動——ヨーロッパ的, 国家的, 国際的目標

　気候変動は, 政策決定者のアジェンダ上と社会的意見のなかでますます重要性を増しており, エネルギー政策は, エネルギー・ミックスが温室効果ガス（とくに二酸化炭素）の排出を規定するにあたって, 気候変動を制御する決定的な手段である。

　地球温暖化の脅威に応えるために, 二酸化炭素を抑制する措置が国際的, ヨーロッパ的, 国家的レベルで採られてきた。1997年に採択された国連気候変動枠組み条約に基づく京都議定書は, 温室効果ガスの排出を2008〜2012年までに削減することを求め, ヨーロッパ連合諸国は, 1990年比8％の排出削減を義務づけられていた。ヨーロッパ・レベルでは環境相たちが, 2020年までに15〜30％, 2050年までに60〜80％の削減を誓っている。いくつかのヨーロッパ諸国, とくにイギリス, ドイツ, フランスはさらに進んで, 野心的な国家目標を立てた。たとえばイギリス政府は, 2020年までに1990年比20％の削減を明言し, ドイツは, 2050年までに化石燃料利用を, 驚くべきことに80％削減すると決定した。

　さまざまな政策的措置が議論され, ヨーロッパ連合（および追加的に国家的）排出権取引枠組みから, エネルギー保全インセンティブや気候変動課税に, 先の目標の達成がすでに定められてきている。核産業は, いくつかの形態の再生可能エネルギーに加えて, 実際に炭素排出ゼロのエネルギー源として, これらに関与することで利益を上げているようだ。福島の事故後, 多くの国々, とくにドイツは気候政策を完全にエネルギーの効率化と再生可能エネルギーに向けて転換した。オーストリア, スイス, イタリア, デンマークその他の国々はこの反核の方針に従ったが, 他方でフランスとイギリスは原子力への関与を, 気候変動の縮小に向けた解決策として再確認した。

(3) エネルギー安全保障——周知の問題の復活

　エネルギー安全保障の問題は, ヨーロッパ諸国の多くのエネルギー政策を推進してきたが, 水圧破砕技術の利用に基づいて国内埋蔵石油・ガスの開発を重視するようになってからは弱まってきた。石油価格の上昇, 中東とロシアの政治体制の不安定化, 北海の石油・ガス田の枯渇によって, 工業先進国の政治

的・経済的脆弱さに関する懸念が増大してきた。だが，国内エネルギー源をより重視する見通しが，エネルギー依存再考の主たる原因である。多くのヨーロッパ諸国が水圧破砕法に反対して，環境政策上大きな条件をつけている（ドイツのそのトップに立っている）という事実にもかかわらず，以前想定されていたよりも多くの化石燃料埋蔵量を有しているという単純な見通しが，外国依存から生じる緊張を和らげる効果をもたらした。実際には，ドイツで消費される化石燃料の60％以上，フランスで消費される80％以上が，依然として輸入されているのである（フィノン／ロカテッリ，2008）。

エネルギー依存とエネルギー安全保障に関する懸念は，1970年代の石油危機の影響下で浮上した懸念と同じく，原子力のような国産のエネルギー源の地位を強化した。しかし，ドイツをはじめ多くの国々は，全部の卵を1つの籠に入れることを，つまり再生可能エネルギーを選択したが，それは独立と環境的サステイナビリティの両方を約束してくれる。にもかかわらず，エネルギー安全保障の課題は，ドイツでも他のヨーロッパ諸国でも重要な論争問題であり続けている。

3　ドイツのエネルギーに関する国家的文脈

(1) ドイツのエネルギー状況

ドイツはヨーロッパ最大のエネルギー市場である。エネルギー供給は1990年代に，部分的にはかつてのドイツ民主共和国，現在のいわゆるニュー・レンダー〔新しい州〕の経済再構築のために落ち込んだ。2000年から2010年の間に，電力と（交通）ガソリンの需要は再び増大したが，（低温および高温の）生産熱に対する1次エネルギー減の需要は大きく減少した（国際エネルギー機関，2007）。後者の原因は部分的には，近代化するための政府補助金と，産業・私的家計におけるエネルギー効率化の革新である。

国内で生産される全エネルギーのうち半分は，石炭と褐炭によっており，残りは2010年まで核エネルギーと天然ガス，再生可能エネルギーである。2010年以降，再生可能エネルギーの割合が電力供給の17％から，2012年末の24％以上へと劇的に増加したのに対して，核エネルギーは同じ期間に，2010年の

23%から16%へと減少した（クライナート，2011，ドライヤー／レン，2013）。石炭と褐炭の生産は，ニュー・レンダーの褐炭生産とルール川流域の石炭生産の縮小の結果として，過去10年間にわたって低下し続けている。だが，エネルギー安全保障を確実にするために，政府は国内生産を確保する政策を実施した。国内エネルギー生産に占める核エネルギーの割合は，現在は16%だが，もし核脱却の決定が覆されたり修正されたりしないかぎり，2022年までにゼロまでになると見込まれている。国内の天然ガス生産が2000年の需要の22%に上るのに対して，国内の石油生産の割合は，需要に比べて無視できる程度のものである。

国内生産によってエネルギー安全保障を改善する努力にもかかわらず，エネルギー輸入は依然として，全1次エネルギー供給の60%である。かつてのソビエト連邦は最大のエネルギー供給者（ほぼ30%）で，それにオランダ（17%）とノルウェー（16%）が続く。電力に関しては，10分の1以下が海外の資源から得られ，輸出入はほぼ相殺される（国際エネルギー機関，2007）。

(2) エネルギー産業

ドイツの石油産業は，完全に私有の精製所となり，ニュー・レンダーの卸企業は1992年に私企業に譲渡された。ドイツの石油市場はきわめて競争が激しく，最近起きた大きな合併にもかかわらず，たくさんのプレーヤーがいる（たとえばエクソン・モービル，トータル，ペトロ・フィナ，エルフ，イギリス石油とヴェバ石油の合併，ドイツ・シェルとライン・ヴェストファーレン電力デアの合併）。

ドイツの石炭生産部門はヨーロッパ最大であり，無煙炭を生産する企業は1つ，ルール石炭会社しかない。この優位は，ルール石炭がザール鉱山会社（かつては政府所有）とプロイサーク・アントラツィット社（かつてはプロイーサーク社所有）を引き継いで達成した。ルール石炭会社の子会社であるドイツ石炭会社は，ルール石炭会社の無煙炭売買に責任を負っている。褐炭鉱山部門は褐炭株式会社，最大の発電業者ライン・ヴェストファーレン電力の子会社の1つである。

ドイツのガス部門はヨーロッパ最大であり，きわめて複雑で競争が激しい。

ガス産業は,たくさんの私有・自治体所有のガス設備をもった,多層で分散した構造として描くことができる。2002年までに16の天然ガス生産者,14の超地域企業(そのうちの6つはガスを輸入もする。ルール・ガス,ライン・ヴェストファーレン電力,ヴィン・ガス,ブリギッタ・エルヴェラート鉱山,エネルギー供給ヴェーザー・エムス,同盟ネット・ガス),15の地域卸企業,700以上の地元卸業者,11のガス販売業者があった。企業の所有者は多様で,自治体所有の地元卸業者から,大半の株式を所有する外国企業と連携した大規模な私有の超地域企業まである。

ドイツの電力部門は,ガス部門と同じ構造をもっている。2012年までに4つの超地域企業,56の地域事業者,800以上の地元業者,およそ120の電力販売業者があった。超地域企業は発電し(市場の80％),地域の境界を超えて送電し,最終消費者に供給している。4つの企業(ライン・ヴェストファーレン電力,バーデン・ヴュルテンベルク電力,エーオン,ヴァッテンファル・ヨーロッパ)は,合併過程の結果である。つまり,ライン・ヴェストファーレン電力は,2000年にヴェストファーレン統合電力を得,統合電力・鉱山と統合産業企業は2000年に合併してエーオンをつくり,スウェーデンの企業ヴァッテンファルは,統合エネルギー会社,ハンブルク電力,ベルリン都市電力の過半の所有権を獲得した。

4　ドイツの核エネルギー政策の発展とインパクト

(1) 概観

ドイツの政治システムは,連邦制原理によってつくられている。その意味は,連邦と各州が政策決定に関与するということだ。すべてのエネルギー立法は連邦レベルで計画され採択されるが,州レベルの政府が連邦法の実施に責任をもつということであり(ハッチ,1986),これに加えて,州レベルの政府は,たとえば再生可能エネルギーを促進する独自のプログラムを展開することができる。

連邦レベルでは,エネルギー政策・研究・開発に対する主要な責任は,連邦経済・技術省(BMWi)にあり,連邦環境・自然保全・原子炉安全省(BMU)

は気候変動政策，原子炉の安全性と核廃棄物政策を含めて，環境政策を管理している。エネルギーの節約と効率化の促進は，2000年設立のドイツ・エネルギー庁（DENA）が責任を負っている。

エネルギー政策はしばしば，独立した専門家委員会と研究所によって行われる報告と討論が導きの糸となる。そのもっとも重要なものの1つが，経済・技術省が主宰し前政権のエネルギー政策をつくったフォーラム「エネルギー対話2000年」であり，また政党，州政府，企業，労組も環境団体も参加した「未来のエネルギーのためのフォーラム」である。福島事故の少し前に開かれ，福島以前の政策形成のアリーナに大きな影響を与えたのが，プログノス研究所とケルン大学エネルギー部門研究所が共催した「競争と環境要因に照らした中・長期的エネルギーの市場の発展」である。福島後では，未来のエネルギー政策特別委員会（いわゆる倫理委員会）が核エネルギーからの脱却の加速と，再生可能エネルギー源が優勢なエネルギー供給システムに至る行程表を主として方向づけし正当化した（倫理委員会，2011）。エネルギー・電力市場に関わる競争の規制は連邦カルテル庁（FCO）の責任であり，いくつかのもっと地元・地域的な例では，州レベルの競争局が責任を負っている。

エネルギー部門に関連した環境政策は環境省が主導するが，政策手段には地域・州レベルでも取り組む。さらに2001年の持続可能な開発委員会や，（エネルギー・気候変動政策領域の重要な利害団体すべての代表から構成される）持続可能な開発諮問委員会のような特別委員会も設置された。後者は持続可能な開発のための国家戦略を策定し，この戦略は2002年4月，政府によって採用された。

エネルギー効率化政策は，2000年以来連邦エネルギー庁が取り組んできた活動の基盤であるが，エネルギー庁は政府，ドイツ復興銀行，復興金融庁によって設立され，エネルギー部門のさまざまなプレーヤーを取りまとめ，エネルギー効率化政策を実行し，再生可能エネルギー源の促進，気候変動の緩和，持続可能な開発の促進を目的としている。

(2) チェルノブイリ以前の政策の発展

ドイツの核政策およびエネルギー政策は全体として，1945年から1973年ま

では比較的低いレベルの国家介入と，エネルギー源としての核エネルギーについての論争なき広範な受容を特徴としていた。核賛成の関係者は，原子力問題省，後の研究・技術省のうちに——社会民主党と自由党の連立政権下で——有益なパートナーを見つけた。1970年代の環境運動の登場とともに，原子力に反対する社会的抗議がドイツの強力な政治勢力となり，これが新しい政党，緑の党の設立につながった（レン，2008：60）。反核グループは，1970年代初めに登場したが，その政策へのインパクトはきわめて制限されており，地域レベルにとどまっていた。核への抗議と反対は，1986年にチェルノブイリ事故が起きるまで，公共政策の決定に影響を及ぼすどんな機会ももってはいなかった。

　戦後の最初の10年間，ドイツのエネルギー政策は本質的に石炭政策だった。このような偏向の理由は，石炭産業の経済的・政治的力にあった（ハッチ，1986）。1950年，石炭はドイツの1次エネルギー消費のほとんど90％に上り，1950年代を通じて50万人以上が石炭産業に雇用されていた。大部分の産業が北ライン・ヴェストファーレンのルール地域に立地しており，石炭鉱夫は，強力な鉱山・化学労働組合に組織されていた（これはまた，地域の強力な社会民主党と密接に連携していた）。

　しかし，核エネルギーは，1973年以前にはドイツの市場と政治のなかできわめて限定された役割しか果たしていなかった。それにもかかわらず，核エネルギーへの偏愛と核産業との密接な関係の下で，1956年，原子力問題省が設立された（リューディッヒ，2000）。1960年代初頭，ドイツ政府は独自の原子炉型を開発する努力に代えて，核エネルギー部門で〔アメリカの〕加圧水型炉を使うことを決定した。原子炉は増大するエネルギー需要に応え，何よりもまず基盤電力の要求を満たすものとされたのであった。

　1967年，2つの加圧水型炉が最初の商業用炉としてドイツの事業者によって発注され，2年後にはさらに3つが，1971年には5つが発注された。1973年までに10のプロジェクト全部に建設開始の認可がおり，近い将来用にたくさんの追加的な発電所が計画された。ジーメンスと総合電力会社が，それぞれウェスチングハウスとジェネラル・エレクトリックのライセンスを得て，発電所建設産業の主導権を握った（総合電力会社は，後に原子力発電所の建設を諦めた）。両企業は政府の後押しを受けて，電力連合（KWU）を設立したが，

1970年代初期にライセンスの更新を中断した。

　これに加えて，ドイツはトリウム高温原子炉（THTR）の開発を支持していたが，1980年代初期にこの方針は放棄された。どの企業も，この新しい原子炉技術の方針を計画に組み入れようとしなかったからである。政府もまた，核燃料サイクルを完結させるために再処理施設の開発を必要としていた。

　1973年から1974年にかけての石油危機は，ドイツのエネルギー政策を根本から変えた。政策は，石炭企業とその被雇用者を守るための石炭部門に対する限定的な介入から，環境保護を考慮しながら低価格のエネルギー供給をめざす包括的な政策へと拡張された。この転換は1973年の連邦エネルギー計画に反映されており，それは1974年，アラブの産油諸国の石油供給削減の結果として修正された。

　エネルギーの節約には，1977年のエネルギー計画第2次修正によって，形式的な優位が付与されている。資金供給（州レベルか連邦レベルか）および施策の方法（規制か市場のインセンティブか）について若干の論争はあったが，主なパッケージは1977年に合意され，1978年のエネルギー計画第3次修正で確認された。計画の修正が始まる時期までに，12もの原子力発電所が建設中であり，それ以外の発電所が近い将来に計画されていた。計画中の核エネルギーの大幅な拡張によって，原子力に関する論争が大きく広がり，「プルトニウム経済」の望ましさ，核廃棄物問題等々といったトピックを包括するものになっていき，これがドイツの強力な反核運動の出発点となった。

　原子力発電所の建設に対する社会的反対は，1975年，巨大な発電所（ヴィール）の建設が認可されたバーデン・ヴュルテンベルク州の急ごしらえの市民運動（いわゆる市民イニシアティブ）が，地域市民の建設反対の署名を集め，行政裁判所に訴えたときに始まった。この地域的キャンペーンでの議論は，当初地元の問題をめぐって進行した（ハッチ，1986）。

　バーデン・ヴュルテンベルク州政府が認可を下したとき，市民イニシアティブは建設予定地の占拠を決定した。警察との暴力的な衝突の後，さらに大衆的な抗議とメディアによる全国的な報道があり，政府構成員の反対も加わって，政府は市民グループおよび事業者と，占拠を終わらせ建設を延期することで合意した。提案されたヴィール予定地の原発設備は建設されることがなかったが，

数多くの他の建設予定地ではさらに対立が続いた。

　核エネルギーがトピックとしてますます目立つようになり，社会的反対が増大すると，それが引き金となり，政府はいわゆる「市民対話　核エネルギー」で対応したが，その目的は，核エネルギーの信頼を取り戻し合意を確立することにあった。連邦政府の公衆との関わり方は，いくつかの形をとったが（新聞広告，情報冊子，公開討論），時とともにその内容が変化した（公衆の幅広い問題関心に応えて，当初の純粋に安全性に関わる問題から，技術的進歩の望ましさのようなより広範な問題へと転じた）。しかし，抗議する人々と警察との暴力的衝突や，論争の広がりの結果，このトピックをめぐる分極化が進行し，政府のコミュニケーション戦略はほとんどインパクトを与えなかった。

　公衆を動員し核エネルギーを国民的アジェンダに乗せることにはかなり成功したが，ドイツの抗議運動参加者の決定的な戦場は，法廷であった。法廷は核の問題を広範な視点から扱った。たとえばヴィール発電所の建設中止は，安全性の問題を基に争われたのに対して，シュレスヴィヒ゠ホルシュタイン州ブロークドルフ発電所の建設中止の決定は，放射性廃棄物の貯蔵と処理という未解決の問題に関連してなされた。ザクセン下級行政裁判所は，化学企業と医薬品企業の議論に従った。彼らは，原子炉に隣接しているという理由で，自分たちの生産した医薬品が汚染されることを恐れていたのである。もう１つの重要な判決は，カルカールの高速増殖炉の建設に対して出されたライセンスと関係していた。

　そのライセンスは国家の行政幹部――技術的含意の重大さ（安全性，最終貯蔵等々）に照らして法廷からその特権が疑問視された人々――によって与えられたのである。1977年末までに，13の発電所のうち３つの作業が中止された。法廷での敗北と世論の圧力から，企業は反核勢力に対抗するために，（西ドイツの経済論争の２つの鍵を握る問題である雇用と技術輸出の機会に関連させて）真っ先に経済的費用を指摘し始めた。

　いくつかの原子力発電所の建設や稼働の妨げとなる激しいデモと法廷の判決にもかかわらず，抗議運動は，核政策を中止させドイツの大多数の人々に影響を与えて，反核の態度を発展させるのにほとんど成功しなかった（ヴァークナー，1994）。1986年まで緑の党を除くすべての政党は，核エネルギーの拡大を

支持し，それに賛成していた。1980年代初期，緑の党の政治的成功にもかかわらず，核エネルギーの見通しは徐々に改善されるとさえ見られていた。ところが，（価格の急上昇を伴う）第2次石油危機は，社会民主党と自由党の政府にとって，核エネルギーへの関わり方を変更するのをより容易にし，1981年秋にはエネルギー計画の第3次修正がなされた。連邦および州レベルで政府は，1982年秋に──4年越し，5年遅れで初めて──3つの新しい原子力発電所の建設が「コンヴォイ」方式〔統一規格〕で内務省から認可されるよう，認可手続きをスピードアップすることで協力した。3つの認可は，標準化された設計の承認と，廃棄物処理の基準を満たす政府のアセスメントに基づいて下りた。その時，チェルノブイリが起きたのである。

(3) チェルノブイリ後の核政策

　チェルノブイリ事故は世論に重大なインパクトを与え，連邦政府の持続可能な政策的転換をもたらした。もっとも顕著な変化は，環境省，つまり連邦環境・自然保全・原子炉安全省の設立である。1986年以前，環境問題は内務省が扱っていた。連邦環境省BMUのトップに任命された最初の環境相の1人がクラウス・テプファーであるが，彼は後に国連環境計画UNEPの責任者となり，福島の後メルケル首相から，ドイツの未来のエネルギー政策に関する倫理委員会の〔共同〕議長を要請された。

　チェルノブイリの後，ドイツ社会民主党は核に対していっそう批判的な立場を採ったが，1998年にゲルハルト・シュレーダーがヘルムート・コール首相に勝利するときまで，反対派に留まっていた。しかし，社会民主党の党内政治の変化は1998年以前でさえも，州と連邦政府の連携は壊れ，1980年代初期に認可の問題と核エネルギーに対する新たな関与の問題で重要な反動が生まれていた。社会民主党主導の州は，核脱却と両立するやり方で立法措置を積極的に講じ始めており，これは事故直後，1986年の党の公式の政策として脱却戦略を採用することと一致していた（ケルン／レッフェルゼント，2003）。この州レベルの試みは失敗せざるをえなかった。連邦政府が介入して稼働の継続を保証する権限をもっていたからである。1998年まで保守党〔キリスト教民主同盟／社会同盟〕と自由民主党は依然として連邦政府の権力を握っており，連邦レベ

で核賛成の立場を維持できていた。ひとたび設備（発電所と貯蔵施設）が始動し運転していれば，それを停止するのは核エネルギーに反対する州レベルの政府にとって困難であった。発電所が「整然と」稼働しているかぎり，原子力法は停止から守っているのである。

連邦レベルで政府を掌握していたキリスト教民主同盟は，1998年に社会民主党と緑の党の連合と交代する。就任後連立政権は，エネルギー政策の持続可能な発展を強調し，この包括的な構想から3つの鍵となる原則に到達した。つまり，供給の安全保障，経済的効率性，環境との両立である。そして，政府が確定したいくつかの要諦をなす行動分野は，気候変動の緩和，エネルギー効率化の促進，国内石炭・褐炭の継続的利用，自由化されたエネルギー市場におけるよりいっそうの競争力の創出，再生可能エネルギーの促進，ヨーロッパ全体でエネルギー企業が適切に活動できる分野の創出がそれである。

エネルギー安全保障が主要対象の目録に入ったのは，ドイツがエネルギーに関して比較的高度にまた集中的に輸入に依存していたことと，化石燃料埋蔵量の枯渇の結果であり，これを緩和する政策的措置として採られたのが，エネルギーの効率的利用を保証する市場のいっそうの自由化，供給源の多様化，エネルギー・サービスの改善，エネルギー取引であった。政府は，必要な新しい設備容量への投資量と投資のタイミングの決定はエネルギー産業に委ねた。

環境との両立は，産業界との自発的な合意（たとえば二酸化炭素の排出を2005年までに産出単位当たり1998年レベル比28％削減し，温室効果ガス排出量を2005年までに35％削減することを目標とした「地球温暖化防止に関する合意」），エコ税，再生可能エネルギーの促進（たとえば「再生可能エネルギー優先法」，「市場インセンティブ計画」，「10万屋根の太陽光発電計画」を通じて），エネルギー効率化の改善を組み合わせることによって達成されるとされた。

核エネルギーに目を転ずると，両党とも核エネルギーからの脱却が最優先であることで合意していたが，これを達成する的確なアプローチでは連立パートナー間でも緑の党内部でも論争があった。社会民主党は，事業者によるどのような補償要求も避けたかったし，したがって産業界との合意による脱却を支持していた。緑の党は割れていた。現実派，つまり何よりも州レベルの政府，とくにヘッセン州の環境省で働いたことのある人々は，脱却を電力業界に押しつ

けることの法的・政治的困難さを知っていた。つまり、彼らには発電所の即時停止、〔核廃棄物の〕キャスター輸送の即時中止、核廃棄物の輸出の実施が困難なことが分かっていた。その結果彼らは、核エネルギーからの漸次的脱却になるような憲法上の打診と法の枠外の補償との機会を探ろうとした。急進的な反核活動家と連携していた党の急進派は、即時脱却を望んだ。

　連立政府の〔4大電力との〕合意は、社会民主党の立場と緑の党の穏健派の合作である。それは核脱却政策の行程表を確立し、最初の 100 日以内の「核エネルギー法〔原子力法〕」の改定（安全性の再吟味、核廃棄物処理の直接・最終貯蔵への限定（つまり、再処理の禁止）、より高額の責任保険担保からなる）、脱却の仕方に関する電力業界との協議、それに続く「核エネルギー脱却法」の採択を含んでいた。

　ところが、「核エネルギー法」を改定する計画は実現しなった。再処理の禁止に対する業界の強い抵抗、〔フランスの再処理会社〕コジェマ COGEMA とイギリス核燃料会社 BNFL による補償要求の可能性、核廃棄物の発電所敷地内貯蔵が容積上不可能であること、コジェマとイギリス核燃料会社との契約破棄による対外政策上の含意がその理由である。こうして、経済相ヴェルナー・ミュラー（かつての事業者マネージャーで、元首相ゲルハルト・シュレーダーの親友）と環境相ユルゲン・トリッティン（緑の党の左派に所属）の司会の下で、計画されていた「核エネルギー法」の準備もなく、合意協議が始まった。

　政府の最初の 1 年が過ぎても、協議はまだ結論に至らず、1999 年 1 月から 2000 年 6 月まで続いた。業界が（核廃棄物の再輸送の許可を要求して、また最終決定前に政府が崩壊するだろうという希望を抱いて）進展を遅らせようとしたのに対して、連立両党は「脱却法」が基づくべき合意に達した。これが（再輸送の許可、意思統一した政府、キリスト教民主同盟の反対派の深刻な弱体化と相まって）、業界に政府の最終提案を受け入れさせる圧力を増大させたのである。最終的に、2002 年に 1 つの合意が成立した。つまり、一般的な総稼働年は、32 年間に固定された。だが、要諦をなす結論は、原子炉ごとの発電量が（業者に有利に）固定され、この容量が 1 つの原子炉から別の原子炉に委譲できる、したがって、個々の原子炉の寿命を 32 年を超えて延ばせるということである。

　保守党が 2005 年に再度政権についた後で、核エネルギーからの脱却は精査

し直され，産業界と電力企業は，脱却のタイミングを転換し，核エネルギーをエネルギー生産における化石燃料の時代から再生可能エネルギーの時代への長期にわたる「架け橋」として利用するよう，新政府に迫った。新政府が脱却のタイムリミットを引き延ばし，エネルギー事業者により多くの柔軟性を与える新しい法律を実際に提案するのには，2008年の再選出までかかった（レン／ドライヤー，2013）。この新しい法律は，野党と市民社会のアクター，とりわけ環境団体から激しい批判を受けた。この論争が終結する前に，福島の原発事故が起き，ドイツのエネルギーの優先順位に一大変革をもたらすことになったのである。

(4) 福島後の核政策

福島の事故は，ドイツ政府が核エネルギーからの脱却を延期する計画のために大きな圧力を受けていたときに起こった。メルケル首相は財政危機の只中で，核エネルギーからの脱却の延期と引き換えに，原子力発電所の使用済み燃料税を引き上げる合意を巨大電力企業としたばかりだった。政府は2つの措置の関連を否定したけれども，ドイツの公共圏と，とくにメディアは，この合意が密室でなされた取引だと確信していた。野党は，収入と引き換えに公共の安全性を危うくすると政府を非難した。多くの環境団体は，脱却延期の決定に反対して結集し，政府の計画に反対する強大なデモを組織した（ブーフホルツ，2011）。

まさにこのような熱気に満ちた論争のなかで福島の事故は起き，それは核エネルギーの未来に関する公共的論争に直接影響した。事故後数日のうちに，保守党は鍵を握る州の1つ，バーデン・ヴュルテンベルク州の選挙で敗北し，ドイツの歴史上初めて緑の党が有権者の過半数を獲得し，政党指導者の1人を州の首相にすることに成功した。

保守党と自由民主党からなる連邦政府は，公共圏の圧力に反応し，公共圏の強大な反核感情に耳を傾けるのに敏感だった。2011年3月15日，ドイツ政府は7つのもっとも古い原子力発電所を停止し，当時稼働していなかった1つの原子力発電所を再開しないことを決定した（レン／ドライヤー，2013）。加えて，政府はドイツ原子炉安全委員会に対して，残りの11基の原子力発電所のストレス・テストを実施するよう要請し，事故後数日の間にドイツの未来の核

政策に関する，いわゆる倫理委員会も設置した。この委員会は政界，市民社会，教会，学界の個人から構成され，その使命は，ドイツのエネルギー政策を設計する行程表をつくることにあった（倫理委員会，2011）。倫理委員会とは勧告を提出するのにわずか6週間しかなかった。というのも，補償金の支払いを回避するには，古い原子炉の停止は，6週間の間に法的な立証を必要としていたからである。倫理委員会がエネルギーと核のリスクの専門家を含んでいないことを記すのは興味深い。それは政党の年長の政治家や主要な学界の役人，社会科学者や倫理哲学者，（ドイツのコーポラティズム的規制スタイルでは普通のことだが）雇用主団体，労働組合，2つの主な宗教団体，カトリックとプロテスタントといった主要な市民組織の代表から構成されていた[1]。委員会は6週間後に，10年以内の核エネルギーからの脱却とエネルギー効率化・再生可能エネルギー源の設置を勧告し，エネルギー転換がスムーズに進むのを確実にするために監視委員会を設置し，また新しいエネルギー政策の受容を応援するエネルギー公共フォーラムの設置も勧告した（倫理委員会，2011，レン／ドライヤー，2013）。

5 結 論

この論文ではドイツの核エネルギー政策を記述し，2つの重大な危機，チェルノブイリと福島に対する反応を強調した。スリーマイル島事故は政策的具体化に明確な足跡を残さなかったが（むしろ石油危機のほうが影響力があった），チェルノブイリと，とくに福島はそうではなかった。ドイツは徐々にますます反核となったのである。

ドイツの核政策は，ドイツの政治システムの複雑さを反映している。このシステムの原則は州と連邦間，議会と司法間のチェック・アンド・バランスによって大きく形作られている（ハッチ，1986）。そこには雇用主，組合，1970年代からは環境団体のような社会的アクターが持続的な影響力を行使する，ドイツの政治的アリーナの強力なコーポラティズム的要素もある。政治的変化と行

---

[1] 著者のオルトヴィン・レンは，この委員会の構成員だった。

政の措置は，いつでも司法の見解と公的討論に従うのである。

　ドイツでは公的圧力に対する政治の敏感さが，草の根の反対派と街頭の抗議に対して政府をより傷つきやすくする（ワーグナー，1970）。ドイツの公共圏が他のほとんどの諸国に比べて核エネルギーに対してより批判的になったとき，政府はいつでも安全性と制御の改善に敏感に反応してきた。これも，ドイツの原子力発電所で深刻な事故が発生しなかったことの理由かもしれない。チェルノブイリ後の公共圏の怒りは，新〔環境〕省の設置や原子力発電所新設の事実上の停止といった政治的反応を強く求めていたが，既存の原子力発電所は，稼働の継続を許されていた。1998年に社会民主党と緑の党が政権の座について以降は，この脆い妥協すら挫折した。新政府は，核エネルギーからの脱却，再生可能エネルギーの拡張，エコロジー的税制の導入を含めて，ドイツのエネルギー政策を大きく修正し始めた（ケルン／レッフェルゼント，2003）。そして同時に，社会の主たる勢力は，核のオプションの輸出という政府の決定を受け入れないようにしている。保守政党が連邦レベルで再度権力を握るや，前任者の脱却政策を破棄し，もっと長期にわたる脱却期間の立法を準備した（古いエネルギー体制から新しいエネルギー体制への，いわゆる架け橋）。この核の復活は，福島の事故が起きて，突然終わりを告げた（レン／ドライヤー，2013）。核エネルギーからの脱却というきわめて野心的な選択は，政策決定に対する公共的圧力の強大な影響力を考えなければ，想像もできないのである。

〈参考文献〉
Ahearn, J.F. and Birkhofer, A. (2011): Nuclear Power. In: J. B. Wiener, M.D. Rogers, J.K. Hammit and P.H. Sand (Eds.): The Reality of Precaution. Comparing Risk Regulation in the United States and Europe. Earthscan: London, pp. 121–141.
Barke, R. P. and Jenking-Smith, H. C. (1993): Politics and Scientific Expertise: Scientists, Risk Perception, and Nuclear Waste Policy. In: Risk Communication, 13 (4): 425–439.
Bastide, S., Moatti, J.-P., Pages, J.-P. and Fagnani, F. (1989): Risk Perception and the Social Acceptability of Technologies: The French Case. In: Risk Analysis 9: 215–223.
Bella, D. A., Mosher, C. D. and Calvo, S. N. (1988): Technocracy and Trust: Nuclear Waste Controversy. In: Journal of Professional Issues in Engineering, 114: 27–39.
Bosch, S.; Peyke, G. (2011): Gegenwind für die Erneuerbaren—Räumliche Neuorientierung der Wind-, Solar- und Bioenergie vor dem Hintergrund einer verringerten Akzeptanz

sowie zunehmender Flächennutzungskonflikte im ländlichen Raum. In: Raumforschung und Raumordnung, 69 (2): 105-118.

Bruhns, H.; Keilhacker, M. (2011): „Energiewende" Wohin führt der Weg? In: Aus Politik und Zeitgeschichte, 46-47: 22-29.

Buchholz, W. (2011): Energiepolitische Implikationen einer Energiewende. Ifo-TUM Symposium zur Energiewende in Deutschland. Manuskript.

Byrne, J. and S. M. Hoffman (1996): The Ideology of Progress and the Globalization of Nuclear Power. In. J. Byrne and S. M. Hoffman (Eds.): Governing the Atom—The Politics of Risk. London Transaction Publishers: New Brunswick.

Deubner, C. (1979): The Expansion of West-German Capital and the Founding of Euratom. In: International Organization, 33 (2): 203-228.

Delmas, M. and Heiman, B. (2001): Government Credible Commitment to the French and American Nuclear Power Industries. In: Journal of Policy Analysis and Management, 20 (3): 433-456.

DG Energy, (2011): After Fukushima: EU Stress Tests Start on 1 June. EU Commissioner for Energy, Press Release IP/11/640, Brussels, 25 May.

Dietz, T., Stern, P. C. and Rycroft, R. W. (1989): Definitions of Conflict and the Legitimization of Resources: The Case of Environmental Risk. In. Sociological Forum, 4: 47-69.

Ethik-Kommission (2011): Deutschlands Energiewende. Ein Gemeinschaftswerk für die Zukunft. Endbericht. Berlin.

Finon D.; C. Locatelli, C. (2008): Russian and European Gas Interdependence: Could Contractual Trade Channel Geopolitics? In: Energy Policy, 28: 1582-1601.

Hampel, J., Klinke, A. and Renn, O. (2000): Beyond "Red" Hope and "Green" Distrust: Public Perception of Genetic Engineering in Germany. In: Politeia, 16 (60): 68-82.

Hatch, M. T. (1986): Politics and Nuclear Power — Energy Policy in Western Europe. The University Press of Kentucky: Lexington.

International Energy Agency (IEA) (2007): Energy Policies of IEA. Germany 2007. IEA: Paris.

International Energy Agency (IEA) (2009): Energy Policies of IEA. France 2009. IEA: Paris

Ipsos (2001): The World View: Nuclear Not A Viable Long Term Option. IPSOS: London.

Jasper, J. M. (1990): Nuclear Politics: Energy and the State in the United States, Sweden and France. Princeton University Press: Princeton.

Joskow, P.; Parsons, J.E. (2012): The Future of Nuclear Power After Fukushima. CEEPR WP 2012-001. MIT Center for Energy and Environmental Policy Research. Boston.

Kasperson, R. E., Golding, D. and Kasperson, J. X. (1999): Risk, Trust, and Democratic Theory. In: G. Cvetkovich and R. Löfstedt (Eds): Social Trust and the Management of Risk, Earthscan: London, pp. 22-41.

Kern, K. K.; Löffelsend, T. (2003): Die Umweltpolitik der rot-grünen Koalition—Strategien zwischen nationaler Pfadabhängigkeit und globaler Politikkonvergenz. WZB Discussion Paper. SP IV 200-103. Berlin.

Kleinert, T. (2011): Change 2022: Der Atomausstieg: Chancen und Risiken der erneuerbaren Energien unter Berücksichtigung vornehmlich ökonomischer Daten. Grin Verlag: Norderstedt.

Lofstedt, R. (2001): Playing Politics with Energy Policy — The Phase-Out of Nuclear Power in Sweden. In: Environment, 43 (4), 20-33.

Martinez, C. and Byrne, J. (1996): Science, Society and the State: The Nuclear Project and the Transformation of the American Political Economy. In: J. Byrne and S. M. Hoffman (Eds.) T: Governing the Atoms — the Politics of Risk. Transaction Publishers: New Brunswick, London.

Matlary, J. H. (1997): Energy Policy in the European Union. MacMillan Press Ltd.: Basingstoke, London.

Milward, A. (1992): The European Rescue of the Nation-State. University of California Press: Berkeley.

Otway, H. and von Winterfeldt, D. (1982): Beyond Acceptable Risk: On the Social Acceptability of Technologies. In: Policy Sciences, 14 (3): 247-256.

Renn, O.: Risk Governance. Coping with Uncertainty in a Complex World. Earthscan: London.

Renn, O. (2011): Die Energiewende muss sozial- und kulturwissenschaftlich unterfüttert werden. In: BUNSEN-MAGAZIN, 13 (5): 177-178.

Renn, O. and Dreyer, M. (2013): Risk Governance: Ein neues Steuerungsmodell zur Bewältigung der Energiewende. in: M. Vogt, and J. Ostheimer (Eds.): Die Moral der Energiewende. Risikowahrnehmung im Wandel am Beispiel der Atomenergie. Kohlhammer: Stuttgart.

Rucht, D. (1994): The Anti-Nuclear Movement and the State in France. In: H. Flam (Ed.): States and Anti-nuclear Movements. Edinburgh University Press: Edinburgh, pp. 129-162.

Rüdig, W. (2000): Phasing out Nuclear Energy in Germany. German Politics, 9 (3): 43-80.

Sand, P. (2000) 'The Precautionary Principle: A European Perspective', Human and Ecological Risk Assessment, vol 6, no 3, pp. 445-458.

Shrader-Frechette, K. (1998): Scientific Method, Anti-Foudationalism and Public Decision. In: R.E. Löfstedt and L. Frewer (Eds.): Risk & Modern Society. Earthscan: London, pp. 45-56

Wagner, P. (1994): Contesting Policies and Redefining the State: Energy Policy-making and the Anti-nuclear Movement in West Germany. In: H. Flam (Ed.): States and Anti-nuclear Movements. Edinburgh University Press: Edinburgh, pp. 264-298.

World Energy Council (WEC) (2012): World Energy Perpective: Nuclear Energy One Year After Fukushima. WEC: London.

(壽福眞美 訳)

第4章

ドイツ脱原発
市民参加から発した政策転換

山本知佳子

　2011年6月，ドイツのメルケル政権は，2022年までにすべての原発を止めることを正式に決めた。

　福島の事故が大きな衝撃だったのは確かだが，実はそれ以前から，脱原発をめざす方向性は，ドイツ社会において明確なものとなっていた。でなければ，福島の事故の後あれほどのスピードで，具体的な政策として脱原発を打ち出すことはできなかっただろう。

　1998年に成立した社会民主党（SPD）と緑の党の連立政権は，脱原発を進めるために，電力業界との話し合いに踏み切り，2000年には脱原発の合意に達して，2020年代前半にすべての原発が止まるシナリオが生まれていた。その後，政権に返り咲いたキリスト教民主党・社会同盟（CDU/CSU）と自由民主党（FDP）による連立政権は，福島の事故の約半年前，脱原発を先延ばしにする方針を打ち出し，すべての原発が止まる時期が平均で12年延びることになった。

　福島の事故が起きたのは，そんな矢先だった。すでに脱原発の決意を固めていたドイツ社会にとって，この事故は，原発の恐ろしさを改めて思い起こさせるきっかけとなり，あちこちで大規模な原発反対デモや集会が行われ，3月末のいくつかの州議会選挙では，緑の党が大幅に票を伸ばした。

　脱原発をかかげて30年以上活動してきた緑の党の躍進は，選挙民の明確な意思表示であり，メルケル首相にとっても無視できない出来事だった。だからこそすぐに「倫理委員会」を発足させ，その議論を受ける形で，迅速な決断を

し，2022年までの脱原発を打ち出したのだった。世論に突き動かされての，政治的判断だった。

　しかし，ここに至るまでの道のりは長く，紆余曲折に満ちたものだった。1973年の石油ショック以降，西ドイツは積極的に原子力開発を進めていく。だが，バーデン・ヴュルテンベルク州ヴィールの原発，バイエルン州のヴァッカースドルフにおける再処理工場建設など，各地で建設中止に追い込まれる事例が続いた。このように原発反対運動が広がっていった背景には，冷戦の最前線に置かれ，常に核戦争の恐怖と隣り合わせという西ドイツの状況があった。とりわけ1970年代後半から80年代初めにかけて，エスカレートする米ソの軍拡競争に反対して，社会全体を巻き込む反核・平和運動が生まれる。この核への恐怖は，放射能を生み出し，核兵器に結びつく原発への不信感と結びついていた。だから，西ドイツにおいては，反核兵器と反原発の意識，運動がつながっていくことに矛盾はなかった。

　また，こうした運動の広がりは，もとをたどればドイツの歴史とも関係している。1960年代後半の学生運動は，社会の既存の価値観を問い直すものだったが，若者たちは自分の親たちの世代に「あなたたちはナチスの時代に何をしていたのか」という厳しい問いを投げかけた。そして，その反省を踏まえ，自分たちはどう生きるべきなのか，どういう社会をつくっていくべきなのかを考える「68年世代」が生まれたのだった。こうした社会の在り方の根本的な問い直しが，その後の西ドイツの様々な社会運動の基盤となっていく。反核・反原発・平和・エコロジー・男女平等・多文化・反差別・第三世界連帯などの様々なテーマに取り組む運動が力をつけていった背景には，このように，歴史の過ちを繰り返さず，自分たち自身の手で社会をつくっていくという深いところでの意識転換があった。

　反核・反原発運動が盛り上がる中，議会外における運動だけではなく，議会の中に入って政治への影響力を強めるべきだという声が強まり，1980年緑の党が結成される。意見や立場の違いを乗り越えて集まっただけに，常に激しい議論，路線対立を繰り返しながらも，1983年には連邦議会に議席を得，「実を取る」現実的路線を進め，変わり者の小政党から，SPDとの連立政権に加わる勢力にまでなっていった。その間，しばしば政治的妥協を余儀なくされたも

のの，脱原発やその他の環境問題について，他の政党に大きな影響を与え，エネルギー政策の転換に大きく寄与した。

1986年のチェルノブイリ事故も，市民の意識に大きなインパクトを与えた。1000キロ以上離れたドイツにまで放射能は飛散し，食べ物の汚染はその後も長く続いたが，それをきっかけに，西ドイツ各地に市民測定所が生まれる。専門家の協力を得ながら，放射能汚染と向き合い，事実を知るために地道な活動を続けることで，市民の放射能への知識も深まっていった。様々な分野の専門家，学者たちが集まる独立した研究機関やシンクタンクが果たした役割も大きい。原発の技術的問題点，放射能の危険性，またエネルギー問題などについて専門家が研究を進め発言することで，市民運動の主張が裏付けられ，より大きな力を得ることができたと言える。また当初は，原発反対の声に懐疑的であったり，チェルノブイリ事故に際しては，放射能による汚染を軽視する論調もあったマスコミも，次第に原発への批判を強めていく。

市民が声をあげ，意思表示をし，そこから生まれた運動が，今度は緑の党という形で，議会内に政治的活動の幅を広げる。その際必要となる専門的研究を，独立した研究機関に集まる研究者たちが継続的に進める。さらにマスコミも批判的な論調を打ち出して，脱原発を望む世論が揺るぎのないものになったからこそ，国のエネルギー政策の大きな転換を促すことが可能となった。

ここまで来るのは長く厳しい道のりであったし，脱原発を決めた後も，廃炉や放射性廃棄物，エネルギー供給など問題は山積みである。けれども，政治を動かして明確な脱原発の道筋を切り開いたのが，市民たち自身の力だったことに注目したい。その基本にあるのは，市民が参加することで社会をつくっていく，市民自身が社会の方向を決めるという意識，姿勢だ。それがドイツの脱原発を可能にした原動力だったし，これからも未来に向けての模索は続いていくことだろう。

1 脱原発の決断

2011年6月6日，ドイツ連邦政府は，2022年までにすべての原発を閉鎖することを決めた。形の上では，福島の原発事故を受けて，政府が脱原発に舵を

切ったように見えるが，実際は，ドイツの脱原発路線は，それ以前からはっきりしていた。1998年の総選挙後成立した社会民主党（SPD）と緑の党の連立政権は，電力業界と粘り強い交渉を続け，2000年には，脱原発の合意に達していたからだ。それに基づいて2002年成立した改正原子力法によれば，原発の運転期間は運転開始から原則32年とされ，2020年代前半にはすべての原発が止まるはずだった。この時点で，ドイツの脱原発路線は明確になっていたと言える。運転期間をめぐる駆け引きや，エネルギー需給の構造，技術的課題に関する議論はあっても，原発に頼らない，原発を推進しないという点については，経済界も含め，2000年以降，社会の合意となっていた。また同時に，原発停止によっても電力が不足しないように，再生可能エネルギーを推進し，二酸化炭素排出量削減のためにもエネルギー効率を高めるといったエネルギー政策の転換を進める施策が取られていった。

ところが，2009年の連邦議会選挙で，保守のキリスト教民主・社会同盟（CDU・CSU）と，産業界に近い自由民主党（FDP）の連立政権が誕生すると，揺り戻しが起こる。産業界の声を受け，アンゲラ・メルケル首相は，原発の運転期間の平均12年間延長を打ち出し，2010年10月，改正原子力法が連邦議会で可決された。産業競争力の維持や，電力の安定供給がその理由とされたが，脱原発の2030年代までへの延期に対する市民の批判は強かった。各地で大規模な抗議行動が起こり，参加者が1万人を超えるデモや集会が行われた。長い年月をかけ，直接行動，議会活動，メディアを巻き込んだ社会的議論を重ねた上で，いわば社会の総意として勝ち取った脱原発路線が，産業界など一部の短期的利益のために先延ばしにされてしまうことへの怒りは大きかった。2000年に脱原発が決まってからは，個別のテーマや立地地域周辺での抗議行動は別として，全国的な反原発デモが行われることは少なくなっていたが，2010年秋には「何をいまさら蒸し返すのだ」という憤りから久しぶりに反原発デモに参加した人たちが数多くいた。また，反原発運動を積極的に担ってきた人たちの次の世代にあたる高校生や大学生の参加も多く，原発に対する危機意識が単に一時期，一世代だけのものではなく，社会全体に浸透し，受け継がれていることを改めて示した。

だから，福島の事故が起きた時，ドイツ社会の反応は素早く，またその方向

はきわめて明確だった。原発に反対するデモが各地で行われ、参加者数は延べにすると 20 万人を超えた。選挙民としての政治的意思表示も、一切の曲解を許す余地のないものだった。まだ世界中が福島の状況を固唾をのんで見守っていた 3 月 27 日、南西部のバーデン・ヴュルテンベルク州の州議会選挙で、緑の党が 24％の票を得て大躍進したのだ。シュトゥットガルトを州都とし、ダイムラーベンツやポルシェなどの大企業が本社を置くこの州では、CDU が 58 年間にわたり長期政権を握っていた。選挙の結果、CDU は、緑の党と SPD に政権の座を明け渡すことになり、緑の党初の州知事が誕生した。

　また同じ日に行われたラインラント・プファルツ州の州議会選挙でも、緑の党は 15％を獲得した。福島の事故により原発の危険性を改めて思い起こした市民が、原発の稼働期間延長を計り、脱原発路線に曖昧さを持ち込もうとしたメルケル政権に、選挙を通じて「ナイン」（ドイツ語でノー）を突きつけたのは、誰の目にも明らかだった。

　その後の、メルケル首相の動きは早かった。4 月初めには、エネルギー問題を議論する倫理委員会を発足させる。元環境大臣、様々な分野の学者、プロテスタントの牧師、カトリックの枢機卿など 17 人のメンバーからなるこの委員会は、2 ヶ月後「ドイツのエネルギー転換——未来のための共同の仕事」という報告書をまとめた。その結論は、「10 年以内に原発を停止」、すなわち 2021 年までに脱原発を実現させるという内容だった。倫理委員会という名前から、倫理的観点が主眼と思われがちだが、原発の抱えるリスクを包括的に論じ、エネルギー問題の各分野にも具体的に踏み込んで議論を進めており、脱原発への現実的な道筋を示すレポートとなっている。ただ、倫理委員会が、脱原発を促す結論を出すであろうことはあらかじめ予想されていた。世論が疑う余地なく脱原発を求めており、その方向に逆らうような政策を取れば選挙に勝てないことに気がついたメルケル首相は、脱原発に向けての表向きの理由づけを必要としていた。原発を推進してきた CDU にとって大きな政策転換となる以上、その理由を倫理委員会に説明してもらうことで、党の面目も保たれる。

　このように、委員会の結論を受ける形を取って、メルケル政権は、2022 年までの脱原発を決めたのだった。

　別の言い方をすると、ドイツでは原発やエネルギー構造の問題が、それまで

の40年間に議論し尽くされ，市民を巻き込んであらゆるレベルの話し合いや試みがすでになされていたからこそ，倫理委員会がきわめて短期間の間に，原発の問題をエネルギー転換の具体的な提案まで含め論じた上で，脱原発を促す結論を出すことが可能だった。ドイツ社会は福島の事故以前から，すでに脱原発に向かう準備が，政治的にも社会構造的にも，市民の意識の上でもできていたのだ。

　ドイツの決断は，福島の事故後も，脱原発への道筋に向かうことができずにいる日本の現状と比べればうらやましい限りではある。しかし，これで，ドイツにおける原発をめぐる問題が解決したわけではない。2022年まで運転が続く原発の管理，廃炉という困難な作業，そしていまだに決まらぬ高レベル放射性廃棄物の最終処分場問題などに加え，再生可能エネルギー開発，エネルギー効率の向上，新しいエネルギー・システムに向けてのインフラ整備，二酸化炭素削減目標（ドイツは1990年比で2020年までにマイナス40％，2050年までにマイナス80％という目標を定めている）実現など，数多くの課題が待ち受けている。脱原発に向かう決断をするまでに何を論じておかなければならないのか，また脱原発を決断した後にどのような問題に取り組まなければならないのかという点においても，ドイツはこれから他の国にとって，新たなモデルとなっていくだろう。

2　脱原発に至るまでの道筋

　前にも述べたように，2000年にSPDと緑の党が脱原発政策の合意に達していたので，すでにその時点でドイツという国の（脱）原発政策の方向はかなりはっきりしていた。その後，紆余曲折を経て，そして福島の事故を直接のきっかけとして，2011年に最終的に脱原発が決まるわけだが，そこに至るまでの歩みは決して平坦なものではなかった。多くの市民の，文字通り身を挺した社会参加があってこそ可能だった。そして，これほどはっきりとした形で社会全体が脱原発に向かっていき，政府の政策として脱原発を打ち出すことができた背景には，いくつかの重要な社会的歴史的要素があった。脱原発に至る道筋は，戦後ドイツ社会の歩みと重なっている部分が多い。第二次大戦後，ドイツは分

割され，ソ連圏に組み込まれたドイツ民主主義共和国（東ドイツ）と，いわゆる西側の自由主義陣営に入ったドイツ連邦共和国（西ドイツ）のふたつのドイツが生まれる。

　1989年のベルリンの壁崩壊を経て，1990年にドイツ再統一が実現するまで，ふたつのドイツは異なる道を歩むことになる。ここでは，西ドイツの反原発運動の大まかな歩みを振り返ってみようと思う。

　1950年代から原子力開発に着手していた西ドイツだったが，1973年の石油危機の後，本格的に原発建設を進めていく。同じ年，フランスとの国境に位置するバーデン・ヴュルテンベルク州の小さな村ヴィールに原発建設計画が持ち上がると，ワイン栽培に携わる農民たちなど地元の住民の間に，一気に反対運動が広がった。州と電力会社が建設強行を試みると，建設予定地を占拠し，非暴力直接行動に訴える。それに対する州政府の態度は強行で，力ずくで排除されるものの，こうした動きが全国に伝わり，各地からデモや占拠に参加する人々が増えていった。同時に原発建設の中止を求める裁判も起こし，粘り強い反対運動の末，1977年には事実上の建設中止に追い込んだ。市民による建設予定地占拠に苛立った当時の州首相は「ヴィールに原発を建てることができなければ，2000年にはバーデン・ヴュルテンベルクの電灯がすべて消えてしまうだろう」とまで言い放ったが[1]，事実はその逆だった。SPDと緑の党の連立政権は，2000年，国の政策として原発を廃止していくことをはっきりと示した。そして，バーデン・ヴュルテンベルクだけでなく，ドイツ中でのどこでも灯りが消えることはなかった。当時，政治家だけでなく，企業もマスコミも学者も，近い将来，まさか緑の党のような政党が政権に加わって，原発反対を声高に政策として打ち出す日が来ることになるとは，まったく想像もできなかったに違いない。しかし，先見の明にあふれていたのは，身を挺して原発建設をやめさせた住民と，その戦いを支持した多くの市民たちだった。ライン川沿いの小さな村ヴィールは，ドイツ反原発運動発祥の地として，今もその名をとどめている。

---

1) www.hdise.de/newsticker/meldung/Vor-40-Jahren-begann-in-Wyhl-der-Anti-Atom-Protest-1939438.html

その後、ヴィールに続き、各地で原発反対の声が高まり、1979年にはアメリカ合衆国のスリーマイルアイランド原発での炉心溶融事故が起こり、原発への不信感は一層強まっていく。

　高レベル放射性廃棄物の最終貯蔵施設、使用済み核燃料の中間貯蔵施設の予定地とされたニーダーザクセン州のゴアレーベンでも反対運動が盛り上がったが、中間貯蔵施設は建設が強行され、フランスで再処理された使用済み核燃料が輸送されるたびに、今でも抗議活動が続いている。また、再処理工場の建設を強行しようとしたバイエルン州のヴァッカースドルフでも、直接行動が繰り広げられ、国境を接するオーストリアからの参加者も含め、多いときには10万人近い規模のデモが行われた。反対運動を力ずくで押さえつけようとするバイエルン州当局も後に引こうとせず、負傷者や逮捕者を多数出した。しかし、その強行姿勢に世論の批判が高まり、巨額の費用を投じて施設の一部を作りはじめていたものの、反対運動が強まる中、1989年、再処理工場の建設は中止に追い込まれたのだった。

　原発に反対する運動の広がりは、当時の国際的政治状況とも関係している。米ソが対立し、冷戦が続く中、東西ドイツはその最前線に置かれ、もし核戦争が勃発すれば、真っ先に戦場となることへの不安感が社会全体にあった。1970年代後半から1980年代の初めに、米ソの軍拡競争がエスカレートし、核ミサイルの配備が決まった時、その恐怖は現実のものとして受け止められ、広汎な反核・平和運動が生まれた。教会関係者、労働組合、数知れない市民グループなどが共闘して、軍事基地前での座り込みなどの非暴力直接行動を行ったり、当時の西ドイツの首都ボンに30万人あまりを集めての平和大集会を開いたりした。反核平和運動は、冷戦の真っ只中に置かれたドイツの地理的状況から生まれた身に迫る恐怖と密接に結びついていた。そして、原発がいくら原子力の「平和利用」とうたわれていても、核兵器に結びつく可能性があることから、反核平和運動と反原発の運動は最初から重なる部分が多かった。その根底には、核が平和な社会と相いれない危険なものであるという基本的認識がある。そしてまた、放射能は人間と環境に危害を与えるものであり、さらには原発を動かすことで生まれるプルトニウムが軍事利用につながる恐れがある以上、核兵器にも原発にも反対することに、まったく矛盾はない。このように、ドイツにお

いては，反核平和運動と反原発運動が互いに補完しあいながら，社会に根付いていった。

1970年代後半から，ヴィールの反対運動のような直接行動と並行する形で，議会外だけではなく，議会内の反対勢力が必要だという声が生まれてくる。反核平和，反原発，環境保護，エコロジー，フェミニズムなどの運動が結びついて，緑の党が結成されたのは1980年のことだった。それまでも地方レベルでは，SPDとCDUの2大政党に代わる政党をめざす動きはあったが，この年，全国レベルでの政党として，緑の党が生まれた。

新しい党創立に加わったのは，それまでにすでに様々な社会運動に取り組んできたグループが中心だったが，もとをさかのぼれば，1960年代後半に西ドイツ社会を揺るがした学生運動にたどりつく。

当時世界中で，ベトナム反戦運動，既成の社会観念・秩序を問い直す学生たちの運動が広がっていたが，西ドイツも例外ではなかった。権威主義的教育方法や内容への反発，大学改革の要求，資本主義への批判などを掲げ，世界各地で若者たちが，古い伝統や道徳にとらわれない新しい価値観，生き方を模索して声をあげた。西ドイツでも，社会主義，マルクス主義の影響を受けた学生たちを中心に運動が繰り広げられ，既成体制への批判は，ナチスの歴史を厳しく糾弾することにもつながっていった。歴史への反省が曖昧なまま，ナチス体制に協力した人間が，政治や大学といった場も含め，社会の重要なポストについたままであることが問題にされ，「自分の親たちはナチスの時代に何をしていたのか」という厳しい問いが投げかけられたのだった。こうした社会のあり方の根本的な問い直しが，基本姿勢として，その後に続く様々な社会運動に引き継がれていくことになる。

この中で生まれた緑の党は，それまでの既成政党とはかけ離れたものだった。エコロジーの重要性をうたい，男女平等の原則を貫いて，党の代表も最低半分は女性を選ぶ。底辺民主主義をかかげて，党員たちが徹底的に議論しあう。党の代表役についた人たちも，カジュアルな服装で，平和運動や反原発運動の非暴力直接行動に参加する。権威主義的な上からの政治ではなく，社会のあり方を問い直す市民運動の声を，議会の中に持ち込み，政治の場で具体的な変化につなげていくための画期的な試みだった。

そして1983年には，西ドイツ連邦議会選挙で5.6％を獲得し，全国レベルで初の議席を得る。初めて議会に現れた緑の党の議員たちは，スニーカーにジーンズ姿であったり，花束を手に持っていたりと，硬直した既成のシステムとは異なる政治のあり方を求める姿勢を鮮明に打ち出したのだった。
　しかし，政治の世界の中で，どこまで何を主張し，何を具体的に変えていくのかという点については，常に激しい議論，路線対立が繰り返された。いわゆる「現実派」と「原則派」の対立は長く続いたが，次第に「実を取る」現実的路線を強めていく。1986年にはヘッセン州で，SPDとの連立政権に参加し，州レベルで初の与党となり，ヨシュカ・フィッシャーが環境大臣に就任した。その後は，紆余曲折を経ながらも，1998年には連邦レベルでSPDとの連立により政権入りし，2005年の連邦議会選挙で野党に戻るまで，与党の一角を占め続けた。電力業界との交渉の結果成立した脱原発の法律が2002年に成立したのも，緑の党が政権に入っていたからこそ可能だったと言える。
　緑の党が果たした重要な役割は，当初は少数派の意見と思われていた原発批判や様々な環境問題を継続的に取り上げることで，SPD，さらには保守的なCDUにまで影響を与えたことだ。反原発運動がさかんで，あちこちで建設に抵抗する市民の活動があっても，その声を具体的に汲み上げて政治の場に反映することが，当初はなかなかできなかった。ヴァッカースドルフ再処理工場建設に反対する運動が盛り上がった時も，推進する側の州政府は，催涙ガスや放水車を投入し，ヘリコプターまで動員して力で弾圧するのに懸命で，市民との対話はなかった。それが，緑の党が議会に進出し，継続的に政治の場で原発の危険性を訴えることで，他の政党も緑の党とその支持者である有権者たちの主張を無視することができなくなっていったのだった。
　だが，緑の党の側でもここまでくるには，いくつもの苦渋に満ちた決断を迫られた。電力業界との交渉の中で，2020年代前半までにすべての原発を止めるという結論を出した時も，すぐにでも脱原発をという党員たちから「時間がかかりすぎる」という批判が巻き起こった。そうした声を抑えて妥協したことに対し，今でも批判の声はある。しかしそれにより，ドイツは脱原発に向けての具体的な第一歩を踏み出すことができたし，再生可能エネルギーを推進する法律も含め，法的に脱原発の道筋を示しておいたからこそ，その後CDUが政

権に返り咲いた時も，脱原発の先送りはあっても，根本的な見直しまではできなかった。福島の事故があった後に，メルケル政権が素早く脱原発の時期を早める決断をしたのも，原発に反対する緑の党が選挙で票を伸ばしたからだった。妥協を重ねながらも，ぶれることなく脱原発を主張してきた緑の党が果たした役割はきわめて大きい。

　1983年には緑の党が連邦議会に選ばれていたし，原発に対して懐疑的な世論はすでにそのころからあった。そんな中，1986年に起きたチェルノブイリ原子力発電所事故の衝撃により，西ドイツ社会はさらに原発批判を強めていく。冷戦の最前線に置かれて，核戦争への恐怖は身近なものとしてあったが，放射能への恐怖は漠然としたものだったのが，チェルノブイリ事故により，それがきわめて具体的なものになったからだ。事故を起こした原子炉から1500キロ以上も離れている西ヨーロッパにまで放射能は広がって，食べ物や土壌が汚染される事態となり，西ドイツは混乱におちいった。この時の連邦政府は，CDUとFDPの連立政権だったが，「危険はない」の一点張りで，防護策も示されないまま，緊張した日々が続いたのだった。

　こうした中，各地で市民の手による放射能測定所が生まれていく。専門家の協力を得ながら，市民がイニシアティブをとって，事実を知るために地道な活動を続けることで，原発の危険性に関する市民の知識も深まっていった。食べ物の汚染は一過性のものではなく，ものによっては長く続いていく。日常生活の中で汚染に向き合うことで，放射能の問題が抽象的な知識ではなく，日々そこにあるものとして受けとめられていったのである。チェルノブイリの事故は自分の国ではなく，遠く離れたウクライナで起きたものだったが，放射能は容赦なく自分たちの生活を脅かした。原発に対するこうした現実的な不安と危機感を体験したことで，西ドイツ社会の原発を見る目はより厳しくなっていった。

　チェルノブイリ事故後の測定所の活動に見られるように，市民の側にたって専門知識を提供し，研究を進める独立した研究機関，シンクタンクが果たした役割はとても大きい。企業や政府の資金援助を受けることなく，独立した研究機関を基盤として，放射能の危険性，原発の技術的問題点，エネルギー問題などについて，研究し発言する専門家がいることで，市民運動の主張が裏付けられる。

例えば,「エコロジー研究所」という名で知られている独立した研究機関がある。「エコ研」は,もともとはヴィールの原発建設反対運動の中から1977年に生まれた。当時の科学者たちの多くがテクノロジーのあり方に対し無批判であることに反発し,政府や企業から独立した研究機関の必要性を感じた学者と市民グループが協力して,ヴィールの近くにある大学町フライブルクでスタートさせたプロジェクトだった。1980年代なかばごろまでは20人ほどの研究者たちが働き,他にも多くの人たちがボランティアで参加していた。当初は市民の会費やカンパで支えていたが,次第にそれだけでは経営が成り立たなくなり,その後は,組織を整えて,原子力にとどまらず気候変動,エネルギーなど様々な環境問題の分野で,報告書,鑑定,コンサルタントなどを行うようになる。環境問題への意識の広がりとともに,NGOだけでなく,連邦政府や州政府の関係省庁や企業,EU機関などからも委託を受けて研究を進めており,今ではフライブルク,ダルムシュタット,ベルリンの3都市に研究所を広げ,100人近い学者たちが働いている[2]。

ドイツには,他にもこうした独立した研究機関がいくつもあり,国内外で,ほとんどすべての環境分野を網羅する様々なプロジェクトを委託されている。最初は反原発運動やその他の環境保護運動から始まったプロジェクトだったのが,次第に独立した研究機関として,行政や企業とも関わりながら,社会に確固たる地位を築いていった過程は大変興味深い。

市民による直接行動から始まった反原発運動,その主張を議会の中に持ち込んだ緑の党,市民の側にたった批判的な科学者たちの研究機関,この3つの動きが互いにそれぞれの活動を補完しあいながら,共通の目標に向かって歩んできたことが,ドイツが脱原発に向かう大きな力となった。市民たちは町に出てデモや集会などによる直接的意思表示を行ない,情報を広めて原発の危険性を訴え続けた。建設阻止のために予定地を占拠したり,放射性廃棄物輸送に反対する座り込みも辞さなかったし,警官隊による力ずくの強制排除が行われてもあきらめなかった。こうした活動は,大規模になればメディアも報道するし,

---

[2] "Made by Oekoinstitut Wissenschaft in einer bewegten Welt", Jochen Roose, Oekoinstitut e.V., 2002

目にはとまりやすいが，個々の原発を建設中止に追い込むことはできても，それを大きな政策の流れとして形づくっていくには，議会内での活動が必要になる。政治の場でのそうした具体的な仕事をしたのが緑の党だった。議論に議論を重ね，激しい意見対立は日常茶飯事となり，政権に参加すれば現実劇な妥協を迫られて，むずかしい決断を迫られることもしばしばあったが，緑の党が登場するまでは話題にさえならなかったテーマに，既成政党が取り組むようになり，政治の世界にも変化が生まれた。そして，独立した研究機関で働く科学者たちが，市民運動を専門的知識で支え，政治や企業の世界にも影響力を発揮していく。この三者のどれが欠けても，脱原発の実現はむずかしかっただろう。

　そして，もうひとつ重要なのはメディアが果たした役割だ。ドイツのマスコミも最初は，反原発運動に冷ややかだった。しかし，市民の粘り強い運動が続き，緑の党が生まれ，チェルノブイリ事故が起き，メディアも原発や他の環境問題への関心を強め，その報道も批判的なものになっていった。メディアが批判的な目を持って報道すれば，世論をより動かす力になる。市民運動，緑の党，独立した専門家機関に加えて，批判精神を失わないメディアが存在したことで，脱原発の世論が揺るぎないものになっていった。最終的には世論を動かすこと，世論をつくることで，政治が変わっていく。

3　日本の状況

　振り返って日本の状況はどうだろうか。福島のような大事故を経験し，今も緊急事態が続いているのに，社会全体を巻き込む大きな議論は起きていない。ドイツ社会が脱原発に向かっていったのは，市民運動，緑の党，独立した研究機関が連動しあいながら，それぞれの役割を果たし，マスコミも原発に批判的な報道を繰り広げていったからだとするならば，今の日本にその4つの要素がどれだけ比較しうるものとしてあるだろうか。

　福島の事故以降，日本でも原発に対する不安を抱く人たちの数は確実に増えている。反原発運動は，福島以前から様々な形であった。地域ごとに建設に反対する動きがあった場合もあるし，建設を阻止することができたケースもある。しかし，それが地域を超えた全国的・継続的な広がりを見せるところまではい

かなかった。原発に批判的立場を取っていた社会党は消滅し，今や自民党が圧倒的勢力を誇り，公明党が権力にすりよる中，発言力のある野党は存在していない。ドイツの緑の党は，幅広い市民運動があったからこそ，その主張を実現するために議会に進出したのであり，議会外での運動がなければ，議会内の運動も生まれてこなかっただろう。日本では批判的な学者たちは冷遇され，独立した研究機関は生まれなかった。マスコミにいたっては，ごく一部を除いて原発に関わるテーマを掘り下げて取り上げることはほとんどなかったし，福島の事故の後でさえ，それまでやみくもに原発を推進してきた政治家，官僚，学者，企業の責任を根本的に問うことをしていない。すべてコントロールどころか，汚染水は増え続ける一方で，「移染」でしかない「除染」でゼネコンがもうけていること，被ばくの実態が無視されたまま汚染地域への「帰還」が無理やり押し進められ，避難している人たちの生活が踏みにじられていることを，いったい日本のマスコミはどれだけ報道しているだろうか。それどころか，横ならびの大本営発表，権力の暴走を監視する役目を放棄したかのような無批判な態度は，ますますひどくなっている。

　日本とドイツの大きな違いは，ドイツでは，68年の学生運動が，歴史への反省から，社会に向き合う姿勢そのものを根本的に問い直したということだ。その流れの中で，反核平和，反原発運動など様々な社会的運動が生まれた。そして冷戦の真っ只中に置かれることで，反核と反原発が矛盾なく結びついていった。一方，日本では，過去に徹底的に向き合い責任を取るという姿勢が生まれず，それまでの社会の在り方を根本的に問い直すことがなかった。戦後のドイツには，歴史のあやまちを繰り返さないためには，ひとりひとりの市民が，上から言われたことに従うのではなく，自ら意思表示し，自分たち自身で社会をつくりあげていくという発想の転換があった。しかし日本では「お上」の言うことに従い，まわりを気にして自分の意見を言わない，大勢に順応する傾向が今も続いている。原発の問題に限らず，ひとりひとりが社会をつくっていくという意識が薄く，上から言われたことに従う傾向がとても強い。

　また，日本ではそもそも，まわりと違う意見を言うことに臆病で，全員一致で仲良くやるのが一番という幻想が，日頃の生活から職場，政治の世界に至るまで浸透している。だから，大勢と異なる少数意見は大切にされない。ドイツ

では，ひとりひとりの意見が違うのは当たり前であり，意見が違うのなら議論をすればいいという前提がある。最初から結論ありきで，議論もなしに無理やり意見を一致させるようなことは許されない。一方で，違いを前提としているからこそ，妥協案を探るときは徹底的に話しあう。SPDと緑の党の連立政権が，産業界と交渉し，脱原発を決めた時も，立場は異なっているということを互いにわかった上で，妥協案をつくりあげた。自分の意見を最初から封殺して形ばかりのコンセンサスを求めるのと，異なる意見をぶつけあう中で，どこなら一致できるのか，どういうふうに妥協できるのかを徹底的に議論したうえで，限られた範囲内ではあってもコンセンサスに至り，具体的な変化をもたらすというのとでは，まったく違う。

このように，市民の社会参加への意識の違いは大きいが，それぞれの国が置かれている状況は異なるから，脱原発に関しても，こだわる部分，原点になるものなどは当然異なる。ドイツでは，1968年の学生運動の中で，過去への反省から，市民が意思表示をして，自分たち自身で社会をつくりあげていくことの重要性が認識された。そうした意識転換があったから，反原発運動をはじめ，その後の様々な社会運動につながっていった。

戦後の日本にとっても，広島長崎の経験，敗戦は，その後の社会のあり方の原点になるはずのものだった。しかし戦争責任がきちんと論じられず，根底からの反省がなかったから，「お上」に抵抗しない社会構造や意識がそのまま残ってしまった。けれども，いまや福島の原発事故を経験した以上，意識の転換の原点をそこに見出していくしかないのではないだろうか。それは，今度こそ，福島で起きていることから目をそらさず，市民の手で調査を進め，被ばくの実態を明らかにしていくことであり，福島の事故の検証により原発の危険性を徹底的に社会に知らせていくことだと思う。

これほどの事故があったのだから，そして一過的な危険性ではなく，今現在，そして将来にわたって続いていく危険なのだから，市民の意識にまったく影響を及ぼさないはずがない。原発に対する不安が高まり，脱原発を望む声が広がっているのは，世論調査でも明らかだし，「すべてコントロールしている」という首相の言葉を信じている人はほとんどいないのだから，とにかく福島の現状を知らせ続けることが重要だ。

変化が起きるのには時間がかかる。福島の現状を考えると，これ以上時間がかかってはならないという気持ちはあるが，ドイツの脱原発も一朝一夕にできたことではない。40年以上にわたる市民の地道な努力があって初めて可能になったことだ。あきらめずに継続したこと，自分の意見を言うのをやめなかったことが実を結んだ。市民が参加して社会をつくっていくのが当たり前という考え方が浸透していくのも，時間のかかることだ。日本では戦後もそうした意識の転換がなかったから，こういう危機的な状況になっていると言えるが，逆に福島の事故をきっかけに大きな意識の変化が起きる可能性はあるはずだ。広島・長崎の教訓を生かすことができなかったのは痛恨の極みであるけれど，今度こそ福島の教訓を無駄にしてはならない。

　市民の力が原動力になって脱原発の道筋をつくりあげたドイツでも，これで一安心ではなく，これからもその実現に向けて，地道な作業が続いていく。真の脱原発を実現する模索は始まったばかりで，一世代で終わる仕事ではない。日本でも，福島の事故が起きたのをきっかけにして，脱原発の方向を生み出し，次の世代にバトンタッチできるような努力が今こそ必要とされている。

第5章

専門家討議,市民参加,政治的意思形成
1979年,ドイツ核エネルギー政策の挫折の始まり[1]

壽福眞美

　ドイツは,連邦政府として初めて第3次核計画（1967～1972年）を決定し,「商業的利用のための原子力発電所をエネルギー経済のなかに据えることになった」（Illing, 2012 : 118）。1950年代の研究段階（カールスルーエ核研究センター,ユーリッヒ核研究施設に代表される）を経て,また,1960年代から軽水炉の国産（シュターデ,ヴュルガッセンの両原発を嚆矢とする）に主軸を移すことによって,核エネルギーと石炭を二本柱とするエネルギー政策の基本路線が確定する（1973年の石油ショックを機に脱石油と省エネが加わるが,先の路線は,1998年にシュレーダー首相が「脱原発,再生可能エネルギーの拡張」政策に転換するまで変わらなかった。Ebd.: 189）。

　その背景には世論の支持もあった（図1）。たとえば,1955年のエムニート社調査によれば,カールスルーエ原発に43％が賛成し,反対は23％であり（Tiggermann, ²2010 : 176, Anm. 493）,1967年の同調査でも賛成が64％,反対が26％,未決定・無回答10％である。1977年2月の『シュピーゲル』誌の調査によれば,原発増設に賛成が53％で,反対は43％である（Der Spiegel, Nr.8/1977）。1979年3月のスリーマイル島原発事故直後のエムニート社調査で賛成30％,反対38％と逆転したものの,これは一時的な現象にすぎず,ケ

---

[1] 本章は, "Expert Discourse, Citizen Participation, and Making of Political Will", in: The Faculty of Social Sciences, *Shakai Shirin*, Vol. 62, No. 4, Hosei University, Tokyo, 2016, pp. 209-262 に加筆し修正を加えた改訂稿である。

図1 核エネルギーの利用に賛成か反対か（1955〜1986年）

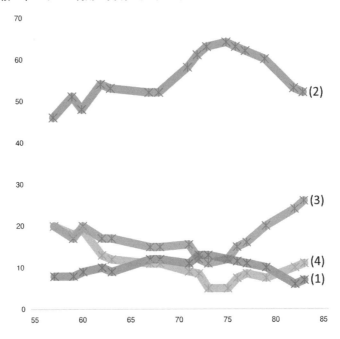

アレンスバッハ世論調査研究所――どの回答があなたの意見にもっとも近いですか。
(1) 核エネルギーは確実に人類全体に利益をもたらすだろう。
(2) 核エネルギーは，それを適切に管理することを学べば，人類全体に多くの利益をもたらせるだろう。
(3) 核エネルギーはおそらく危害をもたらすだろう，適切に管理することを学べるかきわめて疑わしいからだ。
(4) 核エネルギーは確実に破壊をもたらす，確実に核戦争になるからだ。

(Dube, 1987: 9a)

ーアマン研究所の1979年7月の調査によれば，54％が原子炉の安全性と放射性廃棄物貯蔵の問題が解決されれば肯定し，無条件で支持が20％，反対は26％となっている（Müller, 1995 : 792）。1980年6月のアレンスバッハ研究所の調査でも，36％が増設賛成の無条件の支持者，37％が新設への不安を抱きつつも現存原発を認める人が37％であり，強固な反対者は15％にすぎない（未定が12％。Tiggermann, ²2010 : 792）。つまり，一貫して賛成派が反対派を大きく上回っている（1986年4月のチェルノブイリ原発の事故が与えた衝撃と比

図2 核エネルギーの利用

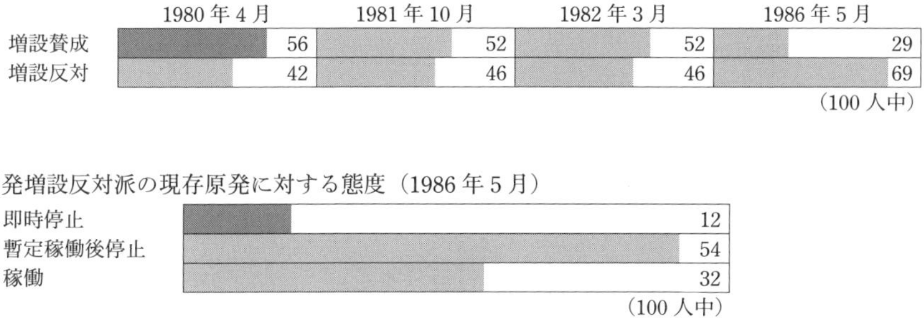

	1980年4月	1981年10月	1982年3月	1986年5月
増設賛成	56	52	52	29
増設反対	42	46	46	69

（100人中）

原発増設反対派の現存原発に対する態度（1986年5月）

即時停止	12
暫定稼働後停止	54
稼働	32

（100人中）

（出典：*Der Spiegel*, vol. 20, 1986/5/12）

表1 将来の核エネルギー利用（西ドイツ）

	1986年11月	1987年5月	1988年5月
	%	%	%
必要なら増設	7.2	8.7	5.1
現状維持	21.4	25.1	22.6
新設反対	31.2	31.6	34.8
数年内に停止	30.9	27.6	30.3
全原発即時停止	9.3	7.2	7.2
	100.0	100.2	100.0
	(N = 1953)	(N = 1999)	(N = 1918)

（出典：Peters *et al*., 1990：131）

較すれば，その違いは明々白々である。図2，表1）。

しかしながら，原発建設の計画が次々に公表されると，局地的だが大衆的な反対運動が始まり，1970年代を通じて激化していく（図3, 4）。1967年，ヴェーザー河沿いのヴュルガッセンでは，建設申請が出されると，住民は直ちに温排水による河川の温暖化，通常運転時の放射性物質放出によるガン発症と遺伝子変異を訴えて，認可官庁に異議[2]を唱えると同時に，ミンデン行政裁判所

2）「原子力法第7条に基づく施設の認可における手続き指令」（1970年10月19日。1977年2月18日改定）によれば，事業者が申請した建設「説明計画と……施設と関連するすべての危険および……予定された安全措置を説明する安全報告，簡便報告」は縦覧に付され，誰でも（立地自治体や近隣の住民に限定せず）異議を提出でき，聴聞期間が設定される（第1条第2項の2，第2条第2, 3項，第3条第2項。Albers, 1980：249-251）。

図3 核エネルギーの市民的利用に対する抗議の発展（1970-2004年）

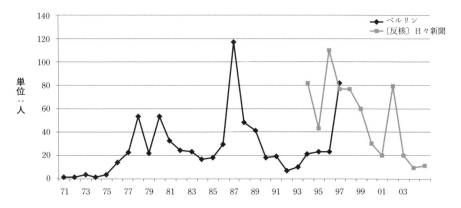

ベルリン社会研究科学センター・プロジェクト『ドイツ連邦共和国の抗議運動の記録と分析』
（出典：Roth/Rucht, 2008：257）

図4 抗議参加者数の発展（1970-2004年）

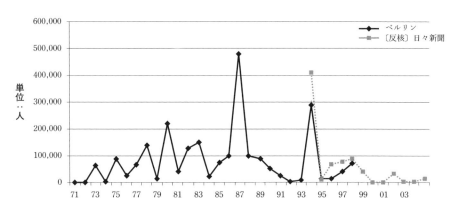

（出典：Roth/Rucht, 2008：257）

図 5 ドイツ反原発の異議提出数（原子力法第 7 条に基づく聴聞会）

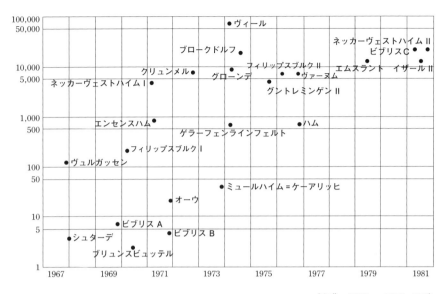

（出典：Müller, 1998：753）

に告訴[3]した（BIU, 1998：13f.）。1970 年のブライザッハではその冬に市民イニシアティブ「原発による環境の危機に反対するオーバー・ライン行動委員会」が結成され，ヴィンツァーでも同様であった。エルザスのフェッセンハイム，バーゼル近郊のゲスゲンでも抗議行動が行われた。「1971 年 4 月 21 日のフェッセンハイムのデモは，おそらくヨーロッパの大地で最初のこの種の反原発行動の 1 つであった」(Rucht, 1980：81f.；240, Anm. 240)。それだけではなく，ブライザッハでもブドウ栽培農家と農民を中心に，当初こそ 100 人強にすぎなかったが，最終的には 6500 人がバーデン・ヴュルテンベルク州政府に異議を提出し（Müller, 1995：779；BIU, 1998：16），1972 年 9 月には聴聞が行われた。その後各地で異議と訴訟は増加の一途を辿った（図 5）。

---

3) 「行政裁判所令」(1960 年 1 月 21 日) によれば，「法的に他の規定がないかぎり，告訴が許可されるのは，告訴人が行政行為ないし行政行為の拒否，または不作為によって告訴人の権利を侵害されていることを主張する場合だけである」（第 42 条第 2 項。Ebd.: 237）。

1　安全性は原子力発電に優先する
　　——ヴュルガッセン判決（1972年3月16日）

　ミンデンとミュンスターの両行政裁判所が訴えを退けたので，人々は連邦行政裁判所に訴えることになった（ミンデン行政裁判所は，部分認可は原発建設だけに関わり，原告による権利侵害の異議は運転後に係わる問題であるとして退け，ミュンスター行政裁判所は，通常運転時の放射線の危険は，原子力法の検証の限界を超えている，というのも原子力法は核エネルギーの平和的利用の承認を前提しており，またラインラント技術監視協会の鑑定も安全性を確認しているからであるとした。BIU, 1998 : 14）。

　最大の論点は，「生命，健康，財産を核エネルギー……の危険から防護する」（原子力法第1条第2項）という安全性の問題，とりわけ破局的な危険の可能性を排除する問題である。その理由は，バーデン・アニリン＝ソーダ製造（BASF）が1969年に人口密集地域のマンハイム＝ルートヴィヒスハーフェンに原発2基の建設申請をしたことにあった。審議の過程でラインラント技術監査協会の専門家，リントアッカースは従来のボイラーの破砕事故に照らして，「原発圧力容器の破砕を排除できず……破局の際には何十万もの死者と100万人の健康障害の恐れがあるので……破砕防護のために圧力容器をコンクリート壁で囲うことを要求」した。また，連邦科学相のロイシンクもすでに1970年の記者会見で，「他の技術施設同様，原発でも絶対的安全性は達成できず，人的な妨害，経験の不足あるいは統計的な欠点に起因する残余の危険性が残る」と語っていた（BIU, 1998 : 14–15 ; Radkau, 2011 : 9–10）。

　この判決は，まず原告不適格による門前払いを明白に退けた（現に基本権は侵害されていない，侵害の可能性は運転が開始されてからである等々）。次に，原子炉安全委員会や技術監視協会など専門家による鑑定も司法判断の対象とした。そのために，公聴会も開催した。最後に，次のように核エネルギーの利用よりも安全性が最優先するという画期的な原則を宣言し，しかも今後すべての原子力法上の手続きはこれに従うべきだと要求した。すなわち，「原子力法第7条第2項2[4]

---

4)　原子力法（1959年12月23日）の第1条と第7条は，次のとおりである。

に従えば，科学の水準に照らして，したがって現在の人間の認識に照らして危害を防止するために充分な事前の配慮がなされなければならない。原子力法の防護目的は第1条では2番目に挙げられているけれども，〔第1項に規定された核エネルギー利用の〕促進目的に優越する」，「必要な防護が技術的に不可能な場合には，技術の水準に照らして必要な事前の配慮が保証されず，したがって原子力法にも適合しないであろう。回答の合法性に関する行政裁判所の決定にとって基準となるのは……基本的にその行政行為がなされる時点における科学と技術の水準である」（Albers, 1980 : 83, 101）。

それにもかかわらず，認可手続きにおける異議提出者の参加する聴聞は決裂した。判決の結論は，一度「認可された施設の安全性を疑問に付すような何らかの，より新しい認識がなければ，裁決の合法性に影響はない」（Ebd.: 101）とされ，1971年に始まっていた運転を停止することはできなかった。ただし，逆に言えば，安全性を疑問に付す新しい認識が明らかになれば，運手の停止があることになる。

第1条〔法の目的規定〕
　この法の目的は，
1　平和目的のための核エネルギーの研究，開発，利用を促進し，
2　生命，健康，財産を核エネルギーの危険と電離放射線の有害な作用から防護し，核エネルギーないし電離放射線に起因する危害をなくし，
3　核エネルギーの使用ないし放出によってドイツ連邦共和国の内外の安全が危険にさらされることを防止し，
4　核エネルギーと放射線防護の領域における共和国の国際的な義務の遵守を保証することである。

第7章〔施設の認可〕
(2)　認可が与えられるのは，次の場合だけである。
1　申請者，および建設，稼働，施設稼働の監視の責任者の信頼性に対する疑念が生ずる事実がなく，また建設，稼働，施設稼働の監視の責任者がそれに必要な専門知識をもっている，
2　科学と技術の水準に照らして要求される，施設の建設と運転による危害に対する事前の配慮がなされている，
3　法的な損害賠償義務の充足に必要な事前の配慮がなされている，
4　妨害措置ないし第三者のその他の影響に対する必要な防護が保障されている，
5　重大な公共的利益が，とくに水，空気，土地の保持に関して，施設立地の選定と矛盾しない（AtG, 1959 : 816）。

2 あらゆる危険性を排除すべきである
―― ヴィール判決（1975年3月14日）

　ブライザッハの抵抗に直面した州政府とバーデン電力は，1973年5月，30キロ北のヴィールに1300メガワットの巨大原発を計画し，10月には建築申請をした。しかし，すぐさま市民イニシアティブが結成され，9万名の異議が提出された。翌年に始まった聴聞期間の議論はここでも決裂した（おそらくその最大の原因の1つは，炉心溶融の可能性である。申請者が，安全施設は「想定される最大の事故」を安全に制御するのに充分であり，したがって炉心溶融の可能性は排除されている，またそれ以上の破壊を伴う事故は理論的にしか考えられない残余の危険性だから，住民は甘受すべきであると主張したのに対して，異議提出者は，冷却材喪失による炉心溶融の可能性があり，そのような事故が住民と環境に重大な結果をもたらすと反論した）。1975年1月に最初の部分認可が下り，建設が始まると，行政裁判所に建設中止の訴えを起こすとともに，2月23日には2万5000人が集会を開き，市民イニシアティブは予定地を占拠した（BIU, 1980 : 17-18）。

　フライブルク行政裁判所は，建設停止の判決を下した。判決は，まず事故の可能性と現在の防護措置について，専門家5人を招いた公聴会の討議と，7つの研究・調査報告を踏まえて次の判断を下した。推進の専門家は，ドイツの圧力容器はアメリカのものに比べて，「中性子による鋼鉄の負荷全体を低減させ……より高い安全性がある。……破砕事故はきわめてありそうもない」(Albers, 1980 : 126)と主張し，他方の反対の専門家3人は，「破砕事故を回避するためにできることをすべてやったとしても，考えうる可能性として排除できない」，「追加的な備えなしに破砕事故が排除されているとは言えない」(Ebd.: 126)と指摘して真っ向から対立したが，裁判所は，「容器が確実に破砕で故障しえないという証明力のある証明が欠けており，「一定の不確実さ」が不可避的であるかぎり，破砕事故は，BASFのルートヴィッヒスハーフェン原発で予定されているような破砕防護の建築によって**しか絶対的に排除することはできない**」(Ebd.: 128)と結論づけた。

　次に事故の性格についても，圧力容器の破砕・故障の可能性は，危険性

Risiko（危害の原因となる可能性があり，少なくともそれが排除されない事態）でもなく，ましてや残余の危険性 Restrisiko でもなく，「危害が充分に確実で，客観的に予測でき，防止できない出来事」(Ebd.: 97, 94) という意味で危険 Gefahr と規定しなければならないと断定した。そしてこの危険がもたらす危害をきわめて厳しく，かつ悲観的に評価した。2人の専門家によれば，「15キロ範囲の人間は事故後数日間に死亡する。……35キロでは平均以上のがん患者が発生し，とくに小児は最大の危険性にさらされる。……生命と健康が30年も脅かされる……細胞の障害だけでなく，遺伝子障害も生じる」。そして，避難措置によって急性発症を90％低減できるという推進の専門家に対して，実際の避難に際してはライン河が障害になり，住民のパニック発生を過小評価していると反論した (Ebd.: 123-124)。これを総括して，判決は述べる。「発生しうる危害の種類と規模は，もし圧力容器が破砕し，安全容器が破壊され，突然放射性物質の一部が放出されるなら，途方もないものとなり，裁判所の確信によれば……国民的規模の巨大な破局の次元をもつことになる」，「現状での司法認識によれば，原発の稼働とその影響によって……住民全体の生活条件が計り知れないほど侵害され……訴訟を起こした自治体に住む原告が……「生活の質」と生存基盤の計り知れない侵害を恐れざるをえないという危険が排除されない」(122, 60)。

したがって要求される安全性の考え方と程度についても，この判決はヴュルガッセン判決よりもさらに進んでいる。というのは，事故による危害をゼロにする，すなわち完全に排除することを求めているからである。「絶対的な排除は，従来の安全性概念では不可能であり，他の構造的措置によるしかない。……そのような危害を「完全に」排除する措置がとられなければならない。……防護目的の優先を背景とすれば，危害の事前配慮は，破砕による破局の危険をまさに「ゼロに」低減させる場合にしか充分とは見なせない」のである (128)。

ヴィールの建設停止は，ベルトルスハイム，ブライザッハに続く建設計画の頓挫であり，全国規模の反原発運動の始まりでもあった (Radkau, 1987 : 314)。(1977年4月，同じ裁判所は，破砕に対する防護がないとして建設は許されないと再度決定し，1983年に建設断念が最終的に確定した。またヴィールに続いて，

1976年12月15日にはシュレスヴィヒ行政裁判所がブロークドルフの建設停止の判決を下した。逆にハノーバー行政裁判所は，1977年3月17日，グローンデの建設停止提案を否決する判決を下し，ミュンスター上級行政裁判所は，1977年8月18日，カルカールの高速増殖炉の認可に関する連邦憲法裁判所の決定に同意した。Müller, 1995：781）。

3　市民の蒙を啓く？
—— 「市民対話：核エネルギー」(1975～78年) と2冊の文書 (1976～78年)

　ヴィールの失敗は，連邦研究・技術相マットヘーファーに，住民の抵抗が続き世論が受け入れないかぎり計画は遂行できない，また抵抗と反対の理由が住民の理解不足にあり，したがって逆に知識と情報が与えられれば，住民の不安と懸念は解消されるという前科学・研究相シュトルテンベルクの認識（Tiggermann, ²2010：199, 194）を思い出させたに違いない。彼はすぐさま3つの課題に取り組んだ。1つ目は本格的な危険性の研究の開始であり，「ドイツの危険性研究：原子力発電所」がドイツ原子炉協会に委託された[5]。というのも，すでにBASF計画が原発の危険防護の不充分さとドイツの安全性研究の欠如を示していたため，1972年に「核の安全性プロジェクト」が組織され，研究・技術省の管轄下でカールスルーエ核研究センターが作業を進めたのだが，そこでは技術的安全措置の改善の問題に集中して，炉心溶融や圧力容器破砕など「破局的事故の発生の問題は後景に退いていた」からである（BIU, 1998：15-16）[6]。

　2つ目が「市民対話」の開始であった。それは「核エネルギーおよび将来の

---

[5]　しかし，この研究は1975年10月に公表されたアメリカのいわゆるラスムッセン報告の炉心溶融の経過分析とその発生確率論に依拠しており，1979年の報告書では「事故・故障による危険性はドイツとアメリカで顕著な差はない」と結論づけている。BMFT, 1979：244.

[6]　また1973年の連邦政府研究・技術省の「第4次核計画 (1974～1976) に関する市民対話」も，1974年12月の「核エネルギーの危険性」に関する連邦議会公聴会も開催されたが，参加者は一部の専門家に限定されていた。Radkau, 1986：312.

エネルギー供給におけるその重要な役割について〔市民に〕よりよい理解をもたらす」はずであった。そしてそれを主導したのが，次官で後に研究・技術相となるハウフであった（Radkau, 2011a : 626）。

対話は，1975年7月22日のボンから始まった。マットヘーファーは20人以上のジャーナリストの前で，21人の市民イニシアティブ代表と議論したが，それは対話ではなく，政治的対立の先鋭化の表れとなった。それがもっとも明白になったのが，ダルムシュタットの市民対話とボン（研究・研究技術省）の専門家対話である。

ダルムシュタット（1976年3月21日）

この当時，近郊の原発ビブリスではA基が稼働中，Bが稼働待機中，C，Dが申請中であった。一方にはマットヘーファー自身とビブリスA基の所長，事業者のライン・ヴェストファーレン電力代表が座り，他方には連邦市民イニシアティブ環境保護連盟の代表2人が対峙したが，さらに市民，学生も参加した。ここでは原発をめぐるほとんどの問題が争点になっている。すなわち，①原子炉の安全性，つまり炉心溶融・圧力容器破砕の可能性，②ビブリスに関する測定データと破局的事故防護計画の提出，つまり認可に関する情報の開示，③核燃料サイクル，つまり再処理とプルトニウム生産，高速増殖炉，④核兵器製造の可能性，⑤放射性廃棄物の最終貯蔵計画の欠落，⑥政府による核施設の輸出，原発の採算性と国家の補助金，⑦エネルギー需要予測の妥当性，⑧核技術に代わる代替策としての省エネルギーと太陽エネルギー技術，⑨原発の計画・認可過程への当事者の参加と異議の聴聞である（BIU, 1998 : 28-29）。最後の点は，説明を要する。「原子力法第7条の施設認可時の手続きに関する指令」（1970年10月19日。1977年2月18日改訂。Albers, 1980 ; 250-251）によれば，申請書類（建設計画，安全性報告，簡便報告）は官報等で公知・開示され縦覧に供されなければならず（第2条），市民は立地・近隣地域を問わず異議を提出できる（第2条）。そして「〔特別な私法上の権限に基づかない〕その他の異議は，申請者と異議提出者とともに口頭で聴聞されなければならない」とされていた（第3条。図6, 7）。しかし，この聴聞期間での聴聞は形骸化しているというのが異議提出者の主張である。ある市民イニシアティブの代表は，認

図6 原子力法上の認可手続きにおける管轄と関与

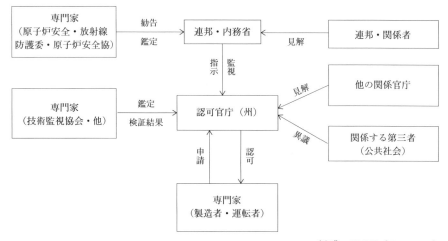

（出典：BMFT, ²1978：372）

図7 原子力法上の認可手続きのダイヤグラム

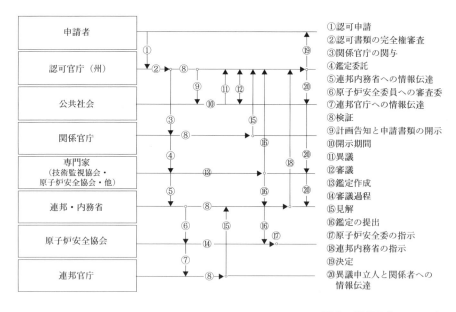

（出典：BMFT, ²1978：379）

可官庁であるヘッセン州政府に対して，次の点を指摘している（ただし，1977年のビブリスCの聴聞手続きに関する指摘である）。「公共社会に対する情報提供がない（ビブリス周辺の測定結果，稼働中のA, B基に関する鑑定書が住民には入手できない。認可書類には鑑定書全体が欠落している）。原子力法で認められた関係住民の参加を失効させる試みがなされた。認可書類のコピーの禁止によって異議者を妨害する。ブロークドルフに警察を投入した。書類を閲覧したい住民の名前を挙げて拘束する。原発反対派の集会に対するスパイ活動を行う。州政府構成員の討論参加をしめつける」（AGU, 1981：16）。

ボン（1977年5月19日）

　カールスルーエのKNK IIに続くカルカールの高速増殖炉SNR300建設は，1973年に始まっていた（Jufuku, 2014a：136）が，マットヘーファーは，反放射線汚染カルカール利益共同体の提案に応える形で（！），市民対話の一環として専門家対話「核エネルギーとその代替策」を設定した。賛否両者が5人ずつ専門家を指名し，市民イニシアティブと研究・技術省指名の代表各5人がオブザーバーとなり，最終ラウンドで専門家に質問することになっていた（BMFT, 1977：vi）。2人の政治家も同席した。

　中心的な論点は，①高速増殖炉の得失，②安全性，③核拡散，④意思形成過程における専門家の役割であった。①「高速増殖炉の教皇」ヘーフェレは，「化石燃料は枯渇し，気候変動をもたらす，ソフト・エネルギーは産業衰退と生活水準の低下をもたらす」と主張し，カールスルーエ核研究協会のヘニースが，「軽水炉を30年間運転できるウラン235を用いて1800年，つまり60倍も運転できる」，ライン・ヴェストファーレン電力のアイツが「ウラン価格の上昇と電力需要の増大に応えると同時に，経済的で環境問題も引き起こさない」と強調した（Ebd.：32-33, 11, 17）のに対して，「地球の友」のロビンスは，「住民の安全性が確保できない，代替策としてソフト・エネルギー・パスが現存する」，プリンストン大学環境研究センターのフォン・ヒッペルは，「経済性の問題ではなく，プルトニウム燃料サイクルは，核兵器生産と拡散につながる」と反論した（Ebd.：18, 35-36）。②カールスルーエ核研究センターのスミットは，「故障が発生したとき，人間の介入なしにどんな場合でも物理的作用

に基づいて安全な状態に回復する「固有の安全性」がある。システムの安全性を多層に，相互に独立した水準で確保する深層防護をとっている。事故の2つの可能性，つまり冷却材喪失と出力過多が，軽水炉では炉心溶融，高速増殖炉では爆発的炉心破壊をもたらすが，制御可能である。何年もナトリウムの事故はない」，カールスルーエ核研究協会のヘニースも「炉心破壊事故の挙動，燃料とナトリウムの相互作用については最新の研究があり，問題はない。再処理も成功している」と主張したが，ブレーメン大学のフォン・エーレンシュタインは，「中性子の反応度が高く，事故の危険性も高まる。再処理の危険性も除去できない」，フォン・ヒッペルは，「高速増殖炉の深刻な事故は，制御システムが作動しない場合に停止できないことによる。自動遮断システム，コアキャッチャーを勧める。使用済み核燃料のプルトニウムは危険ではないが，再処理による分離後の保管が問題だ」，ロビンスも「安全問題は技術の問題ではなく，人間の誤りを犯す可能性と悪意の問題だ」と批判した（Ebd.: 86, 21, 87, 132, 130, 28, 88-89, 92, 121, 103）。

　途中でマットヘーファーが割って入る。高速増殖炉は現実には制御できない，計算は全部役に立たない，予想できない事故の場合に破砕が起こり，たくさんの放射性物質が放出されるという批判があるが，これについて知りたい，と。しかし，対立する意見の応酬に終わる。2人の市民イニシアティブ代表の質問，現在稼働している再処理施設は世界に存在しない，汚染水の海洋放出をどうするのか，高速増殖炉の急速遮断は可能なのか，に対する回答も，軽水炉と同じとする見解と未解決という意見で，対立したままだった（Ebd.: 110f., 126f., 133f.）。③推進派が，核拡散はすでに起こっている，軍事用プルトニウムはたくさんあるのに，なぜ高速増殖炉のプルトニウムだけ問題にするのか，と主張するのに対して，批判派は，プルトニウム燃料サイクルから核兵器は容易に製造できる，開発途上国も核兵器を望んでいる，テロリストによる悪用がある，とここでも平行線を辿った（Ebd.: 28, 32, 118, 35, 100）。④重要な問題提起がなされた。まず国家機関の研究者には発表の事前承認が求められ，緘口令が敷かれている事実，カールスルーエでは研究者間の意見交換や討論が拒否されている事実が批判され，次いで科学的・公共的議論には批判的な科学者の参加が必要であること，異なる立場・視点から公開で討論する必要があることが確認

され，最後に科学者にも分からない未知の世界があること，未解決問題があるから比較も危険度の判定もできないと認めることの重要性も指摘された（Ebd.: 31, 112, 101, 110-112）。

　翌日の政府声明は，拒否派と支持者の主張を併記した上で，「より長い公開討論がなければ相互理解は不可能である」，「両専門家グループの立場の接近は，この対話では期待できなかった」としながらも，「討論は重要で有益であり，核エネルギー討論の客観化に貢献する学習過程を望む」という無意味な言葉で終わる（Ebd.: 180）。しかしながら，この対話が同数の賛否両者によって同じテーブルで実施されたことから，争点がより明確になり，その論拠も多少なりとも提示され論戦が行われたことは注目すべき事実である。

　このように，一連の市民対話（1975〜1978年。3万人が参加したとされる。Illing, 2012 : 135）は，連邦政府とマットヘーファーの主観的意図としては確かに「核エネルギーの拡張に向けて市民を「啓蒙する」安全キャンペーン」（Jufuku, 2014a : 136）だったが，客観的に見れば，数々の対立する論拠が提示されることによって，核エネルギーの諸問題に「関心を寄せる素人の共有財産」が生み出される過程でもあったのである（Radkau, 2011a : 372）。

　3つ目が，市民対話と並行しながら行われた，2つの文書による「啓蒙活動」である。1976年から2年で3版を重ねた100頁余の小冊子『核エネルギー──市民情報』（BMFT, ²1976. 図8）と，1977年から1年で2版を重ねた大著『核エネルギーの平和的利用のために──連邦政府の記録集』である。さて，前者はきわめて率直なマットヘーファーの序言で始まる。「現在の核エネルギーほど，新しい技術の導入についてかつて公共社会でこれほど多くの人が参加し，これほど対立する意見が交わされたことは稀である。……連邦政府は，この技術がどのような利益と危険性を伴うか，考えられる代替案の利害について情報を提供する義務があり，核エネルギーと代替案の利益と危険性をどう評価するかについて関心を寄せ参加する市民との公開対話をする用意がある」（Ebd.: 6）と述べて，対立する意見の存在と賛否両論の討論の存在を認め，かつ，危険性もはっきりと認めている（もちろん「残存する危険性よりも利益が明確に優っている」というのが結論である。Ebd.: 7）。それだけではなくて，過酷事故の可能性についても語っている。「原子炉内の放射性核分裂物質の大部

図8 連邦政府研究・技術省『核エネルギー市民情報』

(出典：BMFT, ²1976)

分が環境に放出されたり，そのような危険がある……ことを想定している。……〔しかし〕危害を制限し減少させる措置があらかじめ計画されている」，「たとえある原発において，環境にとって危険な事故がきわめてありそうもないとしても……事前の配慮として破局的惨事の防護計画をあらかじめ作成することが理性的である。〔したがって安全である〕」（Ebd.: 117, 116）。

　後者は7～10万部が配布された（Radkau, 2011：371；BIU, 1998：43）が，450頁の大著である。研究・技術相のハウフは，「連邦政府は，未来にとって計り知れない結果を伴う核エネルギーの危険性に対する恐れを強調する人間と……多面的に安全が保証された技術と確実な監視と制御のシステムに対する信頼を強調する人間の……公共的討論を歓迎してきた。……私は，この資料集が公共社会のなかで核エネルギーと未来のエネルギー供給における役割とのよりよい理解に資することを希望する」と語っている（3）が，批判的・懐疑的意見

は一言半句もない。またその大半を，一般市民には理解が困難な自然科学的・技術的な専門的記述が占めている（第2～4章。約300頁以上！）。

　さて，第1章「エネルギー需要」では，1次エネルギー需要が1990年には1974年の2倍に，原子力による電力が1976年の7％から1986年には35％になると，いずれも具体的な根拠は示さずに予測しているだけでなく，「節約的・合理的なエネルギー利用」も教えてくれる（14, 18-22）。第2章「核エネルギーの代替策」では，石炭・石油に関する詳細な数表が列挙され，核融合（45ff.）まで登場した後，再生可能エネルギー（太陽光，風力，波力，地熱，水力）の自然科学的説明を受けられる。第3章「原子炉，燃料，処理」，第4章「核エネルギーと環境〔放射線物理学！〕」に続いて，第5章「原子炉の安全性」がようやく登場する。第1節「安全性の哲学」では，伝統的な技術では「経験に基づく学習」，「試行錯誤」（276-277）が原則であり，それは事故の影響が小さく，実験・試験で試され，長期にわたる発展過程を経ているがゆえに正当だが，原発は根本的に異なる。「傷害の可能性はきわめて発生確率が低いとしても，事前配慮の措置がなければ，大規模な居住地域に破局的な影響を及ぼす」，「放射性物質の半減期は長期にわたり……その大量放出は国民的安全性に係る」（277）。したがって，人間と財産，環境を放射線から防護することが最優先の課題となる。その原因となる故障（原発の運転の継続ができなくなる出来事で，防護の備えが予定されている）と事故（限界値を超える放射線被ばくをもたらす出来事）を回避しなければならないが，しかし「理論的に考えられうる出来事……発生確率がきわめて低いために設計では考慮されないが，完全には排除できない「仮説的な出来事」の防護目標は，放射線傷害をできるだけ少なくすることである。〔前二者に対する〕安全技術上の設備が傷害を少なくするよう機能できる」（278-279）とされるが，その根拠はどこにも明示されていない。最後に，「きわめてありそうにないが，物理学的に可能な残余の危険性」が来る。原因は安全分析の不充分さ，設計の限界を超える事故，人間の過誤（ヒューマン・エラー）にあるが，前二者についての対策は皆無である。後者については安全措置の自動化について述べられているに過ぎない。妨害（テロ？），戦争についてもNATOとともに危険の可能性を低減するとしか書かれていない（282-283）。これでは，ヴィール判決から大きく乖離し逆行していると言わざ

るをえない。

　危険性研究の方法論と安全性の事例分析，安全システムの実例が数学的に紹介・分析された（？）後に，「ドイツの原発の運転経験」という奇妙な節が登場する。奇妙なというのは，ここでは1965年から1976年に至る「特別な出来事」として20頁にわたり故障の実例が列挙されているのだが，それは「どんな重大な事故でも……安全に制御できた」，その後「施設ははるかに改善され，技術的・組織的な安全措置および制御に必要な厳格な認可・監視手続きによって，公共社会を危険にさらさずに原発を建設し運転することが可能になるということの証明」であるという結論を引き出すためだけの記述だからである（355-356）。確かに本書を読んだ市民は，ハウフの願いどおり，核エネルギーとその安全性について「よりよく理解できる」のであろう！

4　「残余の危険性」論の両義性
　　──カルカール決定（1978年8月8日）

　さて，その増殖炉建設の部分認可に対して，予定地から1キロ離れた農民が1977年2月に原子力法の違憲と認可取り消しを求めて告訴した。デュッセルドルフ行政裁判所が告訴を認めなかったために，彼はミュンスター上級行政裁判所に控訴した。そして同裁判所は，1977年8月18日，高速増殖炉の根拠とされる原子力法が違憲であるとした上で，連邦行政裁判所に移送した（Kalkar, 1978：§21。以下，本項にかぎり判決の節番号のみを記す）。

　ベルリンの裁判所は，ミュンスター決定，それを無根拠として退けた連邦政府内務省の見解（§29〜42），および漠然としており部分的には矛盾しているとして退けたノルトライン・ヴェストファーレン州政府・被告（認可申請者）の見解（§43〜51）を検討した上で，原告の主張を詳細に紹介している。すなわち，①「増殖炉の稼働は，増殖炉，再処理施設，燃料製造所，中間貯蔵施設，輸送設備からなる核施設システムを前提しており，この増殖炉システムは大量のプルトニウムの加工と輸送を必要としているが……プルトニウムは毒性が高い……核兵器の材料となる……危険な再処理を必要とする……廃棄物貯蔵が未定である……発熱による環境悪化……予防的監視が必要になり全体主義的国家

が必要となる……輸出により核兵器製造の拡散，核戦争の危険性が高まる……巨大技術に適合した行動様式の強制の危険性がある（§54～62），②軽水炉を上回る大爆発の可能性があり……放射性物質の放出によりガン化・遺伝子変異の危険性があるから……危険性に対する立法者と行政の事前配慮が必要である……さらに電力需要を過大に見積もっている……危険性の少ない電力の生産方法が必要である」（§63～65．高速増殖炉の特別の危険性についての批判的研究は，次を参照。Kollert/Donderer/Franke, 1983）。裁判所は，合憲とする参考人（1人の教授だけ！）の鑑定を検討した（§66～73）後，こう結論を出す。すなわち，高速増殖炉は軽水炉の「完結した〔核燃料〕サイクルの段階的変更」に過ぎない，統合最終処理センターがあるので，プルトニウムは外部に出ず，量も軽水炉と同等である，何よりも「プルトニウムの毒性と核兵器転用の可能性から生ずる危険性は，限定され制御できる」（§75）。危険性を制御できるかぎり，生命，健康，財産という基本権が侵害される可能性はなく，また国家権力は基本権保護の義務を果たせるのだから，原子力法も基本法には違反しないことになる。

　したがって，決定主文もきわめて簡潔である。すなわち，「原子力法の第7条第1項および第2項は……それがいわゆる高速増殖炉型の原発の認可を許可するかぎりで，基本法と適合する」（§1）という簡単なものである（ここには2つの論点，原子力法の合憲性と認可の妥当性が含まれているが，前者は省略し，後者だけを検討する）。

　さて，決定は核技術と原発が一般的な技術とは根本的に異なることを強調している。まず対象となる核分裂物質には「まだ広範に未解明の危険性と危険があり……この危険の可能性とその制御可能性に関して科学的・工学的・技術的な認識水準と経験の水準は不充分である」上に，「その危険性の潜在的可能性が高い」（§133）。危険性には広範な未解明の部分，つまり未知の危険性があり，しかもその危険性の程度は高い。一般的技術の場合にも当然未解明の部分があり，危険性もある。しかし，核分裂物質の場合にはその程度が質的に異なるのである（だから，ヨーロッパ条約でも原子力法でも国家による特別の監視・制御を求めている。§133）。言い換えると，核分裂物質に関する科学的認識の水準において特段の差があるということに他ならない。次に，解明されている

危険と危険性に起因する危害の程度も異なる。それは核エネルギーの平和的利用開始の時点から，原発および高速増殖炉，核燃料サイクル，核廃棄物の最終貯蔵を包括する核エネルギーの利用全体に関わる危険，とりわけ圧力容器の破砕，炉心溶融，水蒸気爆発などの重大事故，それに伴う大量の放射性物質の放出による危害の深刻さは充分に認識されていた。だからこそ，1959 年の原子力法もすでに，「この法の目的は……生命，健康，財産を核エネルギーの危険と電離放射線の有害な作用の危険から防護し，核エネルギーないし電離放射線に起因する危害を除く」ことにあると明確に定めたのである（第 1 条第 2 項。AtG, 1959 : 816）。ましてや未解明の危険と危険性による危害については言うまでもない。第 3 に，危険からの防護，危険性に対する事前配慮，危害の除去，要するに安全性を確保する技術的措置，制御可能性に関しても，根本的に異なる困難がある。

　したがって，核エネルギーの利用にあたっては最高度の厳格さと慎重さが求められる。というのは，第 1 に，生命，健康，財産が基本権として基本法によって保護されなければならないからである。これがもし侵害されれば，人間が自分の尊厳を守り人格的自由の発展を実現することはできなくなる。そして保護する主体は国家権力であり，保護は国家権力の義務である。すなわち，「人間の尊厳は不可侵である。それを尊重し保護することはすべての国家権力の義務である」（基本法第 1 条第 1 項）。「誰もが自らの人格性を自由に発展させる権利をもつ」（第 2 条第 1 項）。「いかなる場合であっても基本権はその本質的な内容において侵害されてはならない」（第 19 条第 2 項。GG, 2014 : 1, 5）。第 2 に，基本権の保護のためには，核エネルギーの危険から防護され，それに起因する危害を免れていなければならない。つまり，原発の建設と運転が認可されるためには，決してありえないことではない危険と危害を免れていることが当然の前提条件となるはずである。そしてその具体化として，原子力法は認可条件の 1 つとして次の明文規定を置いている。「認可が与えられるのは……科学と技術の水準に照らして要求される，施設の建設と運転による危害に対する事前の配慮がなされている場合だけである」（第 7 条第 2 項 3。AtG, 1959 : 816）。基本権保護との関連で，危険と危険性からの防護は当然のこととして，危害に対する事前配慮が確かに必要な前提条件とされ，危害の回避がなされる

ことが想定されている。そしてそのことをカルカール決定も再確認するだけでなく、より厳格かつ明確にしている。「たとえ事前配慮、危害……危険、残余の危険性がどのように規定されようとも、……施設の設置と運転が基本権を侵害するような危害をもたらす場合には、法律は認可を排除している。そのかぎりで法律はいずれにせよ、施設特有のいかなる種類の残余の危害ないし最小の危害も許容していない」(§122)。この原則から要請される事前の配慮の措置についても、技術的措置をとる義務があること、措置をとることができない場合には認可もできないことを明言している。すなわち、「最新の科学的認識に照らして必要と見なされるような、危害に対する事前の配慮がなされなければならない。それが技術的にまだ実現できない場合には、認可は許されない。したがって必要な事前の配慮は、現時点で技術的に実行可能なことによって制限されてはならない」(§116)。理論的、とくに物理学的に予見される危険性は、残余の危険性などではなく、事前配慮を必要とする危険性であり、したがって残余の危険性はきわめて狭く解釈される。また「想定される最大の事故」(GAU (ガウ): Der grösste anzunehmende Unfall) という非科学的で曖昧な概念も顧慮していない。ここまでは基本法と原子力法の精神に則った、きわめて厳格で、かつ妥当な解釈である。

 ところが、その同じ決定は、過去の判決や研究を踏まえて、次のように解釈し、総括的なまとめをする (§127。後論との関係で、前段と後段に分ける)。まず前段、「立法者〔=議会〕は、可能な最善の危険防護と危険性の事前配慮の原則を定め、〔最新の〕科学と技術の水準に照らして、そのような危害事態が実践的に排除されると思われる場合にだけ、認可を許可するという基準を定めている。このような実践理性の閾を超えた不確実性の理由は、人間の認識能力の限界にあり、この限界は不可避である」。次に後段、「そのかぎりで社会的に妥当なものとしてすべての市民が甘受すべきである」。

 決定は科学的・理論的な認識の水準と技術的実践の水準に分けて論ずる。
 まず、ある核施設の危険性の認識は、たとえ「最新の科学的認識」(§116) に因るとしても、「通例重要となる立地条件と並んで、きわめて多数の要因とそれらの作用連関に依存している」。その要因とは、たとえば計算方法、施設の堅固さと圧力耐性、材料と装置の危害発生頻度、技術的手順から多重の負荷

の探索に至る故障の発生頻度,人間の対応の評価である。さらに「これらの多数の要因は,科学的,工学的,技術的発展の進歩とともに,絶えざる変化に服している。〔したがって〕ある具体的な危険性の評価は,すべての危険性の要因の作用連関とそれら危険性要因の抑制に対する可能な備えを考慮する場合にだけ行える」(§120)。しかし,人間はすべての要因を知ることが原理的にも(既知の世界が広がれば広がるほど,未知の世界も広がる!),経験的にも不可能である。ましてや危険性要因の諸々の関連や制御など言わずもがなである。つまり,未知は無限になくならないという絶対的制約がある。当然の結果として,危険性の要因を抑制し制御する可能な備えにも本質的な限界があることになる。これに加えて経験的な限界もある。というのは,専門家の間でも認識の異同,対立,矛盾,したがって論争が存在するのが通例であり,「自然科学的・技術的な確認と判断の領域では認識の空隙と不確実さが不可避的」だからである(§117)。

　次に,ある核施設の「将来の危害の可能性」の認識に関して言えば,「過去に実際に起こった出来事の観察に基づく推論,〔危害〕発生の相対的確率,将来における同じような出来事の同じような経過」に頼るのだが,「それに関する充分な経験的基盤が欠落している場合には,〔コンピューター・モデルを使った〕シミュレーションによる〔出来事の〕経過に制限される。このような類の経験知は……人間の経験が完結していないかぎり,いつでも漸近知でしかなく,それは完全な確実性を媒介することはなく,あらゆる新しい経験によって修正可能なものであり,そのかぎりでいつでも,否定しがたい誤りの可能性の最新の水準上にしかないのである」(§126)。このような一般論に加えて,漸近知自体について「通例専門家の矛盾する鑑定〔がなされ〕……科学的な論争問題〔が生まれる〕」(§117)という事態も考慮しなければならない。

　最後に,技術的実践,つまり危険性と危害の具体的排除,したがって安全性の確保の問題がある。一般的な技術は,経験的な学習過程や試行錯誤を積み重ねて,「普遍的に承認された規則」をつくりだすが,この規則に示される基準は「つねにさらに進歩する技術的発展に後れをとり」,したがって「技術者間の意見の対立が発生」し,また新たな規則が成立するという発展過程をたどる(§114,§120,§115)。それと対比して,核技術の特殊性は,原発での実験と

いう経験的学習ができない点にある（深刻な影響をもたらす事故を意図的に起こすことは絶対に許されない！）。したがって，科学的認識の水準と同じくシミュレーションによる漸近知にしか到達できない。そして対立する専門家間の論争が発生するのも通常の科学的認識と同じである。

　決定が指摘したように，2つの水準で人間の認識には理論的にも実践的にも限界がある。つまりこの限界の彼岸にある「残余の危険性」を排除できないのである。しかし，残余の危険性の内容は不確定で認識できないとしても，唯一確かなことは，残余の危険性が存在するという認識が成立している点である。ここで決定と原告の主張は分岐する。原告は，残余の危険性が存在するかぎり，基本権を侵害する可能性のある危険性も排除しなければならない，つまり安全性を最優先し，核エネルギーの利用を断念しなければならないと主張していた。決定はこれとは正反対に，核エネルギーの利用を前提するかぎり，絶対的安全性はありえないのだから，残余の危険性を甘受しなければならないと判断する（「技術的施設の許可とその運転からひょっとしたら起こるかもしれない基本権に対する危険性を，絶対的安全性をもって排除するということは，人間の認識能力を見誤り，国家による技術利用の許可すべてを追放することと同じであろう」（決定主旨6，§126））。

　言い換えると，決定は残余の危険性が基本権に危害を与えない，あるいは与えないようにすることができると判断していることになる。しかし，未確定の残余の危険性の内容を人間は認識できなかったのではないか。つまり，未確定の内容を確定（基本権を侵害しない，あるいは侵害しないようにできる）しているのではないか。これは論理矛盾である。ところが，決定は，州政府の裁量権の問題にすり替える。すなわち，「原子力法第7条第2項3の規則は……施設の設置ないし運転による残余の危害を許容しない〔原則！〕とする一方で，ある将来の危害の蓋然性が確実に排除されない場合にも認可を許す〔適用！〕としている。……原子力法はどのような残余の危険性を認可の授与にとって甘受してよいかについて自ら規定せず……許容するか否かの危険性の程度についての決定を行政に委譲している」（§119）。「充分に明白なことは，立法者〔連邦議会〕には原則として，施設と運転に特有のあらゆる種類の危害，危険，危険性を考慮に入れる意思がある。〔だが，権限をもっている州政府による〕認可に際し

ては甘受してもよい危害事態の発生確率はできるだけ低く，しかも危害の種類と結果が重大であればあるほど，それだけいっそう低くしなければならないということである」（§120）。これは法体系の論理的一貫性に抵触する。

いずれにせよ，ベルリン連邦憲法裁判所の「残余の危険性受忍」論の危険性は，原発推進派が政・官・学・メディアで圧倒的多数派を占め，しかも情報の非対称性が厳然たる事実として存在する以上，明々白々と言わなければならない。実際，警察・国境警備隊の武力を使った原発新設の強行がそれを如実に示している[7]。だが，もう1つ別の難問が立ちふさがっていた。

5 （再）処理なくして原発なし――ブロークドルフ判決
　　（1976年12月15日，1977年10月17日，12月20日，1978年2月3日）

1976年12月15日，シュレスヴィヒ行政裁判所がブロークドルフ原発の設置認可を暫定的に停止したのに続いて，翌年10月12日，12月20日，リューネブルク上級行政裁判所も放射性物質の処理問題が未確定であることを根拠として，建設の一時停止の決定を下した（Albers, 1980 : 78, 208ff. ; Jufuku, 2013 : 244）。その直接的な根拠は，1976年8月30日の原子力法第4次改訂にあった。すなわち，新たに挿入された第9a条によれば，(1) 放射性残留物質の危害なき利用と，放射性廃棄物の除去，(2) 放射性廃棄物を含む使用済み核燃料に対する充分な事前配慮，(3) 中間貯蔵所における使用済み核燃料並びに放射性廃棄物の安全性の証明，(4) 州による中間貯蔵所，連邦による放射性廃棄物最終貯蔵所の設置等が義務づけられた（Albers, 1980 : 203）[8]。

それと同時に連邦議会は，1976年6月，連邦政府に対して1年後までに処

---

7)　ただし，SNR300の建設それ自体に関しては，1978年12月14日，連邦議会が，建設は継続するが，運転については再度の決定まで保留すると決定すると同時に，専門家調査委員会で検討することを決議した（Jufuku, 2013）。

8)　しかし，すでに1959年の時点で基本法は，放射性物質の除去について明確に規定していた。第74条第11a項によれば，「平和目的のための核エネルギーの生産と利用，この目的用の施設の建設と運転，核エネルギーの放出に際して，または電離放射線によって発生する危険の防御，放射性物質の除去」が連邦と州の競合的立法の対象とされている（Ebd.: 236）。

理センターの準備について報告を求めた（Tiggermann, ²2010：316, Anm. 316）。連邦政府研究・技術省も，統合核処理センター構想，すなわち「燃料貯蔵，再処理，燃料送還，廃棄物処理と貯蔵という空間的に完結した処理システム……中・高レベル放射性廃棄物の中間貯蔵と最終貯蔵〔を含む〕」（DWK, 1979；11-12）具体的な計画と立地選定作業を進めていた（次項）。この背景には，連邦議会と連邦政府が元来目標としていた核燃料サイクルの体系，すなわち，原発，使用済み核燃料の再処理と高速増殖炉，高レベル放射性廃棄物の最終貯蔵という三位一体の核エネルギー政策が遅々として進まないという事情があった（再処理を担う化学産業が費用負担を理由にしり込みしていたことも一因であり，電力業界も必ずしも一枚岩ではなかった）。しかし，核燃料サイクルが実現しなければ，エネルギー政策の根幹が崩れるだけでなく，国際競争力をもった輸出産業としての発展もない。そのかぎりで議会と政府にとっても，またエネルギー産業界にとっても統合核処理センターの実現は焦眉の課題となっていたのである（Gorleben, 1979：9-10）。

　10月の決定でリューネブルク裁判所は，原子力法第7条第2項3と第9a条に基づいて，使用済み核燃料による第三者への危害に対する防護義務が原発の設置者と運転者にあるとした上で，そこから「放射性残留物質の危害なき利用とその放射性廃棄物としての秩序ある除去」を義務とし，次のような結論を導き出した。すなわち，「連邦と各州に課せられた義務は，原発の設置に際してあらかじめ予定されていなければならない使用済み核燃料による危害に対する包括的な事前配慮の一部である。……連邦の立法者は，新しい原発の設置認可が処理に際しての事前配慮の進展次第であるという意図を追求している」（Albers, 1980：208-209）。

　言い換えると，処理問題を解決するための具体的な実践に着手していないかぎり，原発の新設は認めないということである。1978年2月の決定ではさらに進んで，増設の認可条件ともしている（Ebd.: 211）。したがって，連邦政府が原発の新増設を進めようとすれば，先の統合センターの実現に向かって一歩を踏み出さなければならないのである。

6　国際シンポ「ゴアレーベン公聴会」
　——ドイツ核政策の挫折の始まり

　核処理施設に関しては，すでに1967年からアッセIIで低レベル放射性物質の貯蔵が行われていた（中レベルは1972年から）のだが，再処理と最終貯蔵を含む総合的な計画に関しては，1972年以来，研究・技術省が主導して処理センター計画を練っていた（Tiggermann, ²2010 : 373）。核燃料再処理会社DWKの計画によれば，同社が使用済み核燃料の受入・貯蔵と再処理，および廃棄物の中間貯蔵と社会基盤整備を担当し，連邦政府が最終加工と廃棄物の最終貯蔵を，そしてアルケム社がプルトニウム貯蔵を担うことになっていた（最終確定は1976年5月である）。研究・技術省が1974年4月に最初の「統合処理センター」計画の発表を行い（DAtF, 1976），翌年には核燃料再処理会社の調査に基づいて，ゴアレーベン，ヴァーン等の塩鉱が調査対象とされた。そしてニーダーザクセン州政府と州首相アルプレヒトも1975年以来，独自の研究と複数の立地調査を進めていた。だが，1976年1月，エムス新聞で核燃料再処理会社の計画が発表されると，ヴァーンでは連帯行動組織が結成され，核燃料再処理プロジェクト社による4600万マルクの営業税収入と2500～3000人の雇用という宣伝に対して，農産物・乳製品の風評被害と外国人労働者への不安，何よりも事故の危険性を主張して対抗した。近くのヴィッピンゲンでも5月には「核エネルギーの産業的利用に反対する」市民イニシアティブが結成され，試験ボーリング作業を中止に追い込むと同時に，専門家から事故の可能性や放射線の危険性について学習した。アルプレヒト首相は，訪問先のパペンハイムで1500人の再処理反対デモに迎えられ，複数の市町村を包括する郡議会も一致して拒否した（Tiggermann, ²2010 ; 232, 313, 373, 394-399, 403-405, 592, 779-782）。その間の1977年，ドイツ核燃料再処理会社の設立に伴って，計画は本格化する。

　住民による受け入れの困難さ，アルプレヒト首相の憂慮を承知しながらも，シュミット首相とマットヘーファー研究・技術相は先頭に立って当初の計画を推進する。1976年11月，研究・技術相，マイホーファー内務相，フリーデリクス経済相がニーダーザクセン州政府を訪問し，アルプレヒト首相に「近々の

立地指名」を受諾させる。彼は，住民の反対運動の広がり，政治不信の深刻さも自覚しており，複数の市民イニシアティブとも意見交換を行っていたが，ついに 1977 年 2 月 22 日，ゴアレーベン処理センターの設置申請を検証する用意があると発表し，「統合処理センターが根本的に安全技術上実現可能かどうかの問題を，原子力法上の手続きとは独立して検証しなければならず……何よりも住民の安全が優先されなければならない」と宣言した（Gorleben, 1979 : 185）。すぐさま批判と抗議の声があがり，3 月 12 日には 2 万人が参加する集会が開かれ，その後も反対運動は継続的に発展していく。だがドイツ核燃料再処理会社が，3 月 31 日，再処理施設の認可申請と同時に『安全性報告』を提出すると，10 月には連邦の原子炉安全委員会と放射線防護委員会も「ドイツ内外の経験に照らして実現可能」という評価と勧告を出し，連邦政府もそれが「客観的な科学と技術の水準に基づいて」おり，『処理報告』を「処理計画の継続的でひたむきな実現に邁進する」と結んだ（Ebd.: 195–196）。

　しかしながら，アルブレヒト首相は他方では，このような事態の推移に満足していなかった。というよりも彼は，独自の検証に固執していた。すなわち，1976 年 9 月から 11 月にかけて，シュミット連邦首相に対して計画に関する「公式非公式の鑑定書その他の資料を請求」すると同時に，「ヨーロッパ共同体内外の〔反対派も参加する〕……公聴会」を考えていたからである。予定地買収が始まった 1978 年 1 月にも彼は，「計画の認可は周辺住民の安全が保証される場合だけである」と発言し，6 月の州議会選挙でも「決定は批判派の鑑定に委ねる」と確約した（Tiggermann, ^{2}2010 : 403–404, Anm.127 u. Anm.128, 610）。実際に彼は，1978 年 1 月，「ドイツ核燃料再処理会社の『安全性報告』と原子炉安全委・放射線防護委の『評価と勧告』を独立かつ批判的に検証し……しかも国際的な水準を考慮する」ことを決定し，海外の専門家に対して「核処理センターが安全技術上根本的に実現可能かどうか，……その建設と運転に必要な科学的・技術的な基礎が国内的・国際的な水準で現存するかどうかの問いに答える」ことを正式に要請した（Hatzfeld/Kollert/Hirsch, 1979 : 10–11）。州政府官僚の抵抗や妨害にもかかわらず，数週間のうちに 20 人からなる海外の専門家チームが結成され，彼らは翌年 1 月には『ゴアレーベン国際レビュー報告』（以下，『国際報告』）をまとめた。

ゴアレーベン・トラクター行進（1979年3月25日〜3月31日）

1978年1月から始まった予定地買収に続き，翌年3月14日に始まった浅層ボーリングに対して，「ボーリング開始は建設開始 Bohrbeginn ist Baubeginn」，「ゴアレーベン，生きるべし Gorleben soll leben」をスローガンに各地で激しい反対運動が続いた（ゴアレーベンの市民イニシアティブはボーリング地点を封鎖し，40都市でデモが行われた。ヴィールのトラクター・デモ，ベルリンの自転車デモ，オッフェンバッハの「電力連合社」前デモなど）。そして，3月25日，2000人で始まったリューホフ・ダンネンベルク郡の農民を中心とする地域デモはリューホフでは5000人に膨れ上がった。翌26日，500台のトラクターを中心に自動車，自転車によるデモ行進がハノーバーまで続いた。31日の10万人デモの告示には「アルプレヒト博士，われわれはやってきたぞ」と書かれ，統合核処理センター計画の中止が宣言された。その後，4万8000の人口を抱える同郡では2万人が反対署名を提出した（Ebd.: 607-608, 648）。

国際シンポジウム（1979年3月28日〜4月3日）

ニーダーザクセン州政府主催の公聴会は，スリーマイル島原発事故と同じ28日に始まった。著名な核物理学者カール・フリートリッヒ・フォン・ヴァイツゼッカー[9]を議長として，世界中から批判派25人（内ドイツ人5人），推

---

[9] 彼が公平な議長役を務めることができた1つの要因は，この時期が決定的な思想的転換過程にあたることも大きく影響している。すなわち，彼は1970年代を通して，核エネルギーの推進派から批判派に転換したのである。その経過を彼は次のように回顧している。「私は学問的出自からして，1970年代初めは自発的な核エネルギーの支持者であった。もちろん1968年には戦争時の核施設の防護のために眠れない夜もあった。1974年から1975年の冬，研究・技術省の顧問として必ず生じる公共的核エネルギー論争を指摘した。核エネルギーに対する公共的批判が語られる形態を，私は差別なくありのままに受け入れた。……私は，現在でもそうだが，核エネルギーの物理学的危険を暴力行為，とりわけ戦争との関係だけで見ていた。1970年代の私の発言ではつねに，この危険に対する技術的な安全性を不可欠なものとして要求していた。……だがこの要求は何の効果もなく，その間に私は，この要求が満たされるという希望を放棄した。
　現在私は確固として，主要なエネルギー源としての太陽エネルギーを支持し，技術的に可能なエネルギー節約に賛成し，主要なエネルギー源としての核エネルギー賛成の決

進派37人（同15人）の専門家が参加し議論した（**表2**）。

アルブレヒト首相は開会の挨拶で、「問題は統合処理計画の安全性の問題である。……施設の周辺で生活する人間や施設で働く人間が危害を受けてはならない。……シンポジウムの課題は、第1に、この決定発見過程で賛否の論拠がどの程度真剣に比較考量されるか、誰にとっても明白になることだ」と語り、対象をゴアレーベン計画にできるだけ限定した上で、ここで得られた情報と論争が政治的意思決定にとってもつ意味を強調した（15）が、討論の過程でその目論見は綻びを見せることになる。主要な論点、論者と論争に限定して、その過程を分析する。

①核エネルギーは必要か？
- ヴェストファーレン連合電力代表のクニッツィアは、充分なエネルギー供給のために、脱石油・脱天然ガスのために、第三世界が化石燃料を利用できるように、高度技術による製品製造のために、職場の構造改革のために、核エネルギーが必要であり、さらにもっとも環境に親和的であると主張し、とくに廉価であるために、競争力を向上させ雇用を確保すると強調した。「できるだけたくさんの石炭と核エネルギーで電力・ガス供給をすべきである。エネルギー不足は、世界の資源紛争と南北対立の激化、第三世界の貧困と飢餓の増大、森林伐採・水資源枯渇など環境劣化をもたらし、ドイツでは生活水準の低下、雇用削減、環境保護の後退をもたらす」（40）。
- 批判派のロビンス（イギリス「地球の友」代表、物理学）は、エネルギーの節約と効率的利用によって、少ないエネルギー消費でも生産性は向上すると反論した。そしてクニッツィアは1次エネルギー需要だけ考えているが、最終消費の多様な形態を考慮すべきで、たとえばドイツのエネルギー需要の75％は熱であり、輸送燃料も入れると93％になる、経済的に有効

定に反対する。同様に化石燃料を長期的な未来のエネルギー源と見なすことはできない。……私は遠い将来核エネルギーが人類にとって重要な役割を果たすことを排除できないし、また排除する意思もない。ただし前提がある。それ以前に世界の平和が政治的かつ文化的に、つまり人間の行動のなかで保障されるならという前提だ。これがいつ実現されるのか、現在誰にもわからない」（Meyer-Abich／Schefold、²1986：15–16）。

表 2　公聴会参加者一覧

	批判派（『ゴアレーベン国際報告』の構成員で，ハノーバーの公聴会に参加）		
番号	氏名	所属・身分	専門領域
1	ディーン・エイブラハムソン博士	アメリカ・ミネソタ大学教授，スウェーデン産業大臣に委員会顧問，ストックホルム・エネルギー委員会顧問等	物理学, 医学
2	フランク・バーナビ博士	ストックホルム国際平和研究所所長，核兵器・軍縮関連出版物の編集者・著者	核物理学
3	ジャン・バイア博士	アメリカ・プリンツソン大学環境研究センター	核物理学
4	ジョナサン・カレンダー博士	アメリカ・ニューメキシコ大学教授	地質学
5	トーマス・コクラン博士	ワシントン・天然資源防護会議上級研究員，エネルギー庁顧問等	物理学
6	パウル・ホーフゼート	ノルウェー環境省エネルギー部門責任者	
7	チャールズ・ハイダー博士	ニューメキシコ・アルブケルク南西研究・情報センター研究員	天文・地球物理学
8	トーマス・ヨハンソン博士	スウェーデン・ルンド大学教授，スウェーデン核兵器監視委員会副委員長	物理学
9	グレゴリー・ジョーンズ	ロサンゼルス研究所研究員	核不拡散問題
10	イヴェ・ルノワール	パリ鉱業大学講師	技術学
11	オレ・リンドストレーム博士	王立ストックホルム技術研究所教授	化学
12	エイモリー・ロビンス	国際機関顧問等（ロンドン）	物理学, 資源供給・ソフトエネルギー
13	カール・モーガン博士	アトランタ・ジョージア技術研究所教授，テネシー・オークリッジ国立研究所放射線防護部門責任者（1943～1972年），専門誌『保険物理学』創刊，国際放射線防護委員会協力研究員	
14	ウォルター・パターソン	フリー・ジャーナリスト，「地球の友（ロンドン）」エネルギー顧問	核物理学
15	マービン・レスニコフ博士	ニューヨーク州立大学レイチェル・カーソン校教授	物理学
16	ジーン・ロシュラン博士	カリフォルニア大学バークレー校ガバナンス研究所教授	物理学
17	ジャン＝ポール・シャピラ博士	フランス・オルセー核物理学研究所，国立科学研究センター研究部長	核物理学
18	ポール・シーガルト	弁護士，イギリス人権研究所所長，ブリティッシュ・カウンシル（科学と社会）副議長	人権法
19	アリス・スチュワート博士	医師，バーミンガム大学上級研究員，母親の被ばくと関連した子どものガン事例について最初の大規模な調査を実施	
20	ゴードン・トンプソン博士	オックスフォード政治的エコロジー研究グループ	物理学
21	ディーター・フォン・エーレンシュタイン博士	ブレーメン大学教授	核物理学（原子核構造論）
22	ヴァルター・ヘルプスト博士	前フライブルク大学放射線研究所	遺伝学
23	フリートリッヒ・マウテ博士	ハノーバー地質学・古生物学研究所	地質学
24	リューディガー・シェーファー博士	ブレーメン大学教授，行政裁判所における告訴人の専門参考人	数学
25	ゲオルク・ヨハンゾーン学士	原子力法に基づく認可手続きの専門家（ブレーメン）	技術学

（出典：Hatzfeldt/Hirsch/Kollert, 1979：199-205）

反批判（＝推進）派（公聴会に参加）			
番号	氏名	所属・身分	専門領域
1	A. L. エイヤース	アメリカ・サウスカロライナのバーンウェル再処理施設を建設した核サービス連合社（AGNS）の安全技術措置部門責任者	化学＝技術学
2	T. J. バレンドレークト	モル（ベルギー）・ユーロケミック（EUROCHEMIC）の共同研究員	再処理
3	ジョージ・バル	ニューメキシコ・アルブケルクのサンディア研究所	物理学
4	F. バウムゲルトナー博士	マインツ大学教授，カールスルーエ核研究センター高熱化学研究所責任者	
5	カール＝ハインツ・ベックルツ	ユーリッヒ核研究施設所長（1970年～）	物理学
6	ベルンハルト・コーエン	ピッツバーグ大学教授，アメリカ物理学協会会長	核物理学
7	エミール・デティーユ	モル（ベルギー）・ユーロケミック責任者，ベルギー・リュティッヒ大学教授	
8	ルドルフ・ディートリッヒ	ハンブルク GKSS 建築技術研究所の本部助手・共同研究員	技術学
9	F. R. ファーマー	イギリス核エネルギー庁安全性委員，ケンブリッジ大学	数学・物理学
10	イアン・A. フォーブス	ウォルサン（アメリカ・マサチューセッツ州）エネルギー研究グループ（ERG）の技術責任者	
11	フレムリン	イギリス・バーミンガム大学教授	放射線医学
12	アンソニー・ギャレット	（アメリカ・ワシントン）	核廃棄物の固形化，深層貯蔵，ガラス閉じ込め
13	ヤン・ハムストラ	オランダ・ペッテンエネルギー研究センター技術部門責任者（20年間）	機械装置＝技術
14	ヴェルナー・ヒルト博士	ユーロケミック社，カールスルーエ核研究センター放射性廃棄物研究グループ前責任者	核化学
15	ギュンター・ヘーライン	カールスルーエ核研究センター廃棄物処理責任者（5年間）	
16	ニールス・ホルム博士	デンマーク国立リサ研究所所長	放射線物理学
17	ヴォルフガング・ヒューブッシュマン博士	放射線防護委内委員会「排気の負荷」委員長，カールスルーエ核研究センター	機械装置＝技術
18	ヴェルナー・フンツィンガー博士	スイス保健庁，（原発・再処理施設を除く）放射線防護部門責任者	核物理学
19	クラウス・クニッツィア博士	ヴェストファーレン連合電力社長，ドルトムント大学教授	
20	クラウス・キューン	放射線・環境研究協会の深層貯蔵研究所責任者（1973年～）	鉱業技術
21	デービッド・レスリー	ロンドン大学クイーン・メアリー校教授	核技術
22	ロジャー・リンネマン	フィラデルフィア・放射能管理社	放射線医学・核医学
23	トーマス・ロムニック	オークリッジ研究所	廃棄物隔離
24	ヴェルナー・ルッツェ博士	ベルリン・ハーン＝マイスナー研究所原子炉化学研究グループ責任者	
25	マーガレット・マクシー	デトロイト大学准教授	生命倫理
26	ウィリアム・マクレーン	オークリッジ研究所	地質学
27	ヨハネス・マイスナー博士	キール大学名誉教授	生物物理学
28	ロバート・ニューマン	アメリカ・核サービス連合社（AGNS）社長	
29	ウォルトン・ロジャー博士	オークリッジ研究所	化学，放射性廃棄物貯蔵
30	ルドルフ・ロメッチュ博士	とくに核拡散防止条約に関する国際原子力機関監視官（～1978年），スイス国立放射性廃棄物貯蔵協会会長（1978年～）	
31	ゲルハルト・リヒター＝ベルンブルク	連邦地質学・資源庁前長官（現在退職）	地質学
32	ヴァルター・シュラー博士	核燃料再処理協会	化学
33	ヴォルフガング・シュトル博士	アルケム社支配人	
34	アルフレッド・シュトラッサー	アメリカ・シュトラー社燃料技術部門責任者	
35	クリスティアン・シュトレッファー博士	エッセン大学病院教授，ドイツ・レントゲン協会研究会「放射線生物学」委員長	医学放射線生物学
36	ピート・ヴェルツェボーア	オランダ・デルフト工科大学教授	鉱業技術
37	パウル・ヴィンスケ	アーヘン工科大学電力施設・エネルギー経済研究所主任助手	機械装置＝技術

な電力利用分はすでに提供されている，しかもドイツには再生可能エネルギーが最善のエネルギー源だと述べて，とくに次の点を強調した。すなわち「たとえ私の論拠が間違っているとしても，つまりより多くのエネルギーと電力が必要だとしても，核エネルギーの必要性は正しくない。ドイツにはすでにコージェネレーション〔熱電併給〕があり，とくに北部では風力発電の可能性が高い。……多くの国際的研究によれば，再生可能エネルギー源で長期的なエネルギー需要全体を賄える。『エネルギー年次報告』では，商業的に利用される再生可能エネルギー源は，ドイツでははるかに安く，急速に，安全に，安定して供給でき，また多くのよりよい雇用を生み出す」，「クニッツィアは50年後に7倍の電力供給が必要だとするが，それは2年で1000メガワットの施設をつくることになり，投資は不可能で，しかも世界の化石燃料需要を低減できない」(42)。これに対するデンマーク国立リサ研究所所長ホルムの応答は重要である。「アルブレヒト首相。ロビンスのシナリオへの反論が重要だ。あなたの決断に影響するからだ」(46)。というのは，ロビンスは核燃料サイクル政策に対する真の対案がソフト・エネルギー・パスであることをはっきりと認識しており，したがって逆にロビンスのシナリオを論駁しなければ，ゴアレーベン計画も頓挫することを自覚していたからである。

②再処理は必要か？
◦ ㋐ 再処理によって貯蔵すべき廃棄物の量と危険性は減少するか？
• クニッツィアによれば，再処理したウランとプルトニウムの（軽水炉および高速増殖炉への）再装塡によって，利用できるプルトニウムの量が劇的に減少する。使用済み核燃料からのウランとプルトニウムの分離によって，最終貯蔵される放射性廃棄物の潜在的危険性が大きく減ずる（というのは，その特有の性質に応じて，適切な処理と貯蔵が可能になるから）。再処理の過程で再利用できる核燃料の分離によって，放射性廃棄物の最終貯蔵が容易になる（長期寿命の発熱物質の少なくとも半分を使用済み核燃料から分離することで，再利用されない廃棄物だけを貯蔵するから）。したがって，ドイツの産業的再処理施設の早急な実現が有益かつ必要である(46)。

- ユーリッヒ核研究施設代表のベックルツは，ガラス固体化された高レベル放射性廃棄物が使用済み核燃料と比べて，最終貯蔵物質のより適切な形態であることは証明済みであり，プルトニウムのリサイクルを伴う再処理は，貯蔵されるプルトニウムの量を低減させると主張する。またこれは放射線の長期的な危険性を顕著に減らし，結果的に貯蔵所の発熱を大きく減らす。さらにこの貯蔵所では，ほとんど見通しのつかないほど長期の監視を必要とするプルトニウム鉱山，後続の世代が比較的容易にアクセスできるプルトニウム鉱山を生み出さない（46-47）。
- 『国際報告』は，再処理の危険性を具体的に指摘している。ある使用済み核燃料内のプルトニウムの量——5kgないしそれ以上——が，潜在的にきわめて深刻な放射線の危険であることは疑いを入れない。……再処理は高度に不可侵的な構造体（使用済み核燃料）を切断することから始まり，これによって即座にガス状の核分裂生成物が放出されるが，……このような放出は燃料を切断しないことで防げるか，あるいは減少させられる。……再処理という化学的操作は，高レベル放射性廃棄物を含む統合された稠密な形態（使用済み核燃料）を破壊し，大量の固形と液体の化学的化合物に分解する。その量はとても大きいので，一定量の最低限の放出は不可避である。再処理とMOX燃料の製造は，超ウランによって汚染された大量の固形廃棄物——さまざまな放射能を帯び，これは除去されなければならない——を生み出す。再処理から出る固形の高レベル放射性廃棄物の量は，使用済み核燃料の量よりはるかに多い。……使用済み核燃料は再処理によって相対的に安定した形態から，化学的に反応度がより高く，潜在的に流動的な形態に変化するので，貯蔵にはより複雑で，危険かつ高価な措置が必要になる。この不利益は高レベル放射性の液体の固体化によって克服されなければならないが，これは，もともとの切断と溶解によって失われた，一定程度の物質的統合性を再建するということになる。さらに，もっとも重大な発熱同位体の98％以上を廃棄物全量の0.2％に濃縮すること——使用済み核燃料よりも2倍の濃縮——は，最終貯蔵所における重大な熱問題を引き起こす可能性がある（47）。
- 推進派は，再処理と再装塡によってプルトニウムが消費され無害化される

という点を強調する（48）が，批判派の理解は正反対であり（たとえばカリフォルニア大学バークレー校の物理学者ロシュランは，次のように反論している。プルトニウムをリサイクルすると，原子炉毎年毎の廃棄物内のプルトニウム量は増大し，新燃料内のプルトニウムが増えれば増えるほど，使用済み核燃料内のプルトニウムも増える。このプルトニウムの一部を分離加工すれば，それをあちこちに貯蔵し輸送することになり，広範に分散される），アルプレヒト首相も最終的には，この批判の一部を認めることになる（後述）。

- ⑦ 再処理によってMOX燃料を軽水炉で利用すれば，ウラン資源の節約になるか？
- クニッツィアによれば，処理センターは浪費社会から決別し，価値ある原料の集約的利用に向かう，政治的に画期的な出来事だ。使用済み核燃料に96％以上含まれている再利用可能な原料の再処理を断念することは……使用済み核燃料の直接最終貯蔵によって貴重なエネルギー生産資源を浪費することであり，ベックルツも近い将来の世界的なウラン不足に直面して，このような大量のウランの節約がきわめて重要な役割を演ずることを強調する（49）。
- 『国際報告』とアメリカの核不拡散の専門家ジョーンズは，再処理に代わる代替策を提案するが，この点もアルプレヒト首相が最後に傾聴する要点である。つまり，ゴアレーベン計画は再処理の危険性を正当化できないし，何よりも「エネルギー供給を保証し電力を生産する他の可能性がある。……〔軽水炉に〕再装填する別の燃料製造方法に注意すべき」なのであり（51），より具体的に言えば，「再処理と再装填によるのと同じくらい資源を節約する方法がある。最善の方法の1つは現行世代の原子炉の改善だ。現在アメリカでは，元来の原子炉でもっと濃縮したウランを利用し，燃焼度をより高める新しい軽水炉の提案が研究されている。およそ50％のウランを節約できるだろう。……しかも，残滓になるウラン235は現在およそ0.2％だが，0.05％まで低減できるだろう」（51-52）。（ジョーンズの提案は核エネルギー利用を前提した代替案だが，『国際報告』の基調が核エネルギー利用の断念にあることは言うまでもない。）

- ㋒ 高速増殖炉は軽水炉よりも効率的か？　核燃料サイクルは必要か？
- ベックルツは，ドイツの核政策の本質を的確に表現している。「核エネルギーは，燃料サイクルを完成した場合にのみ重要な貢献ができる。もしエネルギーを使い捨てサイクルでだけ，移行期のためにだけ利用するなら，石油やガスよりも貴重なエネルギー資源を排除することになる。同時に，使用済み核燃料内のプルトニウムという〔負の〕遺産を後続世代に残すことになる。……増殖炉が次の世紀の初頭にようやく実現するという事実を理由にして，〔再処理と高速増殖炉の〕決定を先送りするのは正当化されない」(52-53)。
- 『国際報告』は再処理の危険性と非経済性を指摘して，再度代替策を提案する。1つの巨大な高速増殖炉の建設には最低でも10年を要する。ある時期にその計画を実現するとすれば，再処理（施設建設）にも同様な長期間が必要だから，再処理施設をたとえば同時期に注文しなければならない。……その間に大規模なプルトニウムの時期尚早な分離を固定化すると，経済的な損失を伴う危険性と費用が生じる。急速に再処理された使用済み核燃料の高度の放射能が再処理費用を増加させるからだ。……たとえウランのような貴重な原料の集中的利用が重要だとしても，再処理は必要ではない。というのは，決定的な次の半世紀にエネルギー供給が改善するのに役立たないからだ。しかも増殖炉の代替策，再処理なしにやっていける，現在でもウラン需要を減らす代替策がある (53)。
- ロビンスの提案はさらに具体的である。現在の進歩したコンバーター原子炉はプルトニウムの再装填なしに，次の75～100年間に高速増殖炉と同じくらい多くのウランを節約するだろう。……コンバーター戦略は実際のウラン不足が生じるまで，再処理への固定化を要しない。再処理の可能性は未定のままで，その導入を延期するのだ。これに対して高速増殖炉戦略は，ウラン不足の可能性しかないという以前に，少なくとも40年間再処理の固定化を要する。……つまり，実際にウランを節約するためには多くの高速増殖炉の運転が必要だ。処理施設の建設に10年，最初の炉心用のプルトニウムが集められる前に，10年かかる。だから必要な抱卵期間は少なくとも20年になる (53-54)。

③再処理は望ましいか？
- 『国際報告』は，現在のドイツのエネルギー政策に直結する重要な論点を提示したが，これは文字通りアルプレヒト首相の声明内容と連動することになった。すなわち，問題は再処理自体と代替策の評価である。主たる代替策は，後の再加工を目的とした無傷の燃料の長期的な中間貯蔵か，それとも適切な最終貯蔵所での永続的な貯蔵を目的とした長期的な中間貯蔵かである。後者の場合には回収可能性という代替策がある（54-55）。
- 推進派の主張は，すでに紹介したクニッツィアとベックルツの発言の繰り返しであり，代替策の検討を踏まえた反論とは言えない。すなわち，「長期的な中間貯蔵は一定の危険性と費用を伴うだけでなく，ゴアレーベン提案の即時の再処理，プルトニウムの再利用，最終貯蔵につながる廃棄物の固体化よりも大きな危険性と費用を伴う。……ゴアレーベン提案は，この型式の処理だけが生み出す核分裂物質の再獲得という利点で明白に優っている」（55）という断言に終始している。
- 再処理の経済性の問題は興味深い。というのは，ロビンスの呼びかけに応じたベックルツは自らの主張を事実上撤回せざるをえなくなったからである。ロビンスはこう呼びかけた。「首相。あなたは未整備の州にとっての経済効果にも言及されました。イギリスの核官庁および核燃料会社の代表であるジョン・ヒル卿，ドイツ核燃料再処理会社のゲルフォート博士，連邦研究・技術省の代表，このグループの人々みんなが認めたように，処理は特別な経済的利益を意味しないのです。ですから，断念する経済効果の方が確実に好ましく，失うものは何もないのです」（56）。これに対するベックルツの答は，次の通りである。「私たちが明確にしたように，プルトニウムの販売によって経済的利益を得るのがプロジェクトの目的ではなく，その課題は処理なのです。〔しかし〕再獲得した燃料のリサイクルによって，最終的には消費者が負担する生産費用は大きく減らせるでしょう」（56）。
- 最後に，『国際報告』は，現段階で統合処理計画センター案を認可することの是非について，政治的意思決定の原則的あり方に照らして重要な指摘をした。そしてこれはアルプレヒト首相の決断，とくに高速増殖炉の決定

がなければ再処理の決定もできないという根本的なジレンマの表現ともなった。すなわち、「長期的な安全性という視点からすると、ゴアレーベン提案は明白に、理性的な決定発見の根本原理と衝突する。つまり決定は、決定が無条件に必要となる以前になされてはならない。……もし決定が、無傷の燃料の切断と溶解のような不可逆的な結果を伴う場合には、根本原理にとくに注意しなければならない。使用済み核燃料に関してもっとも堅実で危険のない決定が問題である場合、特定の決定が今現在なされるべきかどうか判断することは、最高の意味をもっている。……再処理の第1段階、つまり使用済み核燃料を断片に切断しそれを溶解することは、無傷の燃料の貯蔵という処置の可能性を不可逆的に破壊する。研究が進めば、そのような無傷の貯蔵が優先されるべきかどうかに関する、もっと包括的な情報が提供されるだろう。だが、再処理に早まって固定化することは、そのような情報をまったく無価値にしてしまう。われわれの判断が後に誤りだと判明しても……帰結は重大ではない。だが他方で、不確実な判断がなされ、申請が認可され、この評価が後に誤りだと判明した場合、きわめて深刻かつ不可逆的な結果をもたらすことになるだろう」(57-58)。

④生物学的放射線の影響と核処理センターの通常運転時における放射能放出〔略〕

⑤事故と危険
- オックスフォード政治的エコロジー研究グループのトンプソン(物理学)とプリンストン大学環境研究センターのバイヤ(核物理学)は、統合センターという名前の通り、ゴアレーベンが集中立地施設であり、大量の放射性物質が集積されること、それに起因する過酷事故の発生、とりわけ燃料貯蔵プールあるいは高レベル放射性廃棄物タンクにおける冷却機能の停止を何よりも危険視する。「ゴアレーベンには〔原発〕100炉心に相当するよりもはるかに大量の長寿命の放射能があることになり、……通常の原子炉と比べて60倍のセシウム137(最悪の汚染を引き起こす物質の1つ)が貯蔵される。〔燃料貯蔵プールあるいは高レベル放射性液体廃棄物タンクの冷却停止のような重大事故を排除できない〕。……そのような事故が起きると、25年後に

はガンによる死者が出るだろうし，大地が汚染されるだろう。そうなると長期的な放射線量によって広範な避難が必要となるだろう」，「われわれは重大事故の発生確率はきわめて低い，25年間経験してきたが何も起きていないと聞かされてきた。しかし……スリーマイル島で起きていることは炉心溶融のシナリオに近い。1基で冷却材が喪失し，非常冷却も機能しなかったのだ」(79, 81)。これに対して，ケンブリッジ大学のファーマー(数学・物理学，核エネルギー公社安全委員)は，そのような事故は「捏造で，幻想だ」(81) と反論したが，両者は国際的な経験と研究に基づいて再反論した。まずバイヤ：『国際報告』の総括によれば，ドイツ核燃料再処理会社，原子炉安全委，放射線防護委，連邦内務省は，次の点で合意しているように思われる。「予測できない事件は排除される，異常な出来事(たとえば戦争行為，大型飛行機の墜落，重大な妨害，整備ないし監視不良)は，発生確率の低さゆえに排除できる，異常な事件に由来する残りの危険性は，すべて施設がドイツにもたらす利益ゆえに『受容できる』」(82)。三者の見解は，〔国際的な〕核技術内部で進展している危険性評価の見解に照応していない。次いでトンプソン：「放射性廃棄物はつねに冷却され，高レベル放射性廃棄物の貯蔵タンクは，水素ガス集積のためにつねに換気されなければならない。……燃料と電力が供給されなければ，冷却も換気もできない。もちろんしばらくこの機能を引き受けられる燃料タンクや非常用電源装置が施設内にはあるが，問題は，外部からの供給が途絶えるだけでなく，内部からも——たとえば妨害によって——中断に至った場合に，それで充分かどうかなのだ。また施設内に充分な人員がいないことも起こるかもしれない」(86)。

- 『国際報告』はこの2点に関して具体的に詳論している。〈廃棄物タンクの冷却の不全〉「冷却と換気装置が1日以上中断すれば，破局的な放出の可能性がある。水素爆発の危険も8時間で生じる。近接したタンクが破壊されるかもしれない。直接の危害によって，また放射線による汚染で修理の妨げによって施設の保守が妨げられるかもしれない。タンクの内容物が沸騰し……熱が特殊鋼の溶融点（摂氏1500度）まで上がるかもしれない。大気への直接放出もありうるが，セシウム137とルテニウム106は，6億

キュリーを上回るかもしれない」(87-88)。〈燃料貯蔵プールの冷却の不全〉「プールの水は80〜200時間で蒸発し燃料が露出する。燃料被覆材が1000度を超えると，蒸気＝ジルカロイ反応で水素が発生し，プール建屋を破壊する爆発が起こるかもしれない。すると6億キュリーのルテニウム106と3億キュリーのセシウム137が大気に放出されるかもしれない」(88)。

- スリーマイル島の炉心溶融事故，ハンフォード，ラ・アーグ，ウィンズケールの事故等の経験的実例が挙げられるなかで，核燃料再処理会社のシュラー（化学）も，「長期的な冷却不全に起因する重大事故は確実に排除されなければならない」(89)と認めて，次のような重大発言と新提案をした。その提案も，先のベックルツの提案と同じく，批判派の主張を部分的に取り入れた内容に変化し，その事実がアルプレヒト首相の考え方も変えることになった。すなわち，「もしそのような破局的惨事が起こりうるとしたら，このプロジェクトは安全技術上支持できないし，まさに政治的にできない。……液体廃棄物の貯蔵は一般にシステム的に必然ではない。これを断念して，再処理とガラス化を相互に結びつけるのだ。……強制冷却しない可能性もある。大量の燃料を乾式容器で輸送しているのだから，強制冷却なしに燃料も貯蔵できるのだ」(90)。この発言を受けて，すぐさま批判派のシェーファー（ブレーメン大学，数学）が，「討論の過程で構想の転換が提起されている。シュラーによれば，ドイツ核燃料再処理会社の安全報告で提案された計画は安全技術上根本から実現不可能なのだ」(90)，と新提案の重大性を確認した。

- アルプレヒト首相も批判派による代替策提案の意味を納得したように思われる。「シュラー氏が話したことはとてつもなく興味深い。これまでの討論は——私には興味深いものだった——本質的に2つの貯蔵問題を，したがって高レベル廃棄物の貯蔵と〔使用済み〕燃料の貯蔵をめぐるものだった。これはゴアレーベン・センターに特有の問題ではなく，どの原発にもある〔問題だ〕。われわれがゴアレーベン〔計画〕を否定的に判断するとしても，われわれが抱える問題だ。すると，長期的に中間貯蔵しなければならないことになるだろう。だからいずれにしても，原子炉の建設と不可避的に結

びついている問題なのだ」（90）。
- 最後に，外部からの危険性が議論になった。トンプソンは，戦闘機ファントムに耐えられる〔1972年以来，内務省によってコンクリート防護壁が求められていた〕だけでなく，「民間航空機，たとえばボーイング747に最大限耐えられなければならない」（91）と主張し，パリ鉱業大学講師のルノワールも，大型旅客機の墜落では火災が起きる，そのとき施設の運転は非常に制限されると指摘した（93）。さらに『国際報告』が，「米ロの全面ないし部分核戦争になれば，ヨーロッパ全体が汚染される。しかもゴアレーベンはドイツ民主共和国の国境近くに位置する」（96）と指摘したことに関連して，アルブレヒト首相は次の質問をした。「戦争時には政府は施設を閉鎖することになるだろう。……このような施設の破壊的な可能性が減衰するまで，どのくらいかかるのだろうか」。トンプソンの回答は冷徹だった。「残念ながら施設を閉鎖することは不可能です。現在の計画では，施設にはつねに外部から電力か発電用燃料が供給されなければなりません。事故にならないよう供給は継続的でなければなりません。しかも運転と手入れのために職員がいます。貯蔵された放射能の潜在能力はきわめて長期にわたります」（96-97）。第二の質問：「もっとも危険な物質の一部を地下1000mないし1500mに貯蔵できるかどうかをお聞きしたい」。ハーナウ・プルトニウム燃料製造会社アルケム社の責任者シュトルの答も彼を失望させた。「第2次世界大戦中，絵画と文化財を塩鉱に貯蔵しました。核兵器ではなく通常兵器の場合には貯蔵できます」（98）。

⑥核分裂物質の保全と核拡散問題
- 「燃料サイクルの安全性問題の専門家委員会」は，第三者による妨害その他の介入に対する処理センターの防護は技術的・組織的な措置によって保証できるから，計画は安全技術上実現可能だと結論を出したのに対して，ロビンスやイギリス人権研究所責任者のジークハルト，ストックホルム国際平和研究所のバーナビ（核物理学）など批判派は，とくにプルトニウムの爆発性・毒性を考慮しながら，核分裂物質の悪用から生まれる危険を詳細に指摘した。すなわち，悪用の方法（武装攻撃，窃盗，妨害，脅迫等），

動機(政治的,経済的,精神病質的,軍事的等)や行為主体(テロリスト,犯罪者,投機家,政府等)を区別しながら,核兵器の製造は可能か,有効な安全措置がとれるのか,核兵器の拡散をどう防止するのかといった問題に答えた。アルプレヒト首相を含め推進派の専門家は,総じて楽観的な見解を述べた。たとえばピッツバーグ大学のコーエン(物理学,化学)は,「原子炉のプルトニウムから爆弾は製造できない」と断言し,シュトルは安全措置は万全だと繰り返し,クニッツィアは,テロの温床となりうる,エネルギー不足から生じる社会的緊張の緩和を強調し,アルプレヒト首相も「ドイツの再処理は,核不拡散システムの建設に貢献するという国際的義務には違反しない」と一般論に終始するだけであった(101, 106, 107, 117)のに対して,批判派は短期間の核兵器製造の可能性と危険性,悪用を防止するための職員・作業員に対する監視体制の強化の必然性を具体的に述べ(100, 101),最後に,バーナビが首相をはっきりと批判した。「プルトニウムから大量の核兵器を短期間で製造することは簡単です。ドイツの再処理施設建設は,核兵器製造の可能性をもつと疑念を抱かせ,核兵器をもちたい国々の再処理施設建設を正当化することになります」(115)。この発言はフォン・ヴァイツゼッカー,首相,ロビンス間の激しい論争を引き起こしたが,最終的には議長によるまとめ,すなわち,核兵器は現に存在するのだから,それを使わせない国際的・政治的関係の構築が重要だという,核心に触れない発言で終わった(123–124)。

⑦再処理の技術的問題
ここでは②の再処理に関する一般的問題を前提として,再処理技術の内部に踏み込んだ議論がなされた。
 ○ ⑦『国際報告』によれば,ピューレックス法[10]は,元来大量の低燃焼燃料を処理する軍事技術である。民生用の適用を考える以前に,それを厳密に検

---

10) PUREX=**P**lutonium and **U**ran **R**etification by **Ex**traction:切断された使用済み核燃料を硝酸液に溶解し,次いで有機溶剤でプルトニウムとウランを分離し,最後にプルトニウム・ウラン酸化化合物(MOX燃料)に加工される。

証し，よりよい代替策を探究すべきである。とくにピューレックスは，（その意義は疑わしいが）軽水炉由来の濃縮使用済みウラン燃料の扱いに適しているのであって，高速増殖炉由来の燃料には適していない（127–128）。
・原子炉安全委と放射線防護委の見解によれば，国内外の経験からピューレックス法は必要な安全性を確保できる（130）が，フランス・オルセー核物理学研究所のシャピラ（核物理学）によれば，実験室〔カールスルーエ核研究センター〕の経験は，大型民生用核エネルギー利用には役立たない（131）として，真っ向から反対した。しかし，より重要なのは彼の次の指摘である。すなわち，
○ ㋑「ゴアレーベン計画には未解決の問題がある」。溶解時（金属腐食問題，未溶解物質の集積（MOX），PuO2 の不完全な溶解（MOX），未溶解物質の濾過），ガス状排出（フィルターによるヨードのバックアップ，クリプトン85のバックアップ，放射性廃棄物，とくにアイソトープ129の監視），現在のピューレックス法：未溶解物質の存在（溶解液中の懸濁破片，水溶段階と有機段階の沈殿），プルトニウム喪失，不安定な化合物の形成，臨界問題（131–132）。

　ピューレックス法に未解決の問題があるということは，再処理自体に問題があることと同義だから，アルプレヒト首相も，シュラーによる『安全性報告書』の不完全さの強調と合わせて，次のように発言せざるをえなくなった。「州政府は申請者の時間的・財政的計画に拘束されないし，認可手続きの期間中でも安全技術上の書類の整備でもそれを少しも考慮しない」（133）。
○ ㋒ プルトニウム加工問題
・ニューヨーク州立大学のレスニコフ（物理学），アトランタ・ジョージア技術研究所のモーガン（1943～1972年国立オークリッジ研究所放射線防護部門責任者）は，重要な事実を指摘している。すなわち，（アメリカの）ウェスト・バレーではプルトニウムの加工時に労働者の大量被ばくが発生した。「職員の大量被ばくのために未教育の若者と頻繁に交代した。住民の被ばくも増大したために，ガン発症事例も増えた」（134）。これにシュトルが，3万人以上の労働者がプルトニウム加工に携わっているが，申告さ

れた危害は存在しないと反論したのに対して，モーガンは「ハンフォードでは重篤な病気の事例数が顕著に増大したという研究がある。住民全体の被ばくによるあらゆる危険性を判断しなければならない」(135)と述べ，とくにレスニコフは，燃料の溶解によるプルトニウムの減量が，アルケム社の実験室での研究でしかないこと，使用済み混合酸化燃料の遮蔽の要求度が，通常のウラン酸化燃料よりはっきり高いこと，『安全性報告書』では従業員の被ばくが過小評価されていること，再処理の経済性が低いために，安全対策がおろそかにされていることなど，本質的な問題点を突いた(135–136)。つまり，プルトニウム加工問題でも未解決の問題があるということであり，シェーファーが具体的に，アルケム社の実験装置がたとえ完成しているとしても，燃料加工の完全自動化には少なくともあと10年が必要だと主張したことを踏まえて，シュトルも最終的に，研究計画をより大規模に進めるために，シェーファーの注意を研究・技術省に伝えると間接的に同意せざるをえなくなった（136）。

⑧廃棄物処理の技術的問題
- アルブレヒト首相と推進派は，まず立地の予備選定をし，次にその妥当性を科学的に検証した後に，政治的な最終決定を行うという手順を考えていたが，批判派は，まず処理計画の妥当性を科学的に検証し，次いで，地質的最終貯蔵が実行可能である場合にかぎり，立地選定を行うことが必要だと考えていた（165）。したがって，問題はまず放射性廃棄物の最終処理の一般的基準を確定した後で，ゴアレーベンがその基準を満たすかどうかを検討することになるはずである。しかし，実際の議論はそのようには展開しなかった。というのは，ミネソタ大学，ストックホルム・エネルギー委員会のエイブラハムソン（物理学・医学）が提起した一般的基準，すなわち放射性核種の完全な崩壊まで生物圏から隔離すること，安定した地層へ閉じ込めること，分裂・裂け目が生じないこと（152）についても，その探求に不可欠な，すでに『国際報告』が提起していた具体的な作業課題[11]

---

11)「申請計画の情報が不充分であり，計画の実行可能性を科学的に判断する前に，次の作

についても充分な議論はなされず，両者が一致した点と言えば，「最終貯蔵の中心的基準が，人間に対する否定的な影響を及ぼしてはならないこと，塩鉱への最終貯蔵計画が今後のいっそうの研究を必要としていること，……塩鉱への貯蔵では回収の可能性が制限されること」(164-165) 等々だけであり，とくに，ニュー・メキシコ大学のカレンダー（地質学）が提起した根本的な疑念にも答えられなかった。すなわち，アルプレヒト首相の重要な問いかけ，「起こりうる危険，たとえば最終貯蔵後500年以上後の時点で塩鉱内で生じる事故の結果について，より厳密な議論を求める」(158) 問いかけに対するカレンダーの疑念，塩鉱の「非透過性が浸水でダメになる，可塑性が急速な変形，たとえば地震で役立たなくなり，回収時に他の問題を引き起こす，熱伝導度が温度上昇で低下する，廃棄物自体が塩鉱に影響を与える，ミネラル含有が腐食を引き起こすかもしれない……〔がゆえに〕アメリカの多くの専門家によって塩中の液体運動がきわめて問題だと見なされ，塩を最終貯蔵媒体として拒否する根拠と見なされている」(158-159) ことは事実上無視された。

⑨放射性廃棄物の最終貯蔵〔略〕

業が必要である。1　州政府とRSK／SSKが提案した，立地特有ではない研究・開発プロジェクト，2　廃棄物のバリアと岩塩の相互作用に関する詳細な研究，3　とりわけ廃棄物容器の熱的運動，および容器の腐食，また液体による核分裂同位体の濃縮による危険性の可能性の研究，4　パッキング方法，塩水その他の液体によるパッキング材（とくにセメント）に対する作用の包括的な研究 (149)。計画自体に関しても次の代替策を検討して判断すべきである。1　その他の最終貯蔵所案：花崗岩，片麻岩，海底，トン岩石，2　その他の廃棄物加工形態，とくに廃棄物低集中を伴うガラス，セラミック，シンロック〔核廃棄用人造岩石〕，3　その他の容器，たとえば鉛チタン，銅，アルミニウム酸化物，セラミック，4　その他の追加積層材，とくに追加的収着性があり，追加的バリアとして作用するもの，5　その他の貯蔵オプション，たとえば統合核処理センター計画内の中期的な（20〜50年）回収可能性，使用済み核燃料の回収可能な貯蔵，使用済み核燃料の直接貯蔵（スウェーデンのKBS-Ⅱ），固形化された廃棄物の国際貯蔵所への輸出 (150)。ゴアレーベンに関しては次の研究が必要である。資源埋蔵の経済性，水文学的関係，物理・化学的性質と構造的不均一性，石膏笠・側壁岩の性質，岩塩体の安定性，塩鉱外の地質学的媒体の作用，地域的地質構造」(150-151)。

⑩処理センターの停止〔略〕

⑪処理部門における技術的代替策
- アルプレヒト首相は4日間にわたる公聴会の後，（おそらくDWK提出の計画の根拠に対する批判的議論に影響されて），「代替的な計画の可能性の問題を議論する」独自のラウンドを設ける希望を述べた（178）。先の③で述べられた使用済み燃料の長期的中間貯蔵および直接最終貯蔵だけでなく，異なる具体的代替策も提案された。すなわち，ロシュランは原発の貯蔵所の拡張，旧式原発プールから新原発プールへの輸送，より効率的な燃料利用による使用済み核燃料の減量について語り，首相にこう呼びかけた。「再処理施設の運転は早くとも2005年ですから，それまでに完全に異なるオプションが生まれるかもしれません。それには集中的な研究が必要です。……アルプレヒト首相，私たちには代替策を比較考量する時間がまだあります。それを利用したいのです」（178）。この呼びかけにはたしかに効果があった。首相はこの代替策検討ラウンドも踏まえて声明を出さざるをえなかったからである。

アルプレヒト首相の政府声明（1979年5月16日）

1ヶ月余の検討の結果，アルプレヒト首相は議会で政府声明を表明した。内容は2つに分かれる。統合処理センター施設の安全性問題と政治的・エネルギー政策的問題である。

(1) 施設の安全性

まず立地問題に関して。「州政府は，適切な岩塩鉱における放射性廃棄物の最終貯蔵には現在の世代にも，後続の世代にもどのような危険性もないと確信する」（186）。しかし，ここには注意すべき論点が存在する。第一に，危険性がないとは断言せず，危険性がないと確信するとされるが，両者は同義ではない。すなわち，次の4つの命題は等価ではない。①われわれは問題を解決した，②われわれは，問題がどのように解決されるか知っている，③われわれは，問題を解決する方法を発見していると信ずる，④われわれは，問題を解決する方

法を発見する能力があるという判断に達することができると知っていると信ずる (33)。③, ④と①, ②は根本的に異なる。1977年10月原子炉安全委・放射線防護委が,「安全技術上のいかなる懸念もない, 防護は疑問の余地なく保証できる, 再処理の決定的な問題は解決されている……」(196) と断言しているのに対して, この声明は主観的確信の宣言に終始している（後述）。第2に,「適切な岩塩鉱」という表現から分かるように,「必ずしもすべての岩塩鉱が適切なわけではなく, 適切さは注意深い調査（ボーリング, 地質学的調査, 鉱員による解明）によって解明されなければならない」(186)。逆に言えば, ゴアレーベンが適切な立地か否かは未解明であると認めざるをえなかった。第3に, 最終貯蔵に限定して安全性を語ることは, それ以外の施設に関しては異なる判断があるということに他ならない。実際に声明は,「より問題なのは, 再処理施設と関連する施設……の安全性の問題である」と述べて, 逐次検討していく。

　1　現地住民の安全性：ここでもまず主観的確信と予想が語られる。「州政府は, 最高許容放射線負荷の限界を……大きく下回ることができると確信している。州政府は事業者にたいして〔限界値以下の〕放射線の保持を課すことになるだろう。限界の監視は……制御されるだろう。州政府は必要な場合には……施設の一時停止に躊躇しないだろう」(187)。次にLNT仮説〔Lenear Non-Threshold : どれほどの低線量被曝であろうとも, 健康に影響する〕を認めるにもかかわらず,「ゴアレーベン・シンポジウムで核エネルギー批判者が考慮した最大値に基づけば, リスクは25人から25.06人に高まる」とだけ述べて, 通常運転時の放射線放出による危険性をまったく疑問視していない。つまり, この水準の危険性は甘受すべきであると住民に強制している。

　事故の可能性についても, 何らの根拠も明示することなく,「本来の再処理施設内部の事故は制御可能である」とだけ断言し, 同様に主観的信念を吐露しているにすぎない。「州政府は, 本来の再処理施設内部の事故に基づいて, 住民の放射線負荷を法律が許容する最高限界を超えないことを保証できると信じている」(188)。そして,「施設の放射性物質全体の95％以上が貯蔵される貯蔵所〔使用済み核燃料の受け入れ施設と液体状の高レベル放射性廃棄物の貯蔵施設〕には特別な危険Gefahrの可能性〔危険性Risikoではない！〕があり, ……この放射性

物質のポテンシャルは非常に強大なので，いかなる事故によっても放出されてはならない」(188) と正しく指摘しながら，技術装置のいわゆる「内在的な固有の安全性」だけを挙げるにとどまる。

　2　労働者と職員の安全性：ここでも「核処理センターの安全性が少なくとも他の産業施設と同じであることを確信することができた。施設の制御領域で働く人員の年間放射線負荷は最大 1.5 ミリレムで，これは鉄鋼労働者と同等の危険性で，……職業的な自動車運転手，遠近漁業漁師，鉱山労働者よりはるかに低い」とされるが，根拠はいっさい述べられていない。

　3　ドイツおよび近隣諸国の住民の安全性：「遠隔地に住む住民は，通常稼働でも事故の場合でも……〔上記〕2 の要請が満たされれば，関係はない」(189) とされるが，2 で安全性が確保されるか否かが主要な論点の 1 つだったのだから，それらの根拠が示されていない以上，この言葉はむなしく響く。「戦争による危険性を排除するために，放射性物質を移管する」とされるが，どこにどのように移管すれば安全性が確保されるのだろうか。さらにテロ目的のプルトニウム窃盗に関しても，「州政府はプルトニウム貯蔵所を，外部からのテロリストによる攻撃が不可能となるように構築し保証すると確信している」。また同程度に排除できない従業員によるプルトニウム窃盗に関しては，施設の認可権限が州政府にあるにもかかわらず，すべて連邦政府に丸投げされている。「連邦政府は，それと結びついた政治的危険性があることを認識しなければならない」(189)。

　ところが，結論は次の通りである。「DWK の計画で重要な変更がなされるという前提の下で，核処理センターは，住民と従業員が他の産業・技術施設より高い生命の危険にさらされないように建設できる」。つまり，安全技術上の実現可能性という点に限定すれば，冒頭で指摘した原子炉安全委・放射線防護委の結論とまったく同一なのである。これは奇妙である。というのも，アルブレヒト首相は確信と信念を表明しただけであるにもかかわらず，ドイツ内外の経験と科学・技術の水準に照らして導き出されたとされる両委の結論とあたかも同一水準の判断であるとされているに等しいからである（上記①，②と③，

④の意図的な混同)。

 (2) さてしかし,この政府声明の重要な意義は,計画の実現可能性の問題について,安全技術上の条件に加えて,4つの条件が満たされなければ実現できないと判断した点にある。すなわち,上記した当初計画の「重要な変更」に加えて,①再処理施設が唯一の解決策かどうかの検証,②仮にそうだとしても,現時点で建設の決定が不可欠かどうかの検討,③決定するとしても実現できるかどうかの検証である。「もちろんこのような安全技術上の回答によって,この計画が実施されるわけではない。たとえ再処理施設が,不当な危険性が住民にとって生じないように原理的に安全に建設され運転されるとしても,2つの問題,つまり,そのような施設の建設が不可欠かどうか,それが政治的に実現可能かどうかが残っている」。

 1 批判派は討論の過程で繰り返し,ピューレックス法の代替策はもとより,再処理に代わる代替策を主張したが,ここではそれがほぼ全面的に採用されている。当初計画は搬入された使用済み燃料の直接的再処理を想定していたが,「統合処理センターの建設を処理問題の唯一の解決として見るのは間違っているかもしれない。何十年にもわたる使用済み燃料の長期的中間貯蔵がより安全な形で技術的に可能であることは,さしあたり確実である。これに加えて,最終貯蔵にとって再処理後の最終貯蔵か再処理なしの最終貯蔵かの選択がある。〔さらに〕相当長期的な冷却期間後の使用済み燃料の直接最終貯蔵は,たとえ技術的実現のためにはさらに研究開発が必要だとしても,原理的には可能である。直接最終貯蔵によって再処理の問題は回避される。他方,直接最終貯蔵〔の場合〕……プルトニウムを含有する廃棄物の毒性は再処理後の最終貯蔵より本質的により長期間保持される」(190)。もちろん再処理政策は放棄されたわけではないが,唯一の処理方法であるという判断には疑問符がつけられるばかりか,長期的中間貯蔵に加えて直接最終貯蔵の可能性も選択肢とされている。これはドイツの核政策史上画期的な提案である。

 2 核燃料サイクル政策は,軽水炉におけるMOX燃料の利用もあるが,本来は高速増殖炉におけるプルトニウム利用を想定している。再処理はそのため

の必要不可欠な前提であった。「しかし，それは何年もかかるカルカールの増殖炉の検証後に下すことのできる決断である。高速増殖炉の決定が未解決であるかぎり，現時点で再処理施設の建設を始める必然性はない」。

3　他方，「過去数年間，広範な郡で核技術施設の危険性に対する不安が大きくなっていることを疑うことはできない。……州政府は，広範な住民層に再処理施設の必然性と安全技術上の支持可能性を納得させることに成功しないかぎり，正しいとは見なさない。〔しかも〕住民を納得させるのに成功するかどうかは，とくに政党がどのような態度をとるかにかかっている。政治的に責任のある人間がこの点で分裂している以上，彼らが核処理センターを信頼することは期待できない。しかし，今まさにこれが問題なのだ。社会民主党，自由民主党の著名な政治家，州の団体，郡の団体，共同研究グループは再処理施設反対を表明した。他の人間はさらに先に進んで，核エネルギーそのものに反対している。これを明確にすることが優先的な政治的課題だ」(191)。このかぎりでアルプレヒト首相は，その真意はともかく，「住民の安全が優先する」という自らの言明に忠実であり，住民の納得と合意に固執する点でも誠実であった。そうである以上，現時点で再処理施設を建設する政治的な前提が存在しているとは言えない。その正反対が現実なのである。したがって，首相も少なくとも現在の計画を，一時的にではあれ停止せざるをえないであろう。実際に州政府の最終的な結論は，寸分たがわずそのように決定された。

(3)　「核処理センターは安全技術上基本的に実現可能だが，州政府は連邦政府に対して，再処理のプロジェクトをこれ以上先に進めないよう勧告する」(191)。そればかりか，再処理自体に関しても，懐疑的ではないけれども，「中立的」である。というのは，「連邦共和国が将来軽水炉，高温炉，あるいは高速増殖炉を決定するかどうかに応じて，再処理の問題は改めて取り組むことができる」と述べて，先の4条件が満たされれば推進するという立場を明示してはいないからである。

それと同時に，再処理如何にかかわらず使用済み燃料の処理が必要なことは明々白々だから，政府声明は新しい処理計画の決定を要求している。①長期的

中間貯蔵所の即時建設，②放射性廃棄物の安全な最終貯蔵の研究・開発，③ゴアレーベン深層ボーリングの実施（肯定的な結果の場合には鉱員による探査，否定的な結果に終わった場合には，他の最終貯蔵所の探査），④放射性廃棄物の扱いと最終処理のもっとも合目的的な形態に関する決定がそれであり，「この計画が安全な処理を保証する。それは未来に対するいかなる可能性も排除せず，処理と結びついた危険性を最小限に制限する」（192）はずである。

　最後に，アルプレヒト首相は，長期的中間貯蔵所の建設，低・中レベル放射性廃棄物の最終貯蔵，高レベル物質最終貯蔵用探査の推進を約束し，「ニーダーザクセンの……特別な責任」をあらためて強調して演説を終えた。

　シュミット首相は，これを「反原発運動の部分的な勝利」（1979年4月30日，アルプレヒト首相との会話。Tiggermann, ²2010：784）と呼び，ラートカウも「核エネルギーの最初の深刻な敗北」（784）と評価しているが，実は，「核「処理」と核エネルギーの歴史における本質的転換」（662）であり，ドイツの核エネルギー政策の破綻の始まりであった。というのは，首相と全州の9月の合意では，①1ヶ所に限定しないが，当初の統合処理構想は引き続き追求する，②ゴアレーベン以外に縮小した再処理施設を複数建設する，③再処理しない使用済み核燃料の直接貯蔵を検討する，④ゴアレーベンの探査は追求するとされ（Ebd.: 683），これ以降の核エネルギー政策の基本方針となったが，③を除いて他のすべての方針は，紆余曲折の末最終的に放棄されるからである。まず，1980年7月にドイツ再処理会社，郡議会，各自治体が契約した中間貯蔵施設（使用済み核燃料と低レベル放射性廃棄物）は，1981年に認可が下り，1984年に完成したものの，使用済み核燃料の搬入は10年にわたって阻止され，ようやく1994年に始まった搬入も阻止行動に阻まれている（Ebd.: 699, Anm. 386）。次に，最終的にヴァッカースドルフに予定された再処理工場の建設も反対運動（「提出された異議は88万1000で，史上最高であった」。Radkau, 2010：371；Held, 1986）の結果，ドイツ再処理会社は，1989年5月，建設中止に追い込まれた（Jufuku, 2014a）。そして1994年には再処理なき直接最終貯蔵が再処理と同等の位置を占める（第7次原子力法改訂）ようになり，国外委託されていた再処理自体（1977年，ドイツ再処理会社とフランスのコジェマ社は使用済み核燃料の再処理と貯蔵の契約を結んでいた）も2000年に放棄される。また，高レ

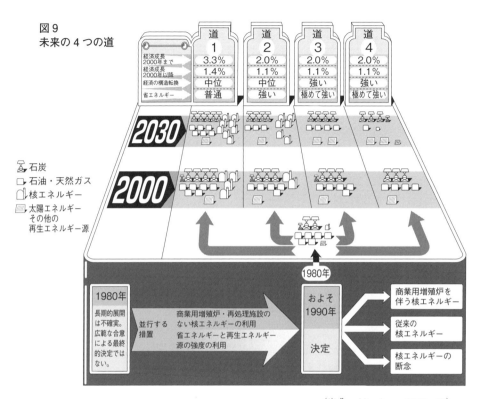

図9 未来の4つの道

(出典：Altenburg, 2010：42)

ベル放射性廃棄物の最終処理に関しては，2000年にゴアレーベン探査が中止され（Tiggermann, ²2010：589, Anm. 896），2013年の「高レベル放射性廃棄物最終貯蔵施設立地の探査および選定に関する法律」（StandAG）によって，根本からやり直すことになった。

しかし他面では，この転換の実現のためには，すなわち，1980年の連邦議会専門家調査委員会報告『未来の核エネルギー政策』で初めて分析された「核エネルギー・ゼロのシナリオ」（図9。GG：44[12]）と，同じく1980年にエコロジー研究所が初めて提案した「エネルギー転換（ソフト・エネルギー・パス）」

---

12) 基本法第44条第1項に基づく。「連邦議会は，公開の議事において必要な証拠を調査する権利をもち，また議員の1/4の申請に基づいて調査する義務を負う」。

図10 未来のエネルギー供給の二つの可能性

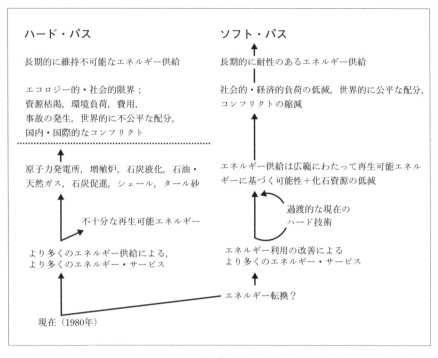

(出典：Krause/Bossel/Müller-Reissmann, 1980：15)

(図10) が，2011年，ドイツ連邦共和国の政策として決定されるためには，次の3つが不可欠であった。すなわち，福島原発事故の直接的衝撃と，1990年から本格化する自治体における再生可能エネルギーの導入（Hennicke, 2012. 図11, 12）の他に，自治体・都市・郡・州・連邦各レベルの議会における，討議を通じた政治的意思形成・意思決定がそれである。そしてその嚆矢も，1978年に始まる，さまざまな反核・環境グループの選挙参加・議会進出である。その母体は，反原発運動とエコロジー運動を担ってきた市民イニシアティブと環境保護団体であり，言わば「緑の党」の先駆者たちである（表3。Mez, 1981：49-50）。それを糾合して，1981年には「緑の党」が結成され（現「同盟90／緑の党」），1983年には連邦議会で初めて議席を獲得する。そして，1998年には社会民主党との連立政権を担い，「エネルギー転換」の骨格をなす，原

図11　エネルギー源ごとの1次エネルギー消費の発展

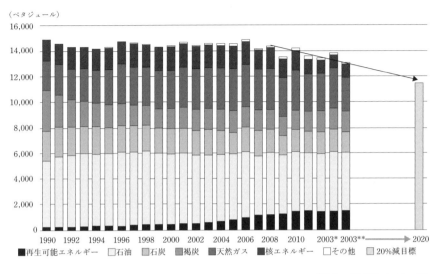

（出典：BMFT, 2016：10）

図12　100%再生可能エネルギー地域（2015年10月現在）

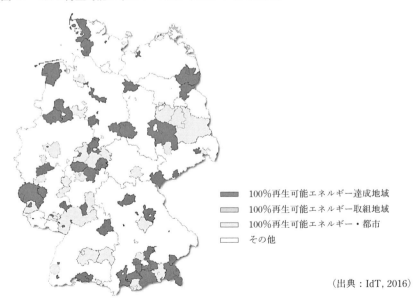

（出典：IdT, 2016）

第5章　専門家討議，市民参加，政治的意思形成　137

表3 緑の党（ないしその先駆者集団）の選挙結果

選挙	年	選挙結果	議席	先駆者集団
ヨーロッパ議会	1979	3.2 %	—	
	1984	8.2 %	7	
連邦議会	1980	1.5 %	—	
	1983	5.6 %	27	
州議会				
バーデン・ヴュルテンベルク	1980	5.3 %	6	
	1984	8.0 %	9	
バイエルン	1978	1.8 %	—	独立ドイツ行動団・緑の党
	1982	4.3 %	—	
ベルリン（西）	1979	3.7 %	—	民主主義・環境保全の代替リスト
	1981	7.2 %	9	同上
	1985	10.6 %	15	同上
ブレーメン	1979	5.1 %	4	ブレーメン緑のリスト
	1983	5.4 %	5	
ハンブルク	1978	3.5 %	—	多彩なリスト
	1982	7.7 %	9	緑の党代替リスト
	1982	6.8 %	8	同上
ヘッセン	1978	1.1 %	—	ヘッセン緑のリスト
	1982	6.8 %	9	
	1983	5.9 %	7	
ニーダーザクセン	1978	3.9 %	—	環境保全・緑のリスト
	1982	6.5 %	11	
ノルトライン・ヴェストファーレン	1980	3.0 %	—	
	1985	4.6 %	—	
ラインラント・プファルツ	1979	—	—	
	1983	4.5 %	—	
ザールラント	1980	2.9 %	—	
	1985	2.5 %	—	
シュレスヴィヒ・ホルシュタイン	1979	2.4 %	—	シュレスヴィヒ・ホルシュタイン緑のリスト
	1983	3.6 %	—	

（出典：Mayer-Tasch, 1985：216）

発の廃止と再生可能エネルギーによるエネルギー供給という基本政策を確定することになったのであった（Jufuku, 2014a）。

〈参考文献〉

Abrahamson et al. (1979), Bericht der Gorleben International Review. Über den Antrag zur Errichtung eines Nuklearen Entsorgungszentrum bei Gorleben, in: DAtF, Rede-Gegenrede, 7 Bde., Hannover.

AGU (1981), Arbeitsgemeinschaft für Umweltschutz Darmstadt (Hrsg.), Jetzt reicht's; Verlag AGU Darmstadt.

Albers (1980), Albers, Hartmut, Gerichtsentscheidungen zu Kernkraftwerken, Villingen-Schwenningen, in: Hauff, Volker (Hrsg.) Argumente in der Energiediskussion, Bd.10; Necker-Verlag.

Altenburg (2010), Altenburg, Cornelia, Kernenergie und Politikberatung, Wiesbaden; VS Verlag.

AtG (1959), Gesetz über die friedlichen Verwendung der Kernenergie und den Schutz gegen ihre Gefahren (Atomgesetz), in: Bundesgesetzblatt, Nr.56.

BIU (1998), Bürgerintiative Umweltschutz, Atomkraftwerke-Unsicher und grundrechtswidrig, Hannover.

BMFT (^{2}1976a), Der Bundesministerium für Forschung und Technologie (Hrsg.) Kernenergie. Eine Bürgerimformation, Bonn.

BMFT (1976b), Der Bundesministerium für Forschung und Technologie (Hrsg.), Entsorgung der Kerntechnik. Symposium am 19.und 20. Januar 1976 in Mainz, Bonn.

BMFT (1977a), Der Bundesministerium für Forschung und Technologie (Hrsg.) Zur friedlichen Nutzung der Kernenergie, Bonn.

BMFT (1977b), Der Bundesministerium für Forschung und Technologie (Hrsg.) Schnelle Brüter. Pro und Contra, Villingen-Schwenningen; Necker-Verlag, in: Hans Matthöfer (Hrsg.) Argumente in der Energiediskussion, Bd.1.

BMFT (1979), Der Bundesministerium für Forschung und Technologie (Hrsg.) Deutsche Risikostudie Kernkraftwerk, Bonn; Verlag TÜV Rheinland.)

BMJV, Ein Service des Bundesministeriums der Justiz und für Verbraucherschutz in Zusammenarbeit mit der juris GmbH - www.juris.de (November 17, 2015).

DAtF (1976), Deutsches Atomforum (Hrsg.) Entsorgung der Kerntechnik. Berichte des Symposiums am 19.und 20. Januar 1976 in Mainz, Bonn.

DAtF (O.J.), Deutsches Atomforum (Hrsg.) Energie von der man spricht. Eine Information des Deutschen Atomforum, Bonn.

Dube (1987), Dube, Norbert, Die Öffentliche Meinung zur Kernenergie in der Bundesrepublik Deutschland.1955〜1986, in: Wissenchaftzentrum Berlin für Sozialforschung, Veröffentlichungsreihe der Abteilung Normbildung und Umwelt des Forschungsschwerpunktes Techniki-Arbeit-Umwelt.

DWK (1979), Deutsche Gesellschaft zur Wiederaufarbeitung von Kernbrennstoffen, Rede-Gegenrede. Stellungnahme der DWK zu Thesen der Kritiker, Hannover.

GG (1949), Grundgesetz für Bundesrepublik Deutschland.

Grupe/Koelzer (1975), Informationszentlare der Elektrizitätwirtschaft (Hrsg.), Fragen und

Antworten zur Kernenergie, Bonn.

Hatzfeld/Hirsch/Kollert (1979), Hatzfeldt, Hermann Graf/Hirsch, Helmut/Kollert, Roland (Hrsg.) Der Gorleben-Report. Ungewissheit und Gefahren der nuklearen Entsorgung, Frankfurt am Main; Fischer Taschenbuch Verlag.

Held (1986), Held, Martin, Wiederaufarbeitungsanlage Wackersdorf, Tutzing; Evangelische Akademie Tutzing.

Hennicke/Welfens (2012), Energiewende nach Fukushima. Deutscher Sonderweg oder weltweites Vorbild ?, München; oekom.

IdE (2016), Institut dezentrale Energietechnologien (http://www.100-ee.de/fileadmin/redaktion/100ee/Downloads/broschuere/Neu100ee-Karte_Liste_Oktober_2015.pdf) (January 15, 2016).

Illing (2012), Illing, Falk, Energiepolitik in Deutschland, Baden-Baden; Nomos Verlagsgesellschaft.

Jufuku (2014a), Jufuku, Masami, Social Movements, Deliberative Democracy, and Socio-Political "Agreement". The Formation Process of German Nuclear Energy Policy (1980–2012), in: The Faculty of Social Sciences, Hosei University (ed.), Social Sciences at Hosei, Tokyo, pp. 131–156.

Jufuku (2014b), Jufuku, Masami, Expert Knowledge, Social, Open Dialogue, and Political Decisions.The "Consensus"-Buildung Process in Germany's Energy Transition, in: The Faculty of Social Sciences, Hosei University (ed.), Social Sciences at Hosei, Tokyo, pp. 157–173.

Jufuku (2015), Jufuku, Masami, Normative Theory, Deliberative Democratic Politics, and Associations, in: The Faculty of Social Sciences, Shakai Shirin, Vol. 62-2, Tokyo, pp.51–85.

Kalkar-Beschluss (https://openjur.de/u/166332.html. November 20, 2013)

Kollert/Donderer/Franke (1983), Kollert, Roland/Donderer, Richard/Franke, Bernd (Forschungsgruppe Schneller Brüter) (Hrsg.), Der Kalkar-Report. Der Schneller Brüter: Unwägbares Risiko mit militärischen Gefahren ?, Frankfurt am Main; Fischer Taschenbuch Verlag.

Krause/Bossel/Müller-Reissmann (1980), Krause, Florentin/Bossel, Hartmut/Müller-Reissmann, Energie-Wende.Wachstum und Wohlstand ohne Erdöl und Uran, Frankfurt am Main; S.Fischer Verlag.

Lovins (1977), Lovins, Amory Bloch., Soft Energy Paths. Toward a Durable Peace, Pensacola, Florida; Ballinger Publishing Company (Sanfte Energie, Für einen dauerhaften Frieden, Hamburg 1978; Rowohlt Taschenbuch Verlag).

Lukes (1977), Lukes, Rudolf (Hrsg.), Fünftes Deutsches Atomrechts-Symposium. 8. bis 10. Dezember 1976 in Münster, Köln; Carl Heymanns Verlag.

Mayer-Tasch (1985), Mayer-Tasch, Peter Cornelius, Die Bürgerinitiativbewegung. Der aktive Bürger als rechts-und politikwissenschaftliches Problem, Vollständige überarbeitete Neuausgabe (5. Auflage) der 1976 Veröffentlichung, Hamburg; Rowohlts Taschen-

buch Verlag.
Meyer-Abich/Schefold (²1986), Meyer-Abich, Klaus Michael/Schefold, Bertram, Die Grenzen der Atomwirtschaft, München; Verlag C. H. Beck.
Mez (1981), Mez, Lutz, Bundesrepublik Deutschland-Der unaufhaltsame Aufstieg zur Atommacht, in; Mez, Lutz (Hg.), Der Atomkomflikt, Reinbek; Rowohlt Verlag.
Müller (1995), Müller, Wolfgang D., Die Kernenergiekontroverse in Deutschland in: Hans Michaelis/Carsten Salander (Hrsg.) Handbuch Kernenergie Kompendium der Energiewirtschaft und Energiepolitik, Frankfurt am Main; VNEM Verlag.
Peters et al. (1990), Peters, Hans Peter/Albrecht, Gabriele/Hennen, Leo/Stegelmann, Hans Ulrich, 'Chernobyl' and the Nuclear Power Issue in West German Public Opinion, in: Journal of Environmental Psychology 10, pp. 121–134.
Radkau (1987), Radkau, Joachim, Die Kernkraftkontraverse im Spiegel der Literatur. Phasen und Dimensionen einer neuen Aufklärung, in; Armin Hermann/Rolf Schumacher (Hrsg.) Das Ende des Atomzeitalters? Eine sachlich-kritische Dokumentation, München 1987; Verlag Moos & Partner.
Radkau (2011a), Radkau, Joachim, Die Ära der Ökologie, München, Verlag C. H. Beck.
Radkau (2011b), Radkau, Joachim, Eine kurze Geschichte der Antiatomkraftbewegung, in: Aus Politik und Zeitgeschichte, 61. Jahrgang/46–47.
Radkau/Hahn (2013), Radkau, Joahim/Hahn, Lothar, Aufstieg und Fall der deutschen Atomwirtschaft, München; oekom.
Renn (1984), Renn, Ortwin, Risikowahrnehmung der Kernenergie, Frankfurt am Main; Campus Verlag.
Rüdig (1990), Rüdig, Wolfgang, Anti-Nuclear Movements. A World Survey of Opposition to Nuclear Energy, Harlow; Longman Group UK Limited.
StandAG (2013), Gesetz zur Suche und Auswahl eines Standortes für ein Endlager für Wärme entwickelnde radioactive Abfälle und zur Änderung anderer Gesetze.
Tiggermann (²2010), Tiggermann, Anselm, Die "Achillesferse" der Kernenergie in der Bundesrepublik Deutschland, Lauf an der Pegnitz; Europaforum-Verlag.
Von Oppeln (1989), Von Oppeln, Sabine, Die Linke im Kernenergiekonflikt, Frankfurt am Main; Campus Verlag.

表4 ドイツ核エネルギー政策関連年表

年	ヨーロッパ	ドイツ 連邦議会・政府（・原発）	州議会・政府	産業界
1935		12/13 エネルギー経済法		
1945		5/7～9 ドイツ国防軍の無条件降伏 6/26 国連創設		
1946		3/26 「第1次ドイツ産業計画」		
1947	6/5 「マーシャル計画」公表			
1948		6/20 西側地区の通貨改革（R:670） 6/26 ベルリン空輸開始（～1949/9/30）（R:670）		
1949	4/4 NATO創設（ワシントン）	5/8 議会委員会の基本法決議（R:670） 5/12 ベルリン・バリケード廃止 5/23 基本法公表 8/14 第1回連邦議会選挙 9/21 高等特別委員3人による連邦共和国創設の承認 10/7 ドイツ民主共和国創設		
1950		3/27 連邦議会による（ソ連占領地域からの難民）緊急受け入れ決議（R:670） 5/1 生活物資配給の廃止（R:670） 9/29 COMECON, ドイツ民主共和国受け入れ		
1951		5/2 ヨーロッパ会議（1949～）の正式構成員		
1952	ヨーロッパ防衛共同体条約			
1953		米・ドイツ核兵器配備		
1954				
1955		5/5 パリ条約締結：NATO加盟，主権回復，再軍備 10/16 アデナウアー首相，核問題省設置（AtF:3） 10/26 シュトラウス核問題相就任（AtF:3）		
1956		1 核委員会発足 ・核研究センター（ハンブルク，ユーリッヒ，ゲーストアハト，ベルリン，カールスルーエ）設置（AtF:3）・第1次核エネルギー計画（自主的基礎研究路線～'62） 7 英と核エネルギー協定締結		
1957	3/25 ローマ条約締結：ヨーロッパ経済共同体，ヨーロッパ核エネルギー共同体（ユーラトム）設立（AtF:4） 10/10 ウィンズケール原発火災事故（英）	連邦核エネルギー・水資源省設立 4 アデナウアー首相「核武装」発言 5 米と核エネルギー協定締結 10/31 ドイツ初の研究炉（ミュンヘン，「核卵」）稼働（AtF:4）		
1958		7/30 憲法裁判所声明：核武装は憲法違反（R:673） 8 原子炉安全委員会設置（AtF:4）		

ドイツ				世界
政党	学会・専門家	メディア	社会運動	(米・露・中等)
				6/26 国連創設 8/6 ヒロシマ 8/9 ナガサキ
4/21～22 ドイツ社会主義統一労働者党結成			2/9 「ドイツ自由労働組合連合」結成（ソ連占領地区）	
			1～2 ルール地区の飢餓デモ（R:670） 4/3 ルール地区鉱山労働者の24時間ストライキ（いわゆるハンガーストライキ）（R:670） 11/12 西側労働者900万人ストライキ：物価・生活費高騰に抗議（R:670）	
			4/4 ヘッセン州運輸労働者2500人ストライキ：25%賃上げ（R:670） 10/12 ドイツ労働総同盟（DGB）結成（ミュンヘン）	ソ連核実験
			3/2～11 帝国工場（ザルツギッター）6000人の労働者抗議集会：産業施設解体の継続に抗議（R:670） 8/4 ミュンヘン6万人デモ：物価高騰・連邦政府政策反対（R:671） 9/24 鉱山労組青年部大会で2万5000人デモ：再軍備反対、ホイス大統領の演説阻止（R:671） 11/29～30 金属労組の全員直接投票：鉱山冶金産業の対等共同決定貫徹（R:671）	6/25 朝鮮戦争勃発
				12/20 アイダホ（米）で初の核エネルギー発電（AtF:3）
				12/12 チョーク・リバー研究所（カナダ）実験炉事故（放射性物質放出）
				7/24 朝鮮戦争終結 12 米アイゼンハワー大統領・国連演説「核の平和利用」
				米ビキニ環礁水爆実験・第五福竜丸等被爆
社民, 平和利用政策				
			4/12 「ゲッティンゲン宣言」（18人の核科学者署名）：連邦軍核武装反対、平和利用推進	7/29 国際原子力機関（IAEA）発足（AtF:4） 9/29 マヤーク核技術施設事故（旧ソ連）
			3/23 社民・労働総同盟指導下の行動委「核による死に対する闘争」結成（R:673） 3～4 核武装反対デモ（3/25 ヘンシェルヴェルケン社で労働者1000人、フォルクスワーゲン社で労働者1万人。4/15 ベルリン学生3000人。4/17 ハンブルク10万人、ブレーメンハーフェン労働者1万人）	

年	ヨーロッパ	ドイツ 連邦議会・政府（・原発）	州議会・政府	産業界
1959		12 「原子力法」成立		5/26 ドイツ核フォーラム設立（AtF:4）
1960		1/1 「原子力法」施行（AtF:4） ・核施設許可手続令発布 9/1 放射線防護令（AtF:4） ・カールスルーエ高速増殖炉プロジェクト始動（AtF:5） ・東独ラインスベルク原発建設開始（66 稼働開始）		5 燃料加工用ハーナウ核エネルギー化学冶金社設立
1961		3/7 ドイツ初の独自原子炉（重水炉）稼働（カールスルーエ核研究センター：AtF:5） 6 カール研究炉（米製沸騰水型）発電開始（AtF:5） ・カールシュタイン原発（1985 停止，2010/7 解体）		
1962		2 核エネルギー損賠償令発布 ・グントレミンゲン原発建設：連邦科学研究省設立 ・東独「核エネルギー法」制定		
1963		・第2次核エネルギー計画（政府主導開発〜67）：軽水炉，高温ガス炉，高速増殖炉		
1964				
1965				
1966		6 ユーリッヒ核研究センターの高温原子炉，ドイツ初の核分裂連鎖反応実現（AtF:5） ・ドイツ参加のユーロケミック再処理施設（モル，ベルギー）稼動（AtF:5） ・ラインベルク原発（東独，ロシア製加圧水型）稼動（AtF:5） 12 キリ民・社民大連立政権		・プルトニウム燃料加工用アルケム社設立
1967	・スウェーデン，環境庁設立（R:125）	・岩塩鉱山アッセの放射性廃棄物貯蔵研究プログラム開始（1967〜1978 に縦坑アッセに12万4500容器の低濃度廃棄物，1300容器の中濃度廃棄物を貯蔵。AtF:5） ・ドイツ独自開発のユーリッヒ高温原子炉稼動（AtF:6）		4 「電力連合」社設立（←ジーメンス＋総合電気会社）
1968	4 「ローマ・クラブ」設立（R:126） 5/10〜11 パリ「バリケードの夜」。仏学生運動の頂点（R:127） 8 ユネスコ「生命圏会議」（パリ。R:127） ・ヨーロッパ評議会「ヨーロッパ大気保全憲章（汚染者原則）」（R:126） ・「環境保護協会フランス連盟」結成（R:126）	・第3次核エネルギー計画（1966〜1972） 10 加圧水型原子炉オーブリッヒハイム初給電（AtF:6）		11 ルール石炭社設立
1969	1/21 リュサン原発（スイス）部分的炉心溶融 3 「ノア」設立（コペンハーゲン。R:128） ・イギリス，「王立環境汚染委員会」創設（R:127）	4/14 核技術協会創設（AtF:6） 第3次核エネルギー計画（1968〜72） 10/21 ブラント政権（社民＋自民）		・ジーメンス，アルゼンチン原発受注

| ドイツ | | | | 世界 |
政党	学会・専門家	メディア	社会運動	(米・露・中等)
11/13～15 社民「バート・ゴーデスベルク綱領」：「社会主義的労働者政党から市場経済的国民政党へ」			4/12 1000人青年集会：核武装反対（ミュンヘン） 6/26 ハンブルク6000人集会「核による死に対する闘争」	
			4/3 核兵器反対行進（四大都市）	1/3 アイダホ海軍試験炉燃料溶融事故（米）
			3/21～23 核兵器反対5万人「復活祭行進」(R:674)	
			4/12 核兵器反対3万以上の「復活祭行進」	
				・アメリカ，ベトナム空爆「～1975」：「エコサイド」，「エコロジー的アウシュビッツ」(R:124)
				・IUPN，最初の「レッド・データ・ブック」発行 (R:125) 10/5 実験増殖炉「エンリコ・フェルミ」（デトロイト）破壊 (R:125)
			6/2 反シャー・デモで学生，ベンノ・オーネゾルク，警官に射殺される。西独学生運動の頂点の始まり (R:126)	・バリー・コモナー，「自然システムの生物学センター」設立 (R:124) ・NGO「環境防衛」（ニューヨーク）設立 (R:125)
				・核不拡散条約（NPT）成立（70発効） ・「憂慮する科学者同盟」（米）設立 (R:126) 10/28 レイチェル・カーソンのDDT公聴会 (R:127)
				・アメリカ，「核論争」開始（反核実験・反核施設。R:127) ・石牟礼道子『苦海浄土』 ・アメリカ，環境保護庁設立 (R:127) ・トロント大学で環境団体「汚染問題」設立 (R:127) ・米，モンティセロ各伝建設抗議行動 (R:128) 9 デービッド・ブラウアー「地球の友」設立：「グローバルに考え，地域で行動しよう」(R:128)

年	ヨーロッパ	ドイツ 連邦議会・政府（・原発）	州議会・政府	産業界
1970	12/7 ワルシャワ条約調印（R:678） ・「ヨーロッパ環境保護年」（R:130） ・OECD，環境委員会設置（R:130）	・独ソ武力不行使条約締結		
1971	4/12 仏，フェッセンハイム原発反対デモ（1500人。R:131） 7 仏，ビュゲ原発反対デモ（1万5000人。R:131） ・仏，環境省創設（R:131） ・世界銀行，「環境顧問」（R:131）	9/7 カールスルーエ再処理施設稼動（1990/10閉鎖。AtF:6） ・蘭とウラン濃縮協力協定（→グローナウ工場稼働） ・放射性廃棄物最終貯蔵所モルスレーベンに最終貯蔵開始（AtF:6） 10 内務省「環境計画」発表 ・連邦政府，専門家委員会「環境問題」設置（R:131）		
1972	6 国連「ストックホルム人間環境会議」，「国連環境計画」創設 ・ローマ・クラブ『成長の限界』 ・仏「地球の友」設立。「ベロ革命」デモ（2万人。R:132） ・独仏伊・実証炉建設合意（独仏伊各1基） ・独仏伊共同処理会社設立 ・10 ヨーロッパ共同体環境相会議（R:133）	1/1 東独，環境保護・水経済省設置（R:130） ・商業用原発シュターデ，ヴュルガッセン給電開始，ガス冷却重水圧力管原子炉ニーダーライヒバッハ稼動（AtF:6） ・内務省「環境計画」発表 12 最終処理場をニーダーザクセン州に要請		
1973	全欧州安全保障協力会議	・カルカール高速増殖炉建設開始（AtF:6） ・最初のグライフスヴァルト原発（5基）稼動（AtF:7） ・連邦議会選挙：社民45.8% ・輸入石油，1次エネルギー55%占有 ・連邦研究・技術省発足 ・東独ノルト（ルブミン）原発試運転開始・最終処理場モルスレーベン決定（〜09/10閉鎖） 9 第4次核エネルギー計画（1973〜1976）		ブライザッハ原発計画→ヴィール原発計画
1974		5/16 シュミット政権 ・ビブリス原発（1200メガワット）稼動（AtF:7） ・放射性廃棄物処理センター構想（77：ゴアレーベン指名） ・1次エネルギー石油比率55% 11/5 ヴィール原発建設認可 ・核処理センター計画（RR1:136）		
1975		12 電力供給・計画企業，核燃料再処理プロジェクト社に統合（AtF:7） ・「市民対話」開始 ・核エネルギー情報クライス創設（AtF:7）		電力連合社，ブラジルと契約
1976	仏原型炉フェニックス初臨界	・原発ビブリスB，ネッカーヴェストハイムI，ブルンスビュッテル稼動（AtF:7） ・探査と放射性廃棄物の試験貯蔵用縦坑コンラート設立（AtF:7） 「市民対話」導入		

政党	学会・専門家	メディア	ドイツ 社会運動	世界（米・露・中等）
			市民イニシアティブ数，約200	1/1 ニクソン大統領，「環境政策法」に署名（R:128～129） 3/12 シンポ「東京革命」 4/22 「アース・デイ」 11 日本，14 環境汚染関連法成立 ・米，「反ソニック・ブーム市民連盟」設立（R:129） ・インド，チプコ運動開始（R:129）
			エーゼンスハム（ウンターヴェーザー）異議署名 4万人（秋） 11 共産主義者同盟結成（ハンブルク）	7/1 日本，環境庁設立 ・USAEC（アイダホ／非常用冷却装置故障） ・「グリーン・ピース」設立（バンクーバー），仏のムルロア環礁核実験反対：「Better Active than Radioactive」（R:131） ・イタイイタイ病判決で三井敗北 ・新潟水俣病，抗議運動 ・バリー・コモナー『閉じたサークル』
			・「連邦環境保護市民イニシアティブ連盟」結成（R:132） ・グラーフェンラインフェルト異議3万6400人 ・ブライザッハ異議6万5000人	・米ソ第1次戦略兵器削減条約締結 ・仏実証炉シュペル・フェニックス初臨界（85。90 閉鎖）
			7 バーデン・ヴュルテンベルク州政府（キリ民）のヴィール原発計画発表による市民イニシアティブのデモ 9 グラーフェンラインフェルト異議署名3万6000人（夏） ・ブライザッハ異議署名6万5000人 ・金属産業労組（IGM）「生活の質」環境会議	第1次石油危機（～74） 11 バーモント・ヤンキー原発（米）一部炉心臨界
			5 ヴィール原発認可手続き開始・異議署名9万人 8 デモ3000人・「バーデン・アルザス市民運動」結成・反原発方針	第4次中東戦争勃発
社民：高速増殖炉に関する連邦議会採決要請（11） 自民：高速増殖炉調査委設置要求を否決			・ヴィール住民投票（1：事業者への村有地売却）：賛成55%，反対43%（投票率92%）→着工（2/17）→建設地予定地占拠（AF:7）→強制排除→2/27の2万8000人デモ・占拠→フライブルク行政裁判所：工事中断命令→占拠終了（87 建設撤回） ・ブロークドルフ原発計画発表（キリ民州政府：10）→「エルベ下流域環境保護市民運動」結成（11～12）→建設許可（76/10）→デモ・占拠対排除・鎮圧→「ブロークドルフの戦い」（11/13）→シュレスヴィヒ行政裁判所：工事差し止め判決（77/2～81 建設中断）	
			3/12 ゴアレーベン核廃棄物貯蔵計画反対2万人デモ（R:679） 11/13 ブロークドルフ原発計画反対3万人集会→700人負傷	

年	ヨーロッパ	ドイツ		産業界
		連邦議会・政府（・原発）	州議会・政府	
1977		・カールスルーエ核研究センターに高速増殖炉（KNK Ⅱ）稼動（AF:8） ・『原子力法』改定（事業者再処理，政府最終処分の責任分担） ・シュレスヴィヒ・ホルシュタイン行政裁判所，ブロークドルフ原発建設中断判決（12/15） ・シュミット首相，廃棄物処理連結 Entsorgungsjunktim」表明 12/3 イザールⅠ稼働開始（AtF:8）	「緑のリスト・環境保護」，「選挙民共同体・原発いらない」が初議席（ニーダーザクセン州自治体）→「緑のリスト・環境保護」結成（12）	電力連合社，イラン原発受注
1978		・ウンターヴェーザー原発稼動（AtF:8）	ハンブルク州議会選挙：社民51.5% シュレスヴィヒ・ホルシュタイン自治体選挙（3）5議席獲得→「緑のリスト・シュレスヴィヒ・ホルシュタイン」結成 ニーダーザクセン州議会選挙（6）：キリ民単独過半数，「緑のリスト・環境保護」，ゴアレーベン地域で17.8%，自民完敗	12事業者による核燃料再処理社設立（2）
1979/ 3/28		5/5 フィリップスブルクⅠ原発稼動（AtF:8） ・「国際ゴアレーベン公聴会（3/28～4/2）」（AtF:8） ・岩塩鉱ゴアレーベン，探査開始（AtF:8）		
1979	12/12 NATO二重決定：米ソ核兵器占有＋英独伊蘭白に巡航ミサイル，中距離核ミサイル・パーシングⅡ型配備		ブレーメン市議会選挙：「ブレーメン緑のリスト」4議席 ヘッセン州議会選挙（6）「オールタナティブ・アソシエーション・緑の党 3.2%	
1980	ロンドン10万人反戦集会（12）	・連邦議会調査委員会報告書「未来の核エネルギー政策」 ・アルプレヒト州首相提案：浅層試掘続行・深層試掘開始，政府による長期中間貯蔵施設建設 11/16 「クレーフェルト宣言」：パーシングⅡ型ミサイル，巡航ミサイルの配備同意撤回，軍縮推進	3 バーデン・ヴュルテンベルク州議会選挙：「緑の党」6議席（5.3%）	
1981	4 ボン2万5000人反戦集会 6 西ベルリン10万人 9 西ベルリン6万人 10 ロンドン，ローマ各20万人 10 ブリュッセル20万人 10 パリ10万人 10 ヘルシンキ12万人 11 マドリード50万人 11 アテネ20万人 11 アムステルダム40万人 11 フィレンツェ15万人 11 ミラノ10万人 12 ベルン5万人 12 ブカレスト30万人 12 バルセロナ10万人	・探査鉱山ゴアレーベン，深層ボーリング開始（AtF:8） ・「エネルギー計画第3次改定」（11）：原発推進再確認 ・核エネルギー閣僚会議：許認可手続簡素化承認 12/30 グラーフェンラインフェルト原発稼動（AtF:9）	「オールタナティブ・リスト」（西独市議会選挙）7.2%（5）	

	ドイツ				世界 (米・露・中等)
政党	学会・専門家	メディア	社会運動		
			反原発デモ6万人(2) 「多色のリスト」結成(3)→ハンブルク区議会選挙：2議席 9　ブロークドルフ原発反対5万人デモ 9/24　カルカール高速増殖炉反対5万人デモ(R:679) 9/29　ボン核エネルギー利用反対10万人デモ(R:680) ・「応用生態学研究所（エコ研）」設立（フライブルク）		ソ連，東欧に中距離核ミサイルSS20配備
			・INAFAS世論調査：信頼できる情報源：科学者64%，医者37%，市民イニシアチブ26%，自治体15%，ジャーナリスト11%，政治家10%，電力会社6%，産業界6% 4/5　総同盟執行委「核エネルギーと環境保護」宣言 ・原発モラトリアム反対表明(9) 11　経営協議会エネルギー行動グループのドルトムント4万人集会（原発による雇用確保）		12　イラン革命（〜79/2)，第2次石油危機 ・東電福島第一3号機臨界事故
			・エムニート世論調査：原発建設賛成30%，反対38%		米スリーマイル島原発事故
			3/14　ゴアレーベン試掘反対抗議行動 3/25　ゴアレーベン→ハンブルク行進(R:680) 3/30　ハノーバー10万人集会 10/14　ボン反原発10万人デモ		
1/13「緑の党」結成(R:681)			5/13　ゴアレーベン計画地占拠・「自由ベントラント共和国」創設(R:681) 11　「平和週間」開催（350ヶ所） 『シュピーゲル』世論調査：原発増設賛成56%，反対42%		
			・エムニート世論調査：原発建設賛成41%，反対31% 2/28　ブロークドルフ反原発10万人デモ 6/17〜21　新教会ハンブルク10万人デモ「核による死の脅威」反対 10『シュピーゲル』世論調査：原発増設賛成52%，反対46% 10/10　ボン30万人平和・軍縮集会「核のないヨーロッパ」（ドイツ最大のデモR:681)		米レーガン大統領，限定核戦争に言及

年	ヨーロッパ	ドイツ 連邦議会・政府（・原発）	ドイツ 州議会・政府	ドイツ 産業界
1982		1/25 東独「ベルリン・アピール」「武器なき平和」 ・連邦・州首相合同会議による原則：ゴアレーベン最終処分場立地，20年間中間貯蔵施設建設（84 ゴアレーベン完成→搬入阻止行動→94 搬入強行阻止行動），複数再処理工場建設（候補地ヴァッカースドルフ→89 建設断念），直接最終処分方式（→94『原子力法』改正で選択肢→2000 赤緑連合政権による再処理国外委託放棄） 3 原発建設認可（イザール2，ネッカーヴェストハイム2，エムスラント）→裁判所，3原発工事差し止めを撤回（グローンデ，ブロークドルフ，ヴィール） ・東独シュタンデール原発建設開始（84〜：2号機建設） ・ボン 40万人反戦集会（6.10） 10/4 キリ民／社同・自民連のコール政権（〜1998） ・グローナウにドイツ初のウラン濃縮施設（AtF:9）	6 ハンブルク州議会選挙：キリ民43.2%，社民42.7%，「緑・オールタナティブ・リスト」7.7%，9議席→州議会選挙（12）：社民51.3%，キリ民38.6%，「リスト」6.8%	
1983	英グリーンナムコモン，伊コミソ，独ムートランゲンで平和キャンプ	・トリウム高温原子炉 THTR-300，初の核分裂成功（AtF:9） ・燃料中間貯蔵所ゴアレーベン認可（AtF:9） 3/6 連邦議会選挙：緑の党27議席，5.6% 9 クリュンメル原発稼動（AtF:9） 12 東独「核エネルギー法」改定：社会的に正当な核エネルギー利用		
1984		・低濃度放射性廃棄物貯蔵の燃料中間貯蔵所ゴアレーベン稼動（AtF:9） ・グンドレミンゲン B/C，グローンデ，フィリップスブルク2原発稼動（AtF:9〜10）		
1985		・ヴァッカースドルフ再処理施設の部分的認可（AtF:10） 7/23 憲法裁判所「ブロークドルフ判決」：集会の自由を強調	10/16 ヨーゼフ・フィッシャー，初の緑の党の環境相（ヘッセン州） 12/19 バーデン・ヴュルテンベルク州政府，ヴィール原発建設中止宣言	
1986/4/26				
1986	4/28 スウェーデン，原発事故推測発表 4/29 ソ連共産党，「作業班」設置（R:488） 7/3 ソ連政治局，ソ連原発の危険性を説明（R:488）	5/1 ヘッセン州環境相，退避勧告，農業相，放射能検査指示 5/2 連邦政府，輸入制限・予防措置 5/4 葉野菜基準値公布 5/4 エコ研，ハム・ユントロップ原発事故隠蔽を暴露 ・放射線防護法施行（AtF:10） 6/5 「環境，自然保全，原子炉安全省」設立（AtF:10,R:488） 10/14 ブロークドルフ原発稼動（AtF:10）	6 ニーダーザクセン州議会選挙：1議席差でキリ民44.3%自民6%＞社民42.1%緑7.1%，	
1987	・イタリア，国民投票で核脱却決定（R:490） ・ブルントラント委員会『我ら共通の未来』 ・ヨーロッパ共同体条約：欧州エネルギー域内市場の実現 7 オスカーシャム原発（スウェーデン）臨界事故	1/25 連邦議会選挙（1）：キリ民・社同44.3%（-4.5），社民37%（-1.2），自民9.1%（+2.1），緑8.3%（+2.7） ・軽水炉使用済み核燃料の保管認可（AtF:10） ・テプファー環境相，環境放射線の永続的監視の測定・情報システムを表明（AtF:11） 11/27 連邦議会，専門家調査委員会「大気保全の事前配慮」設置（R:491）	4 ヘッセン州議会選挙：社民40.2%（-6）緑9.4%（+3.5）連合解消→キリ民42.1%（2.7）自民7.8%（+0.2）連合	プルトニウム燃料加工施設アルケム（ヘッセン州ハーナウ）操業許可

ドイツ				世界
政党	学会・専門家	メディア	社会運動	(米・露・中等)
			2 ヴィール反原発3万人デモ 3 『シュピーゲル』世論調査：原発増設賛成52%，反対46% 10/1~8 グロースエングスティンゲン核兵器貯蔵反対封鎖：「犂先への剣」 ・エコ研「エネルギー政策転換」提言	6 ニューヨーク100万人反戦集会
			・エムニート世論調査：原発建設賛成34%，反対42%，両方可22%	
社民党，高速増殖炉・再処理反対				
			2 シュヴァンドルフ再処理施設反対4万人抗議デモ (R:683) 12/10 ヴァッカースドルフ再処理施設反対3万人集会 (1700人逮捕) ・エムニート世論調査：原発建設賛成26%，反対43%	
				チェルノブイリ原発事故
8 社民，10年以内の脱核エネルギーに転換(ニュルンベルク決議)			・エムニート世論調査：原発建設賛成24%，反対66%，両方可9% 5 『シュピーゲル』世論調査：原発増設賛成29%，反対69% 5 ヴァッカースドルフ反再処理施設デモ 6/12 ブロークドルフ反原発5万人デモ (R:683)	5/23 インド，「環境保護法」(← 1984/12/2 ボパール化学工場爆発事故。R:488)
			・選挙研究グループ調査：重要課題：失業80.8%，環境保護68%，年金64.5%，軍縮59.4%，物価安定2.3% ・エムニート世論調査：原発増設賛成18%，反対70%	

年	ヨーロッパ	ドイツ 連邦議会・政府（・原発）	ドイツ 州議会・政府	ドイツ 産業界
1988	・ヘルマン・シェーア「ヨーロッパ再生可能エネルギー連合」結成（R:492） 9/1 ドイツからパーシングⅡ撤去（R:684）	・ニーダーライヒバッハ原発再構築（AtF:11） ・原発イザール2、エムスラント稼働（AtF:11）	9 ノルトライン・ヴェストファーレン州の社民政権（80～）、4原発計画凍結	トランス・ニューク リア社、放射性廃棄物スキャンダル発覚
1989		1/3 ネッカーヴェストハイムⅡ原発稼働（AtF:11） ・再処理中止決定 5/31 ヴァッカースドルフ再処理施設工事中止（R:494） ・新放射線防護令発効（AtF:11） 11/9 ベルリンの壁崩壊	社民・緑連合（ベルリン：89～90）	原発事業者世界連盟設立（モスクワ AtF:11）
1990		4 ヨーロッパ評議会、「ヨーロッパ環境庁」設立決定（R:494） 6/20 連邦議会、「ドイツ環境基金」設立 ・連邦政府、「1000の〔太陽光〕屋根計画」 9/28 連邦政府、「緑の点―デュアル・システム・ドイツ」社設立 10/3 両独統一 12/2 連邦議会選挙、緑の党5%未満 ・ソ連型原発ラインスベルク、グライフシヴァルト停止（AF:12） ・12/7「電力供給法」制定	社民・緑連合（ニーダーザクセン：90～94）	
1991	・ヨーロッパ・エネルギー憲章署名（デン・ハーグ。AtF:12）	1/17 全ドイツ首相コール ・再生可能エネルギー助成金導入 3/21 カルカール高速増殖炉計画終焉	社民・緑連合（ヘッセン：91～99）	
1992		・燃料中間貯蔵所アーハウスで使用済みTHTR/AVR燃料貯蔵開始（AtF:12） ・連邦政府、科学専門委「グローバルな環境」設置（R:497）		
1993	11/1 ヨーロッパ連合契約発効	・縦坑コンラート計画確定手きの討論終了（AtF:12）		
1994		・ハーナウの処理中止。首相が使用済み燃料の「直接貯蔵」を可とする（AtF:12） ・岩塩鉱ゴアレーベンで縦坑内部建設終了（AtF:12）		
1995	3/26 シェンゲン協定発効	4/25 最初のキャスター容器、ゴアレーベン着（R:688,AtF:12） ・ヴュルガッセン原発停止決定（AtF:12）	社民・緑連合（ノルトライン・ヴェストファーレン州：～2005）	
1996	欧州委員会指針：電力域内市場（BM:28）		社民・緑連合（シュレスヴィヒ・ホルシュタイン州：～2005）	
1997	6/16, 17 アムステルダム条約合意		赤緑連合（ハンブルク：～2001）	
1998		4「エネルギー経済法」改正：ライプツィヒ・フランクフルト電力取引所開設（BM:29） ・連邦「テレコミュニケーション・郵便調整庁」発足 ・放射性廃棄物最終貯蔵所モルスレーベン停止手続き開始（AtF:13） 10/27 社民・緑連立シュレーダー政権、核脱却決定（AtF:13）		
1999		1 再処理禁止を2000年以降に延期で合意 3/24 環境税導入		

政党	学会・専門家	メディア	ドイツ 社会運動	世界（米・露・中等）
			7 ヴァッカースドルフ再処理施設に異議88万1000人（R:684）	・国連環境計画・世界気象組織，「気候変動に関する政府間パネル」設立 ・オーストラリアNGO，「虹の同盟」結成（R:492） ・チコ・メンデス殺害
社民党：ベルリン綱領			11/4 東ベルリン60万人集会・デモ：民主的選挙，旅行の自由，党支配の解体（R:685）	6/8 カリフォルニア州住民投票，ランチョ・セコ原発停止決定（R:494） 6/9 ルイジアナ州クレアボーン核再処理施設公告（R:494）
				4/22 アメリカ「アース・デイ」：「オゾン層を救え」。シリコンバレー環境イニシアティブ「シリコンバレー反毒連合」結成（R:495） ・IPCC報告『気候変動の政治的インパクト』
			・「ドイツ民主共和国・自然保護連盟」（1990/3〜），「ドイツ鳥獣保護連盟」と合併して，「ドイツ自然保護連盟」を結成（R:496） ・「シェーナウ発電所」発足	
			・ポツダム気候変動研究所設立（R:497） ・オランダ「地球の友」，『持続可能なオランダ』，ブッパータール研究所『未来を可能とするドイツ』（R:497）	6 国連「環境開発会議」（リオデジャネイロ）
			高濃度放射性廃棄物のゴア・レーベン中間施設への返還輸送反対運動高揚	
			3/5 容器搬送封鎖9000人（R:688）	
				12/11 気候変動「京都議定書」合意
				9/30 東海村JCO核燃料加工施設臨界事故（2名死亡）

年	ヨーロッパ	ドイツ 連邦議会・政府（・原発）	州議会・政府	産業界
2000		3/29 「再生可能エネルギー優先法」制定（送電網接続義務化＋20年全量固定価格買取制度） 6/14 政業「核合意」：①炉稼働年数32年（発電許容量2623億ワット時、順次廃炉）、②再処理は05年まで（06～敷地内最終処分場貯蔵）、③当面中間処理場貯蔵認可 4 「再生可能エネルギー優先法」（37テラワット時→2008：88テラワット時＝14%），「熱電併給法」，熱電平旧型発電所促進税，環境税導入（BM:30） ・探査鉱山ゴアレーベン、10/1から最低3～10年の停止（AtF:13）		
2001		6/11 「核合意」署名（⇒原子力法改正。AtF:13）		
2002		4.26 「営業生産電力用核エネルギー終結法（核脱却法）」：①原発新設なし、②規定稼働期間（32年）後停止、③残余生産量割当、④旧原発電力量の新原発への委譲可、⑤核技術研究継続可（2022全炉廃止） 4/26 「原子力法」改正：①2000/1/1～許容発電量262万ギガワット時⇒2008末に脱北53%，2010/6末に62%，2022全基停止，②定期的安全性検証の義務化、③法の目的は、核エネルギーの促進ではなく、終結、④最終処分方式、2005/7/1から再処理禁止、⑤原発施設に中間貯蔵を義務化（R:690, AtF:14） 4/26 社民・緑連立政権		
2003	欧州委員会，電力促進指針：域内市場促進（BM:30）	11/14 シュターデ原発閉鎖（AtF:14）		
2004	5/1 東方拡大：10ヶ国加盟 10/29 ヨーロッパ憲法署名	7/31 「再生可能エネルギー優先法」改正		
2005	2/17 フィンランド政府、最初の第3世代原子炉オルキルオト3建設認可（AtF:14） 欧州委員会「排出権取引制度」	7/7 「エネルギー経済法」改正（BM:32） 7/13 連邦ネット庁発足（正式名称：「電力，ガス，テレコミュニケーション，郵便，鉄道のネット庁」） ・キリ民・社同・社民大連立 5/11 オーブリッヒハイム原発閉鎖（AtF:14） ・放射線防護庁，岩塩鉱ゴアレーベン総合報告（AtF:14） 11/22 キリ民／社同・社民連立メルケル政権		
2006	・欧州連合電力・ガス規制機関グループの「地域イニシアティブ」：7電力地域市場＋3ガス地域市場→統合単一市場			
2007	3 欧州執行委員会決議（2020目標）：①温室効果ガスを290比20%減、2050までに60～80%減，②再生可能エネルギーを1次エネルギー消費の20%，③1次エネルギー消費を20%減 4/10 フランス政府、EPR（フラマンヴィユ）建設認可（AF:14） 9/27 欧州委員会指令：電力域内市場創設①高価格，②気候変動・排出権、③再生可能エネルギー，④安定供給	4/3 ライプツィッヒ連邦行政裁判所、「鉱山コンラート」認可（AtF:14） 6/30 「発電所・回線網接続指令」（発電所の差別なき回線網接続） 8/24 「メーゼベルク決議」（エネルギー・気候統合プログラム）：①CO2排出を2020までに40%減、②EE電力比率を25～30%に増（←2006：12%），③熱電併給電力を25%増、④EE熱を14%に増（2006：6%），⑤エネルギー生産性の倍加、⑥交通CO2排出減 10/22 南西ドイツ研究・教育連盟「核技術」創設（AF:15） 11/5 クラウスタール工科大学に最終貯蔵研究所設立（AF:15）		電気事業連盟，ガス・水道事業連盟等4業界団体が結成（4大コンツェルンを含め1800社）

政党	学会・専門家	メディア	社会運動	世界（米・露・中等）
				12/15 チェルノブイリ3号機, 稼働停止（AtF:13）
			3 使用済み核燃料のリューコフ＝ダンネベルク輸送反対デモ（R:690） 7/2 グントレミンゲン中間貯蔵施設計画に6万4000人異議	
緑の党（＝90年同盟／緑の党）：綱領改定				
				ヨーロッパ連合，インド，日本，韓国，ロシア，アメリカ合州国，核融合炉建設決定（フランス・カダラシュ。AF:14）
キリ民新綱領：核エネルギー＝過渡的必要エネルギー				

（表頭：ドイツ／世界（米・露・中等））

年	ヨーロッパ	ドイツ		
		連邦議会・政府（・原発）	州議会・政府	産業界
2008	10/29 リスボン条約決議 12/8 欧州エネルギー省「再生可能エネルギー促進指針」： 12/11～12 欧州委員会「緑のエネルギー・気候一括提案」	・国際エネルギー機関「エネルギー技術革命」：①効率化，②EE，③CCS技術設備，④核エネルギー拡大 12/25「再生可能エネルギー優先法」改正	黒緑連立（ハンブルク：08～10）	・ライン・ヴェストファーレン電力提案：稼働延長の追加利潤基金設立→効率化・再生可能エネルギー建設
2009	4/23 欧州議会・理事会，再生可能エネルギー促進指令 欧州委員会，第3域内市場一括提案	1/1 放射線防護庁，鉱山施設アッセⅡを営業（AF:15） 2/24 放射線防護庁，北部中間貯蔵所と北部エネルギー工業所にカールスルーエ再処理施設からのHAWガラス固化体監視を認可（AF:15） 3/17 第9次原子力法改定（AF:15） 7/1 ドイツ核フォーラム50周年式典（AF:15）	キリ民・自民・緑）連立（09～）	
2010		3 連邦環境相レットゲン，ゴアレーベン一時停止の終了を宣言（AtF:15） 9 連邦政府，「エネルギー計画2050年」で原発平均12年稼働延長決定（AtF:15） 10 ゴアレーベン探査再開（AtF:15）		
2011/ 3/11			5 ブレーメン州議会選挙（緑の党22.5％） 9 キリ民・社民（ベルリン←社民・左派党）	
3/12				
3/14	欧州委員会「低炭素経済行程表2050」：2050までにCO^2 80～95％減	メルケル首相：稼働延長凍結，17基の追加的安全性検証，1980年以前稼働の最古7基の3ヶ月停止（AtF:1)		
3/15		・メルケル，ブリューダーレ（経済相），レットゲン（環境相），原発所在地5州首相と会談：稼働延長の一時停止，最古7基停止＋停止中のクリュンメル，全基の安全性検証（←原子力法19条3項） ・連邦議会，一時停止決定：最古7基とクリュンメル原発停止（AtF:1)		
3/16～18		一時停止により8基停止（AtF:1）		
3/17		安全性検証の要請目録作成を原子炉安全委員会に付託（AtF:1）		
3/20			ザクセン・アンハルト州議会選挙：キリ民32.5，左派23.7，社民21.4，緑7.1，自民6.7％	
3/22		・核エネルギーの危険性の新評価のために，また未来のエネルギー政策の顧問として倫理委員会「安全なエネルギー供給」を設置（AF:1） ・ドイツ原発の安全性検証を原子炉安全委員会に付託（AtF:1）		
3/23		アイクナー消費者保護相，「停止を値上げの口実にしてはならない」		
3/25		放射性ヨード1/5000ベクレル検出（4観測施設）		

ドイツ				世界
政党	学会・専門家	メディア	社会運動	(米・露・中等)
			エムニート調査（夏）：稼働延長賛成 52%	
				オバマ大統領：「グリーン・ニューディール政策」＋原発推進
			・エムニート調査：決定反対 77%, 全稼働延長反対 48% 11　選挙研究グループ調査：緑の党 12%（1）→ 20%	
左派党基本綱領採択			5　ベルリン 15 万人デモ（全国 25 万人）	福島原発事故
			シュトゥットガルト反原発 6 万人人間の鎖（首相府からライツェンシュタインからネッカーヴェストハイム原発まで 45 キロ）	
			・ベルリン反原発 15 万人デモ ・ハンブルク、ケルン、ミュンヘン・デモ（全国 25 万人）	

年	ヨーロッパ	ドイツ 連邦議会・政府（・原発）	ドイツ 州議会・政府	ドイツ 産業界
3/27			・バーデン・ヴュルテンベルク州議会選挙：赤緑連合，クレッチュマン首相（緑）：キリ民 39.0，緑 24.2，社民 23.1，自民 5.3，左派 2.8% ・ラインラント・プファルツ州議会選挙：社民 35.7，キリ民 35.2，緑 15.4，自民 4.2，左派 3.0	
3/30				
3/31		・レットゲン環境相，新安全性基準，新たな核合意・原子力法改正を要請 ・原子炉安全協会，「要請目録」を告示		
4/1			・ノルトライン・ヴェストファーレン州政府，連邦参議院に新核脱却法を予告	・ライン・ヴェストファーレン電力，カッセル行政裁判所にビブリス停止で告訴：原発安全，停止は無効。ヴァッテンファル／エーオンは停止に反対せず。(4/2) エネルギー・バーデン・ヴュルテンベルク社は静観
4/2		ライン・ヴェストファーレン社広報，「ビブリス停止で家庭用価格 5% 値上げ」		
4/3				
4/4		・倫理委員会設置 ・ミュラー連邦エネルギー・水道経済責任者：取引価格 12% 上昇，仏・チェコからの輸入倍増と蘭・瑞への輸出半減の恐れ		ファーレンホルト主任（ライン・ヴェストファーレン社），「仏・チェコからの輸入なしでは南独停電の可能性，北海から南独への回線網 3400km が必要だが，建設に 12 年，揚水発電所も建設に 10 年。」←→連邦環境省，停止後も電力輸出中
4/7		・連邦政府「グローバル環境変化」学術諮問委員会報告書：中・長期的には核エネルギー・石炭・石油なしでエネルギー供給は可能 ・シェルンフーバー委員長：「脱核エネルギーは 2022 年までに可能，電力は 40% 削減が可能」		
4/8				ドイツ・エネルギー・水道事業連盟（BDEW）の声明：2020 年までの脱核を支持
4 初旬		・環境省と経済技術省の合意「6 項目計画」：①再生可能エネルギーの迅速な増強，とくに洋上風力，50 億ユーロ融資，②送配電網の迅速な整備，とくに南北，③ 2020 までに建物熱需要を 20% 削減，建物回収融資に 20 億ユーロ，「エネルギー・気候基金」に 10 億ユーロ，④とくにガス発電施設建設の促進，⑤送配電網・竹田施設の研究開発費に 5 億ユーロ（～2020），⑥討議の透明性を確保した市民参加		

政党	学会・専門家	メディア	社会運動	世界(米・露・中等)
			選挙研究グループ信頼度調査：緑53%，キリ民18%，社民11%	
	・フラウンホーファー研究所ヴェーバー所長のメルケル宛公開書簡，「残余の危険性を排除できない，2020までのエネルギー転換は可能，ガス熱電併給・蓄電池・回線網建設が過渡期の手段，EEは2050までに7500億ユーロを節約，再生可能エネルギー研究とエネルギー効率化技術が最適手段」			
	シュナイダー独福音派教会議長声明，「核エネルギーはいかなる過ちも赦さない」			
			ドイツ公共放送世論調査：2020頃までに原発廃止賛成86%	

ドイツ

年	ヨーロッパ	ドイツ 連邦議会・政府（・原発）	州議会・政府	産業界
4/15		メルケル，全州首相と協議：脱核＋再生エネ転換が基本，停止中の原発の再稼働なし，内閣は6月6日に核脱却法案を提出		
4/28		倫理委員会・公聴会：各界代表・環境団体など28人が参加・討論。エーオンのタイゼン社長：「石炭・ガス発電が必要になり，気候保全ができなくなるので，性急なエネルギー転換には反対。電力価格10％上昇」		
5/1		・改正「再生可能エネルギー熱法」発効：2020までに新築建物の熱エネルギーを再生エネとする。公共建築も対象		
5/17		原子炉安全委員会，安全性検証の最終報告提出，ドイツ原発の高度な安全基準を確認（AF:1）		
5/21		・稼働原発4基のみ（イザール2，グントレミンゲンC，ブロークドルフ，ネッカーヴェストハイム2）		
5/28		倫理委員会，報告提出，生態的・経済的・社会的調和の条件で核エネルギー脱却を勧告（AF:1）		
5/30		・連邦政府決定：8基最終停止，ただし1基は待機（冬季電力不足対策〜2013/3/31），残9基は2015〜2022停止		
6/6		連邦政府決定：8法案＋「エネルギー構想」＋再生可能エネルギー促進法の実績報告書		
6/9		連邦議会の審議開始		
6/30		連邦議会決定：第13次改正原子力法：2022年までの核エネルギー脱却：賛成513（キリ民・社同・社民・自民・緑），反対79，保留8，欠席20＋エネルギー供給関連7法（再生可能エネルギーによる発電を促進するための法的枠組みを新たに規制する法律，エネルギー経済法指令を新たに規制する法律，送電線網の拡張を加速化する措置に関する法律，特別資産「エネルギー・気候基金」創設j法を改正する法律，自治体の開発に際して気候保全を促進する法律，船舶航行法指令の第1次改定法）		
7/8		参議院決定：「脱原子力法」とエネルギー転換（AtF:1）		
7/28		「再生可能エネルギー優先法」改正：① 2020に35％以上，2040に65％以上，2050に80％以上		
8/1		連邦大統領，法律署名（AtF:1）		
8/6		第13次改正原子力法発効：原子力法に従って原発の稼働の稼働資格失効：法のなかで，連邦ネット庁がこれらの原発ビブリスA，ビブリスB，ブルンスビュッテル，イザール1，クリュンメル，ネッカーヴェストハイム1，フィリップスブルク1，ウンターヴェーザーの一つを留保稼働として稼働させるよう命じる可能性を予定（AtF:1）		
8/31		連邦ネット庁，ドイツ・オーストリアの古い化石発電所ブロックの追加的留保稼働に関する契約上の買い取りに従って同庁が，8月6日に法的に停止された原発の一つの留保稼働令の可能性のうち，2011/2012年冬および2012/2013年冬利用しないと通知（AtF:1）		
2012		2 レットゲン環境相「エネルギー革命の基本計画」・再生エネ助成金：135億ユーロ（2011），900億ユーロ（2000〜2012）		
2013		9/22 連邦議会選挙：キリスト教民主同盟／社会同盟41.5％，311議席，社会民主党25.7％，192，左派党8.6％，64，同盟90／緑の党8.4％，63，自由民主党4.8％，0）		

＊出典：① AtF: Deutsches Atomforum, Geschichte der Kernenergie（http://www.kernenergie.de/kernenergie/themen/geschichte/index.php http://www.kernenergie.de/kernenergie-wAssets/docs/themen/2012-02-22-fukushima-chronik-politische-ereignisse-in-deutschland.pdf）und Chronik der politischen Ereignisse in Deutschland nach dem Reaktorunfall in Fukushima am 11. Marz 2011（2014/4/30）.
② BM: Bontrup, Heinz-J./Marquardt, Ralf-M., Kritisches Handbuch der deutschen Elektrizitatswirtschaft, Berlin 2011（2., unveranderte Auflage von 2010）, edition sigma.
③ I: Illing, Falk, Energiepolitik in Deutschland, Baden-Baden 2012; Nomos Verlaggesellschaft.
④ R: Radkau, Joachim, Die Ara der Okologie. Eine Weltgeschichte, Munchen 2011; C. H. Beck.
⑤ RR1: Roth, Roland/Rucht, Dieter（Hg.）, Neue soziale Bewegungen in der Bundesrepublik Deutschland, Frankfurt am Main/New York 1987, Campus.
⑥ RR2: Roth, Roland/Rucht, Dieter（Hg.）, Die sozialen Bewegungen in Deutschland seit 1945. Ein Handbuch, Frankfurt am Main/New York 2008; Campus.

政党	学会・専門家	メディア	ドイツ 社会運動		世界 (米・露・中等)
			1　ドイツ公共放送世論調査：キリ民・社同 35%，社民 30，緑 16，左派 6，海賊 6，自民 2 3　グロースブライテンバッハ村，ライプツィヒ行政裁判所に高圧送電線建設中止を提訴		

〈特別寄稿〉

緑の党とエネルギー転換

ジルヴィア・コッティング＝ウール

　皆さん，おはようございます。ここ法政大学に招待いただき，ありがとうございます。そして，社会学部60周年記念に心からお祝いを申し上げます。今日皆さんの前に立てて，またドイツのエネルギー転換についてお話しする機会を与えていただき，ありがたく思います。

　あなた方のなかにはすでにご存じの方もあると思いますが，私の名前はジルヴィア・コッティング＝ウールで，ドイツ議会の緑の党のメンバーです。私が密接にかかわっている問題はエネルギー転換と核脱却で，これがあなた方にとっても重要であることは承知しています。

　それでは，ドイツのエネルギー転換に向かう最初の大きな一歩が踏み出された時点にさかのぼってみましょう。1998年，社会民主党と同盟90／緑の党の連立の間にエネルギー転換の計画はますます重要になりました。化石燃料の利用から，クリーンな緑のエネルギー計画への転換を主導する特別な手段に取り組んだのは，私たちが初めてです。それは再生可能エネルギー，エネルギー効率化，エネルギー節約によって持続可能な経済をつくるものです。「再生可能エネルギー法」は，エネルギー転換の主柱と見ることができます。私たちは，それを2000年の議会で可決することができました。そのことに関していくつかの点についてお話ししたいと思います。また，現在までにもう1つの例として，私たちは「10万の屋根プログラム」も1999年に始めましたが，それは太陽光発電システムの設置を促進するものでした。

　ドイツのエネルギー転換の実現は，常に反原発運動の目標の重要な側面でした。少なくともチェルノブイリの災害以来，ドイツの社会と議会ではいつでも

強力な反原発の抵抗がありました。大都市や原子力発電所前で巨大なデモが行われ，議会での演説と討論が行われてきました。

　しかし，保守政党のキリスト教民主同盟／社会同盟と自由民主党からなるドイツの政府が初めて最終的に核脱却を準備したのは，福島の事故で実に恐ろしく悲劇的な感覚を覚えた後で，2011年6月，「核エネルギー法」の改正が議会の大多数で承認されました。福島の影響の下での最初の一歩は，もっとも古い7つの原子力発電所と，当時稼働していなかったクリュンメル原子力発電所を停止することでした。その結果としてドイツでは，2022年までにすべての原子力発電所が停止されることになります。現在，9つの原子力発電所がまだ稼働していますが，それも確定した行程表に従って停止されます。2015年に1基，2017年と2019年にそれぞれ1基，最後の6基は2021年と2012年ですが，もしエネルギー転換が適切に準備されないなら，これは問題になるかもしれません。私たちが在来型のエネルギー源から再生可能エネルギーに実際にうまく転換する場合にだけ，核エネルギーに内在するリスクを減らし，次いでなくすことができるでしょう。なかでもあなた方は，原発の事故がどれほど巨大で悲劇的な災害をもたらしうるのかを見てきました。人々は家を捨て，仕事をなくし，人生のすべてを手放さなければなりませんでした。あなた方は社会環境をすっかり失い，代替することも補修することもできないものを失ったと言えるかもしれません。核エネルギーは，誰も我慢すべきではない不必要なリスクなのです。

　さらに技術とその影響は——直接的にも長期的にも——とてつもなく高くつきすぎます。それが，新しく発足したプロジェクトのほとんどが遅れるか取り消されていることの理由です。誰も——核兵器所有国家を除いて——コストとリスクを引き受けようとしないのです。そして，緑の電力は核エネルギーで生産された電力よりも高いと語る人はみな，あなた方を馬鹿にしているのです。それこそ美しい作り話で，核のコストはほとんど電力料金請求書には記載されていないのです。彼らはまさしく，一般の人々が簡単に知ることのできない税金で支払いを受けています。

　未解決の廃棄物問題も，私たち緑の党にとってなぜ核エネルギーにはついていけないのか，これからも常にそうなのかということの主たる問題です。核科

学者たちは当初，廃棄物問題は数年のうちに簡単に解決できると考えたため，核エネルギー開発計画をやすやすと進めたのです。しかし，それは着陸用滑走路なしに飛行機を飛ばすのと同じであることが判明しました。現在に至るまで，私たちが不幸にも依然として産出している危険な核廃棄物の解決策は，世界中どこにもないのです。ドイツでは前の立法期間〔2013年〕に「貯蔵所選択法」が成立しました。この法律は，高レベル放射性廃棄物の貯蔵所選択を管理しています。無制限かつ〔複数の候補地を〕比較する透明な調査研究の開始は，ドイツの核政策の里程標と見ることができます。

　要約すると，原子力発電所による電力生産が電力網〔接続〕を妨害しているかぎり，再生可能エネルギーはその実際の能力を発展させることができません。それがどれほど効率的で強力かは，再生可能エネルギーがすでに原子力発電所よりもたくさんの電力を生産しているドイツの発展のなかに予見されます。

　しかし，再生可能エネルギーに転換し，どんなものであれ抵抗に抗してエネルギー転換を促進することには，私たちにとって別の理由もあるのではないでしょうか。もちろん，1つの主要な側面は，気候変動との闘いです。ご存知のように，石炭，石油，ガスを燃やすと，気候にとって現実のトラブルを引き起こします。現在進行中の恒常的な温暖化は，地球の大気の平均気温を上昇させ，その結果海面上昇，氷河の継続的な後退，もっと極端な気象を引き起こします。したがって，ドイツのエネルギー転換の1つの目的は，再生可能エネルギーを利用しエネルギー効率を向上させることによって，脱炭素化し，地球温暖化を防止することです。もっともっと再生可能エネルギーを利用することによって，私たちは同時に化石燃料輸入への依存を低下させます。これも，日本で大きな問題になっていると思います。

　エネルギー転換のもう1つの特別な側面は，たくさんの新しい仕事をつくることです。2005年以降，ドイツの再生可能エネルギーはほぼ40万の新しい仕事をつくりだしました。

　私たちは緑の技術革新と緑の技術の科学も発展させ，緑の技術の輸出者としての立場を強化しています。日本ももちろんエレクトロニクス，エネルギー効率化，ハイブリッド車技術のリーダーであり，日本の企業はすでに太陽光発電池や風力発電タービンを生産しています。ですから，日本の偉大な精神と技術

的ノウハウはたくさんの可能性があると思います。

　しかし，あなた方がご存じのように，私たちが議会で行った決定が一方にあるとして，もう1つの重要なことは，社会がそれにどう協力するかということです。ドイツ全体で風車や送電線網に対する反対がいつでもあります。これには緑のコミュニティも含まれます。あなた方がエネルギー・システム全体を改造しなければならないように——生産だけでなく供給も——，社会が事実上この過程の重要な一部になることがとても大切です。すでに述べたように，ドイツには「再生可能エネルギー優先法」，いわゆる「再生可能エネルギー法」があります。これは再生可能エネルギー源の早急な増大を支援する資金調達メカニズムです。再生可能エネルギーの生産者は，固定価格買取制度で保証されたものを得ますが，それは高度な投資の安全性をもたらします。日本では2012年に，同じようなシステムが導入されたと聞いています。私はそれを高く評価しています。再生可能エネルギー法の重要な側面は，再生可能エネルギー電力の優先的な接続です。これは，ネットワークの経営者が核エネルギーや石炭といった在来型のエネルギー源によって生産された電力よりも，再生可能エネルギー電力を優先して送電線網に接続しなければならないことを意味します。私が知っているかぎり，これは日本ではまだ施行されていません。私の考えでは，これがエネルギー転換にとって鍵を握る側面です。

　私の考えでは，再生可能エネルギー法は，エネルギー転換に貢献し，それによっていくらか儲けもする人々に対するオファーと見ることができます。しかし，ある個人やコミュニティは，そのような状況からいったいどのようにして利益を得られるのでしょうか。私たちのドイツの経験をいくつか紹介したいと思います。

　たとえばインゲルスハイム・エネルギー社と呼ばれているエネルギー協同組合がありますが，ここは私の家と選挙区から離れていません。彼らは2012年に風力タービンを設置し，地域レベルでエネルギー転換に貢献しています。この間に300人のメンバーになり，設備容量は2000キロワットです。これによって，年間およそ1200世帯に供給できます。

　メンバーは利潤の分配から利益を得ています。自分たちの使うエネルギーを自分で生産しているので，エネルギー消費にさらに大きな注意を払っています。

また「太陽光複合体」もあり，これはボーデン湖地域のほぼ全電力を再生可能エネルギーで供給することを目的とした企業です。人々はステークホルダーになることができ，したがって新しいプロジェクトの発展の一部となり，最終的には利潤の分配から利益を得ることもできます。ですから，企業価値に従って仕事は地域内にとどまり，それによって地域経済が強化されます。ベネ・ミュラー，管理組織のメンバーの一人はよくこう言っています，再生可能エネルギーへの転換の努力はいつでも経済的側面ももっている，と。彼は，石油タンカーが着いて荷物を満載して離れる——石油と一緒に着いて，君たちのお金と一緒に離れると語っています。それに対して，あなたは自分自身の緑の持続可能なエネルギーを生産することによって，石油輸入による資金流出と正反対の答えを出すことができるというものです。

　3つ目の例は，リューネブルクのヴィルヘルム=ラーベ学校の例です。この学校はすでに1997年に，屋上に太陽光発電パネルを設置しましたが，固定価格買取制度の固定し保証されたお金によって，年ごとにシステムを拡張することができました。今では学校のエネルギー消費の20％をカバーできています。この間に固定価格買取制度からの利潤は，タンザニアの姉妹校に行っています。またこの学校はいくつかの賞を受けています。

　最後の成功例は「シェーナウ発電所」です。チェルノブイリの破局の後，シェーナウの若い親たちは，核エネルギーから解放された，気候にやさしい持続可能なエネルギー供給を支援することを決心しました。長い闘争の後，彼らは最終的に原子力発電所から送電線を買うことができました。1997年のことです。現在，彼らはドイツ最大の緑の電力供給者で，私はカールスルーエ，選挙区，ベルリンでその電力を利用しています。

　もしあなた方がこの例を見て，エネルギー消費をカバーするために，すでに太陽光システムを設置しバイオマスと風力発電を利用しているすべての人々，農家や企業に実際の利点を伝えたら，システムの転換を明瞭に感じるでしょう。このような現在の発展の過程で，私たちは少数の主要な電力会社の電力から離れ，少しずつ分散的な地域的構造に戻っていけますし，実際これがエネルギーの独立をもたらすのです。日本は強い意思とコミュニティとチームワークの偉大な感覚をもった国民です。この精神があれば，日本は緑のエネルギーに向か

う転換能力をもつことでしょう。日本が第2次世界戦争後，ハイスピードで経済的にヨーロッパに追いつくことによって転換に成功し，すでに世界から驚嘆されていることを忘れてはなりません。

　安倍晋三首相は，核脱却を望む人が大多数であるにもかかわらず，依然として核エネルギー政策にしがみついています。彼の支援者であった小泉純一郎元首相も安倍首相が社会の願いを実現するよう勧め，即時核脱却に取り組んでいます。安定した早急な再生可能エネルギーの増大が，とくに日本の関心であると私は思っています。最近小泉元首相は，最終処理場がなければ核エネルギーにチャンスはないと語りました。私は完全に彼の意見に同意します。私よりあなた方がよくご存知のように，日本は環太平洋火山地帯に位置し，頻繁に地震が発生し，時々火山が噴火しています。日本の地理的位置は核エネルギーのようなハイリスクの技術には途方もなく不適合ですし，私の考えでは，何よりもまず原子力発電所を建設してはなりません。このような困難な状況は，少なくとも100万年安全でなければならない危険な廃棄物の最終処理場にも当てはまります。私はあなた方と，どうしたらこの問題を日本で解決できるのか，ヨーロッパ・レベルでも議論したいと思います。たとえば1つのアイデアがあります。日本ですでに生産された放射性廃棄物を，もっと安全に貯蔵できるかもしれない他の国で処理する，その代わりに日本は核エネルギー計画から撤退するというものです。私はこのような問題についてあなた方の意見と考えをお聞きしたいと願っています。

　あなた方の前でお話しできてうれしいです。ご静聴，ありがとうございました。

（壽福眞美 訳）

第Ⅱ部　日本のエネルギー転換

第6章

3・11 Fukushima と
世界・日本のエネルギー事情

北澤宏一

　2011年の福島原発事故はいくつかの異なった観点からの問題を提起した。その第一は，長期的に見た時の人類のエネルギー・ニーズに対する時間スケールを加味した原子力の位置づけである。第二は，地政学的な考慮を含めた各国の異なるエネルギー政策が総合的に生みだすグローバルな資源問題・地球環境問題との整合性である。第三に，事故を起こした日本の国内問題，そして地域としての福島の復興の問題である。

　エネルギー源としての原子力は化石エネルギーの100万倍と言える非常に大きなエネルギーを発生し，かつ，温室効果ガスを排出しないという，他にはない魅力を有する。しかし，その反面，放射能という危険を宿命的に伴う。福島事故でも「国家が終ってしまう恐怖」を日本よりも国土面積の小さな国々に対して与え，これらの国々では「リスクのないメリットはないとする議論はもはや成立せず」として，脱原発への道を辿ることが決定された。一方，日本と同程度以上の面積を有する多くの国々では，人々は「できることならば脱原発すべき」と考えるに至った。この限定詞は，主として脱原発する場合に発生する経済的な「大変さ」加減との比較の問題であり，原子力を続けることのリスクと代替エネルギー導入に予想される経済リスクとの比較が大切となり，各国間に微妙なエネルギー政策の差違を生んでいる。

1　各国のエネルギー事情

　スウェーデン，フランスなどを始めとする日本よりも国土の大きな国では，「福島原発事故が一度くらい起きても国がつぶれることはない。地球温暖化のリスクが第一」と考える面がある。これらの諸国では，まず脱化石エネルギーを果たし，次いで脱原発の実現に進もうという機運が強い。一方で中国やインドでは化石エネルギー，原発を含めてあらゆるエネルギー源の最大速度での導入が必要で，「贅沢は言っていられない」段階にある。途上国は，原子力は規模が大きすぎて導入が難しい国々と，むしろ，隣国へのエネルギー依存を減らさないと自国の安全保障を図れないと考える東欧やチリのような国々とがある。

　原子力依存を急速に減らそうとする場合には，当面，石炭や天然ガスの導入を増大させざるをえない面がある。ドイツのように，10年程度を移行期間と考えて温室効果ガス排出の増大を極力避けつつ，再生可能エネルギー転換を全力で進めて，原発による発電の減少分を補おうとする例もある。西欧の経済先進国，例えばスイス，スペイン，イタリア，オーストリア，デンマークなどはドイツと歩調を合わせた動きをしている。

　一方で，米国は既設の原発を寿命まで温存し，安くなったシェールガスの大量導入で石炭の使用を減らすことによって温室効果ガス排出の半減を目指そうとしている。シェールガス転換は経済原理に任せて進行すると考えられている。また，長期計画においては，原子力は賠償保険金の高騰，規制による新規炉の設備コスト上昇などで，石炭やシェールガスに経済的に太刀打ちできなくなってきている。さらに，風力発電がコスト競争力をつけており，テキサス州などでは完全に主要電源の一角を占めるようになった。また，太陽電池価格の急速な値下がりで，ピーク時だけのための電源として考えるとペイするという見方が生じてきており，各州で時間差のある電力価格が導入されるにつれて，太陽光発電がグリッド・パリティに到達したとされるようになった。

　東欧諸国は面積が日本よりも小さいが，隣国のロシアに石油やガスを依存しており，エネルギー安全保障のリスクが非常に大きいと考えている。今後も原子力リスクよりもロシア・リスクの方が切実であるため，当面，原子力はむし

ろ増強されうる状況といえよう。

　中国は慢性の電力不足が続いており，今後もあらゆるエネルギー源の開発をフルスピードで進めていかなければならない状況にある。このため，原発の新設予定も世界全体のなかで多くを占めており，一方で，風力はすでに世界第一の導入スピード，太陽光も第一位を争う。風力や太陽光は設備産業であり，設備は国際商品であるので，中国は世界のマーケットリーダーの立場にある。

　唯一の被爆国として，また，福島原発事故を経験した日本では，矛盾が最も集積した形で現実に存在し，それらがまだ十分に議論され尽くしておらず，エネルギーに対する基本政策が不明確なまま事故後すでに2年半を経過している。

2　福島原発事故の経緯と再稼働のリスク

事故とその影響

　福島の原発事故は，日本人に対して第2次世界大戦の敗戦にも比するほどの大きな精神的打撃を与えたとされる。その理由は，科学技術に対する国民の不信感が嵩じただけでなく，戦後の日本が営々と築き上げてきた「ハイテク・高信頼性」という国際的信用が一気に失われてしまったからである。

　事故が起きてから最初の数週間，何が起きているのか，この事故はどこまで拡大するのか，国民は不安の中に置かれた。地震による津波が発生した地域には15基の原子炉が存在した。うち，過酷事故に至った福島第一原発の3基では，炉心の冷却系統が長時間途絶えたことにより，燃料が溶融（いわゆるメルトダウン）し，また圧力容器や格納容器が破損したことにより，放射性物質が外部環境に放出された。また事故の過程では，炉内で発生した水素が建屋内に漏れ出し，三度の水素爆発を引き起こした。この事故による放射性物質の漏洩量は，1986年のチェルノブイリ事故に比較して7分の1程度とされ史上2番目であり，INES基準の最悪であるレベル7にランクされた。

　最大の放射性物質の漏洩が発生したのは2号炉であり，現時点では，高温に伴い，格納容器上部のフランジが破損し，放射性物質が漏洩したと考えられている。最大の漏洩があったと推定される2011年3月15日には，風向きが北西方向であったことから，事故によって放出された放射性物質は風によって運

ばれ，また雨によって地表に沈着した。2年半後の現在も約8万人が強制的に避難させられており，さらに7万5千人が自主的な避難生活を続けている。

さらに，2号機では建物の中に地下水が入り込み，格納容器にも破損が生じ，破損した燃料とこの地下水が接触している。その結果，汚染された水が1日数百トンの速度で漏出し続けている。この汚染水は現在，海にもれる前に汲み上げてタンクに貯蔵し，ALPSと呼ばれる汚染水処理装置で放射性核種であるセシウムやストロンチウムなどを除去しようとしている。現在でも，この水の処理は不完全であり，東電に対する国民の信頼をさらに低める理由ともなっている。

汚染地域では生活再開に向けて，放射性物質の除染が行われている。しかしながら，除染はあまり効果があるとは言えず，さらには，除染で出た汚染土の置き場が見つからず，野積みにしたり，庭先に埋めている状態である。帰宅困難状態がこのまま何十年も固定化されていくことも予想しなければならない状況になってきている。また，汚染地域住民の賠償交渉も遅れている。これらの問題に対する取り組みは，基本的に民間事業者としての東電が行ってきていたが，この間に東電は民間企業としては財政的に破綻し，実質的に国営化された。したがって，事故の損害は実質的に税金から賄われることになっている。その全体としての損害の大きさは10〜20兆円ではないかとされるが，今後の復興の遅れをカウントすればさらに大きくなるとする見方もある。

なぜ事故は拡大したか

福島原発事故では停電によって引き起こされた事故の拡大を防ぐことができなかった。その理由は「事故が深刻になってから後の対策」すなわち「過酷事故対策」が取られていなかったからである。あるいは，予め考え・練習していなかったためである。この点は，政府事故調，民間事故調，国会事故調の3事故調の見解がすべて一致している。海外の原子炉の多くは，1979年のスリーマイル島事故，1986年のチェルノブイリ事故，そして2001年のニューヨーク同時多発テロなど，何度かの事故に学んで過酷事故対策を施していた。残念ながら日本の原子力業界および原子力を規制する立場にあった原子力安全・保安院などは，海外のこのような動きを無視して，安全対策を施すことをほとんど

しなかった。

　大地震の確率が世界の数十倍も高いとされる日本でありながら，なぜ，日本だけが大事故への対策を怠ったのか。民間事故調が注目したのは，「国策民営」による日本の原子力推進方策の中で形成された「原子力ムラ」と「原子力安全神話」である。海外では安全対策が施されても，日本では「原子炉は「100％安全」なのだから，それ以上の安全策を講じる理由は論理的に存在しない」として，安全に対する新たな提案は次々と拒絶され，あるいは，実施に至らないままに放置された。これが安全神話による「自縄自縛」である。

　また，「100％安全が虚偽である」ことに個人的には気づきながら，表面上「安全神話」をそのまま推し進めようとする態度が，事業推進側，規制側，メーカー，地方自治体や政治家，学会関連者などにも共有されていた。共有することで利益を享受できるメカニズムが国と電力会社が供与する豊富な資金を媒介としてできあがっていた。この利益を享受する集団が「原子力ムラ」の定義である。

　規制側組織の責任ある地位にいた者たちも，個人的にはこのような「安全神話に囚われた自縄自縛状態」を危惧していたが，全体の大きな惰性的流れに抗うことの困難を感じつつも，そのまま2年程度の自分の任期が終わるのを待つような状態が，過去30年にわたり続いていた。

　なぜ日本の原子力業界では海外並みの過酷事故に対する対策が講じられなかったのかについて，民間事故調と国会事故調の見方はほぼ一致した。すなわち，原因は個々の担当者にあったとするよりは，むしろ，対策を講じることが困難となる組織的・法律的な問題の蓄積があったとする見方である。

　原子力推進側も規制側も，「原子力は100％安全とする安全神話」を住民説得のために用いているうちに自らも自縄自縛状態に陥り，個人ではその状態が抱える問題に気づきながら，誰も惰性による流れを変えることができなくなってしまっていた。すなわち，「100％安全なものにそれ以上の改善はありえない」とする自縄自縛状態から抜け出せなくなっていた。このため，海外では種々の安全のための改善が施されても，日本の原子力業界では，海外での改善を知りながら，それを見て見ぬふりをするような状況がずっと30年以上も続いたのである。

このような馴れ合い状態にあった原子力推進側と原子力規制側の利益共有型のコミュニティが「原子力ムラ」と呼ばれた。民間事故調では「原子力ムラ」の形成が日本の原子力安全規制に与えた影響が非常に大きいと結論している。「原子力ムラ」の意味するところは，原子力問題に関わる中央政府と各地方自治体の与党野党の政治家，国および地方自治体の行政機関における公務員，電力会社の経営者および労働組合員，原子力関連メーカーの経営者および労働組合員，原子炉設置に関わる建設・土木関連企業，大学教員，国公立研究所の研究者，関連学協会会員，原子力広報のために設立されている複数の財団法人や広報活動に参加する協力者などを集合的に指す言葉である。それぞれの個人は，その置かれた立場において，「国策民営」である原子力事業の推進に協力しようとする漠然とした気持ちがある。あるいは，その時点で規制側に立っている者もいるが，原子力を推進していくという前提の下に安全を保たねばならない，と考えている。

　「原子力ムラ」の住人は，少なくとも惰性で動いているスピードの程度に原子力の推進に協力しなければ，自分が原子力ムラの構成員から外されてしまうのではないかとする不安を有する者の集団でもある。原子力ムラに残留することによって自分の仕事をキープすることができる。仲間から外されてしまうとそのような利益は得ることができなくなる。

　1970年代には2度のオイルショックが日本を襲った。中東戦争が発生し，石油価格が5倍も高騰したことによるものであった。このオイルショックが日本をして原子力発電の国策民営を強固なものとした。田中角栄首相時代の1974年にできた電源三法に従って，中央政府から原発を受け入れる地方自治体に供与される年間数百億円の交付金，総括原価方式により利益を保証されている地域独占型電力会社によって供される地方自治体への種々の寄付金，中央と地方の政治家に対する電力会社や原子力関連メーカー系労働組合からの献金と選挙協力，大学などへの研究費，大学教授などに対する講演や調査や審議会委員などとして協力することに対する謝金，などのさまざまな潤滑剤的なお金が，この原子力ムラの中に流通した。

　このような状況下で，原子力の専門知識を有する人の中から中立的な立場を護ることのできる人を探し出すのは非常に難しくなっていった。今回の事故が

起こってから初めて，原子力ムラに属さない原子力の専門家が少ないことが安全性にとって致命的であることに国民が気付いたのである。すなわち，原子力推進業務に関連しない原子力の専門家を，国家としては常に育てておかなければならない。

他の国々に遅れて原子力発電に参入し，また，国産エネルギー源に乏しい日本がとった国策民営路線は原子力推進にとっては有利に働いてきたが，原子力ムラが発生しやすい土壌を与え，結果的に安全を守るべき規制側の力が育たなかったことが大事故につながってしまったとみることができる。

事故後の組織改革と法律の改正

上述した三つの事故調査委員会はそれぞれに「人災」としての福島原発事故を明らかにし，その組織的，法的側面を追求したが，その中で「機能していなかった」と断定された原子力安全委員会と原子力安全・保安院は2012年9月に政府，国会によって廃止され，新たに「原子力規制委員会」が設置された。新委員会は原子力推進側に立つ省庁や電力会社などからの影響力を排除し，独立性の高い活動をするように法律で定められた。また，既設の炉に対しても，新基準に基づいた規制が適用されるように法律が改定された。このために，新基準への適合への準備をしなければ，これまで稼働していた炉も再稼働ができなくなっている。

しかしながら，2012年12月に政権が交代し，新たに成立した自民党政府は，それまでの2030年代に脱原発を行うとした民主党政府とは異なって，安倍首相を始めとして「新規制委員会が安全と判断したもののみ再稼働する」方針で既存原子炉の円滑な再稼働を企図するとしている。

電力会社から再稼働に向けて「準備が整った」として申請がなされた炉は2013年10月末までの段階では12基である。全体50基のうちの4分の1だけである。これは，既存の炉で停電が起きた時の対策，停電が起きないようにする対策，テロが起きても運転員が操作できる代替操作室の設置，ベントをする時に住民への迷惑を軽減するためのベント・フィルターの設置など，すぐに対策をとるのが難しい要求がいくつかなされているからである。いずれにせよ，これらの対策自身にもお金がかかり，また，稼働できる炉の数も限られること

から，今後の原子力発電のコストが従来以上に高くなることは否めない。

　それとともに，数年以上にわたって我が国における原子力発電の比率が顕著に減少することは避けられない情勢となっている。したがって，今回の福島の事故によって，我が国では3割のシェアを占めていた原子力の寄与が，当面，省エネ努力と化石燃料の輸入増，再生可能エネルギーの設備導入によって賄われねばならない。

再稼働後のリスク

　今後規制委員会は福島原発事故を反省して，津波に対する対策を以前に比してより高い波にまで対処できるように，新基準では図っている。さらに，仮に事故が起き始めても，なるべく事故が拡大しないうちに燃料棒を水で冷やせるよう，あの手この手の対策を準備している。その意味でこれまでよりも，確率的には安全性は高まると思われる。

　しかしながら，今回の事故の本質は，「商業用軽水炉が"fail safe"の設計思想に基づいて設計されていない」ことにまずあった。すなわち，炉内への強制的な冷却水注入が途絶えると原子炉は制御不能となって暴走し始める設計になっている。自然冷却の可能な高温ガス炉や東芝の提案した小型4Ｓ炉など暴走しないタイプの「固有安全炉」の提案もなされてはいるが，採用されていない。その理由は経済性が悪いと思われているからである。現在の軽水炉は発電用水蒸気の発生効率を高めるために，炉心での熱発生密度を極度に高める炉心設計を採用しているがゆえに，メルトダウンなど燃料棒損傷に至る設計となっており，特にＢＷＲ（沸騰水型）はメルトダウンに至る時間に余裕がない設計になっている。このため，ＢＷＲではベント・フィルターを設けなければ再稼働は許されない。

　これまでの日本の原子炉は柏崎と福島の2度の大きな地震に遭遇したが，耐震性という意味では大きな問題が生じたという状況にはなっていない。しかしながら，直下型の地震はまだ未経験である。このために，新規制委員会は活断層の存在する可能性のある原子炉に特に神経を尖らせている。直下型では配管が切断されたり，炉自身が傾くような事故が発生しかねないからである。このため，すでに稼働を許されていても，新たに活断層の可能性が見つかった炉に

対しては，その疑いが晴れるまでは稼働させない方針を採っている。

　しかしながら，いずれにせよ，規制委員会は「安全である」という判断はしない。「規制の基準を満たしているかどうか」だけを判断するもので，たとえ規制の基準を満たしても事故の確率は有限に残ることに注意せねばならない。水の供給が途絶えれば確実にメルトダウンが起きる設計になっているからである。メルトダウンが起きれば圧力容器や格納容器も破損し，放射能が外に漏れる。

　メルトダウンが起きても事故を最小に抑える炉の構造も近年は考えられるようになってきている。たとえば，ロシアが提案し，仏アレバ社が商品化し，中国やインドが受け容れている「コア・キャッチャー」という炉の構造である。これはメルトダウンが起きて溶融燃料が圧力容器を突き破って落ちた時，そのメルトをそのまま下に落とすのではなく，コア・キャッチャーと呼ばれる容器の中に導く方式である。これにより，再臨界の危険を避け，放射性物質の発生を少量に抑制することができるとされる。

　この方式はアレバ社の特許となっており，日本メーカーは手が出せていない。このため，日本の原子炉にはまだこの装置は採用できていないとされる。このような安全装置が海外で開発され日本では使えない状態というのは，安全上，残念なことであると言わねばならないであろう。このように日本は，事故が発生して以降の安全対策技術が遅れていると言わざるをえない。

　とにかく，炉心の水を絶やさないように万全の努力をするという対策が必要になる。あるいは，自国だけの技術に囚われずに良い技術は技術導入を行うという精神構造への転換が重要である。この30年間，国内では「安全神話」がまかり通り，自縄自縛状態に陥っていた。他方，海外に対しては「日本の原子力技術は優れている」という根拠のない神話がまかり通っていた。このことが海外のさまざまな安全対策事例の学習と導入を妨げてきた最大の原因であったことを反省せねばならないであろう。

　現時点においても再稼働にあたっての日本の安全対策上のレベルはまだまだ気になるところが多い。対策を施しても事故の残余確率は有限に存在する。かつ，これまでに起きていない大きさの自然災害が起きる可能性や，テロの発生の可能性も否定はできない。その時に日本の歴史が終わらないように，事故を

最小限に抑える工夫がどうしても必要である。

「日本の歴史が終わらないようにする」ためには，①大量の放射性物質を室内に貯めておかない（4号炉で心配された），②格納容器の爆発を絶対に起こさせない。このためには迅速なベントができる必要がある。迅速に内部のガスを抜くには含まれる放射能を除去するフィルターと，また，迅速にベントができるような炉の周囲配管の設計変更が必要である。③コア・キャッチャーのように，メルトダウンが起きても放射性物質を出す量を抑制して被害を最小にする工夫が必要である。福島原発事故では被害がさらに10倍以上になる可能性が高かった時期もあり，特に海外からの国内滞在者が日本脱出をした時期もあったが，幸いにしてその危機は避けられた。その避けられた理由は，しかしながら，褒められた理由ではなく，非常な幸運が重なって避けられたもので，元寇の神風のようなものであったと言えよう。

3　今後の日本のエネルギー政策

省エネルギー

今後当分の間，これまでの電力の3割，全エネルギーの12%を占めた原子力の寄与は半分以下に減ってしまうことが予想される。その間，この減少を補うためにどうしても努力しなければならないのは，まず節電である。ただし，持続可能な節電でなければならない。そのためには，LED照明の採用，消費電力の少ないテレビへの買い替え，冷蔵庫，エアコンなどのヒートポンプ方式への転換，オフィスや家屋の断熱性能の向上などがその時の有力な方法である。また，地中の一定温度約15度を夏の冷房，および，冬の暖房の基点として使う地中熱利用も有効である。すでにLED転換は急速に進み始めている。また，ヒートポンプの採用も家電品の買い替え時を利用して進行中である。

製造業をスローダウンさせずにできる節電は最大で当面15%程度とされる。事故後の東京電力管内の夏場の電力が実績として16%程度節約されたことから，15%程度の節電は今後も十分に可能と考えられている。この時には産業用の電力節約も16%の実績を上げた経験がある。

当面，石炭やガスによる発電が残るので，その変換効率の向上が温室効果ガ

ス排出抑制の観点からは相対的に重要性が大である．水蒸気タービンに加えて，それより温度の高い燃焼部分を利用するガスタービン発電を組み合わせたコンバインドサイクル型，および，さらにその前段で高温型燃料電池を組み合わせるトリプルコンバインドサイクル型への転換が進行しつつある．

　今後，最大の省エネは自動車のハイブリッド化，および，電気自動車化であろう．これにより，エネルギー効率は5割アップし，軽量化やタイヤの省エネ化も合わせて目標としては4分の1を目指すとされ，これらに経済効果の高い産業界の省エネを加えて，直ちに可能な目標として15%，10年後に20%，30年後に30%といったレベルの数値目標が考えられる．

再生可能エネルギー導入の内外の状況

　福島原発事故の起きる前後から世界各国で再生可能エネルギーの急速な導入が始まった．

　これは特にドイツの2000年の再生可能エネルギー法の導入と2004年の法改正による強化が世界各国の模範となり，多数の国々がそれに学んで同様な法律を作っていったことによる．その法律は，設備費の高い再生可能エネルギー用の発電設備を導入したとき，その投資額を妥当な年限内に回収できるよう保証するために，市場価格より高価な金額で電力会社がその電力を購入し，その価格差分だけ電力費が上がっても構わないとするものである．これにより，それまではおもちゃに近かった太陽電池が大量に量産されるようになり，ドイツの思惑通り，価格は4〜5分の1に下がってきた．ついには2012年にドイツでは，太陽電池で発電した電力の発電単価がキロワット時あたり18円を切り，家庭が購入する電力よりも安くなったとされる．すなわち，各家庭での太陽光発電はグリッド・パリティを達成したといえる．太陽光発電は今後，価格的な有利さから，家庭の屋根に載る時代になった．

　事故前の再生可能エネルギーによる発電は日本では水力の約9%，太陽電池や風力，地熱などその他をすべて合わせても1%程度だけであったが，2012年の資源エネルギー庁の調査では大型水力8.3%，再生可能エネルギーが4.7%に達した．日本も急速に再生可能エネルギー導入が進み始めたように見える．

　実際，2012年の7月以降，再生可能エネルギー導入促進のための法律が日

図1　住宅用太陽光システム価格の推移（海外）

国	価格（万円/kW）
米国	43.1
フランス	32.4
イタリア	28.1
ドイツ	19.5

(2012年末時点)
(為替レートは2012/12月の平均レート)

ドイツでは20万円を切った

ドイツでは2006年比で30％以下の価格まで低下
発電単価として18円/kWhまで低下、一般家庭でのグリッドパリティに達した
（補助金が不要になるということ）

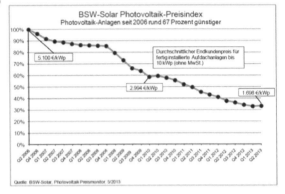

（出典：BSW-Solar, Photovoltaik Preismonitor, 5/2013）

本でも施行されてから，太陽光パネルの設置許可申請が1年2ヶ月の間に予想を一桁も上回る20GWにも達したとされる。瞬間風速的には年間導入量として世界のトップになったともされるが，実際にどれだけが稼働し始めたかを実際に見ないと実態はよくわからない。いずれにせよ，従来の日本は再生可能エネルギーに関しては世界の潮流に完全に取り残されていたが，昨年（2012年）より急激にゲームに参加し始めたということができるであろう。これはまさに，日本で同年7月に実施した再生可能エネルギー法による効果である。

　これが一過性のフィーバーなのか，それとも大規模導入時代に入り込んでいるのか，見極めねばならない。

　すでに欧州ではドイツとスペインで再生可能エネルギーが，原子力と同程度ないし，それ以上の発電シェアを持つようになった。原子力はドイツで2012年実績で16.1％，再生可能エネルギーは20.1％，水力は4.5％，火力が59.2％であった。スペインではそれぞれが20.7％，22.5％，8.1％，48.7％であった。2000年以降の風力発電，2009年以降の太陽電池の導入が急速に増えて，この

図2　太陽光発電システム世界地域別導入量推移

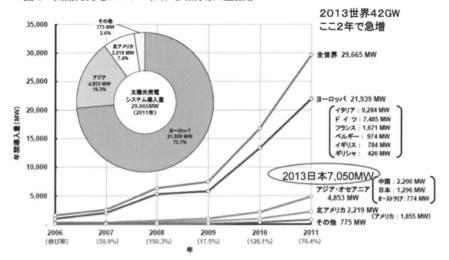

（出典：EPIA "Global Market Outlook for Photovoltaics 2011", 2012年5月）

ようなベストミックスと言われる状況を作り出した。今後，さらに再生可能エネルギーを増やしていくためには，電力系統の強化など新たな課題も生じ始めている。

これに対してフランスではそれぞれの発電寄与率は2012年実績で75.8％，4.8％，11.1％，8.3％となっており，原子力の比率が圧倒的に高い国となっている。オランド大統領になってから，原子力の比率を半分程度に落としていく方針が表明されている。

米国では18.6％，5.9％，6.9％，68.5％であるから，まだ火力王国である。

再生可能エネルギーと市民エネルギー時代

火力や原子力が典型的な大規模集中発電型のエネルギー源であるのに対して，再生可能エネルギーは逆に小規模分散型のエネルギー源である。したがって，その普及にあたっては，再生可能エネルギーは，住民あるいは住民グループによる企画から始まり，住民を中心とする投資がなされ，メンテナンスも住民を巻き込んで分散した単位で行われる方が最も効率が高い。

太陽光においては家庭や工場・オフィス，農家の屋根，駐車場が最も電池を

設置するのが容易で安価な場所である。さらに農家の休耕地がある。ちなみに我が国の電力全体を太陽光パネルで賄うと仮定すると，必要な面積は6550km^{2}とされる。これに対して，全国の屋根は約4000km^2，駐車場は1820km^2，耕作放棄地は約3960km^{2}である。すなわち，これらをすべて有効活用すると，我が国で必要とされるすべての電力を太陽光パネルだけで賄える計算になる。

　耕作放棄地などを利用する場合に，パネルを短冊状にして，太陽光発電用に5割，下の植物用に5割と太陽光量を分け合う「ソーラーシェアリング」の考え方も推奨され始めた。日本の太陽光量は植物にとって半分で十分な量を確保できる場合が多いとする観察による。農電業を始めるとした場合，農家は，各々200m^{2}の太陽電池を約800万円程度で設置しても7年間で原価を回収することができ，また，その後，平均的な農家のこれまでの農業収入と同額の売電収入が見込める。したがって，日本の農業は農電業として復活できることが明らかである。

　それに比し，風力発電は個別の農家が取り組むには荷が重い。これは風力発電機が年とともに大型化されてきているためである。最近では100 m径を超す翼を持つ風力発電機が多くなってきており，発電単価が10円を切る高効率の風車も出現している。その地域の農家が組合など集団で計画を立て，取り組む形にしないと普及が難しい。このため，太陽光に比較して風力は導入計画が遅れている。しかしながら，風力の方が太陽光よりもコストが安く，工場の電力も賄える競争力を得てきている。したがって，地方自治体や農協などが地域住民をまとめて風力に進出する準備が整う時間が必要であるが，風力発電に進出することで日本の地域は所得を倍増することも夢ではなくなる。

　しかしながら，風力適地は北海道や東北の一部地域に限られている面もあるので，洋上風力が可能になることが望ましい。現在，福島沖や福岡県で試験が行われている洋上浮体方式の風力発電が成功すれば，我が国は海域に恵まれているので，電力輸出国になることも夢ではない。

　これからの10年はこのような再生可能エネルギーを現在のドイツやスペイン並みに導入していくことが目標になるであろう。それ以降においては北海道から九州までの電力系統の強化を行う必要がどうしてもある。これにより間歇的にしか発電してくれない再生可能エネルギーを平均化することで安定化し，

有効に使えるようにできる。

最後に

3・11 Fukushima がもう 10 年早く起きていたら，世界のエネルギーの歴史にさほど大きな影響を与えることはなかったであろう。原子力で発電している国々はそのまま発電を続けざるをえなかったであろう。しかしながら，時期を同じくして風力発電や太陽光発電が主要なエネルギー源として成長し，少し負担を覚悟すれば，再生可能エネルギーを大量に導入できる時代に入りつつあった。福島原発事故は間違いなく世界のエネルギー転換を加速している。

福島事故の検証からわかったこと
（口頭報告）

北澤宏一

　それでは報告させていただきます。

　私，福島の事故がありましてから，独立検証委員会の委員長として福島事故の検証に携わり，日本学術会議ではエネルギー政策のオプションという委員会の委員長をさせていただきました。そうした経験で学んできたことを今日はご報告させていただきたいと思います。

　みなさんもこの間経験してこられたわけですが，津波というのはいったん来てしまうと大変に恐ろしいものであることがこの写真からも分かるかと思います（図1，3，5）。津波が近くまで来た時には，「時すでに遅し」で，津波は来る前に逃げるしかないことが今回もよく分かったわけであります。今回の地震での全犠牲者2万人弱のうち，97%は津波で命を失ったと言われております。3年前に起こったこの3・11大地震は，日本の歴史上で分かっている地震としては最大の，マグニチュード9.0の地震でありました。それによりここに示されていますように，南北約500kmの海岸に沿って，平均して海岸より1kmの奥まで津波が浸入しています（図2）。ですから500km×1kmのエリアが津波に襲われたわけであります。この時，この地域には5つの原子力発電所がありました。そしてそれらがすべて津波に襲われて，その中の一つである福島第一原子力発電所，そこに6基の原子炉があり，この6基のうちの4基が事故に巻き込まれました。

　事故とはどういうものであったかといいますと，この図に示しました一番左のブルーの色がついているところ，これが圧力容器，プレッシャーベッセルと呼ばれるものであります（図6）。これがボイラーになっていて，この中に核

図1 朝日新聞社・朝日新聞出版『震災1年全記録』, 2012年, 口絵写真より（海上保安庁提供）

図2 同上書, 82-83頁（地図図版は有限会社ジェイ・マップ作成）。

第6章　3・11 Fukushima と世界・日本のエネルギー事情　187

図3 産経新聞社『日本人の底力』産経新聞出版,2012年,58頁より(東京電力提供)

図4 『福島原発事故独立検証委員会 調査・検証報告書』ディスカヴァー・トゥエンティワン,2012年,iii頁。

図5　産経新聞社『闘う日本』産経新聞出版,2011年,4-5頁より（東京電力提供）

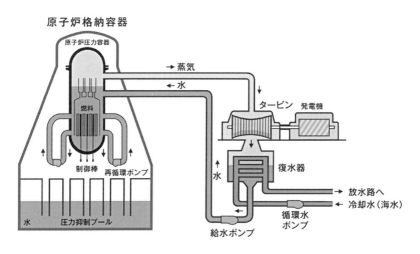

図6　電気事業連合会『原子力・エネルギー図面集』より（2015年版 5-1-2）

第6章　3・11 Fukushima と世界・日本のエネルギー事情　189

燃料が入っているわけです。この核燃料は，核分裂が連鎖的に起きて，そこで熱が発生します。その熱で水を沸かし，さらに蒸発させて水蒸気を作ります。右上のほうに，発電機のタービンがあります。そこへ水蒸気が流れてきて，タービンを回転させ，タービンを出た水蒸気は，今度は右下に書いてありますコンデンサー（復水器）のところで再び冷やされ，水に戻るわけであります。その水がサーキュレートされてまた圧力容器に戻っていく。これが原子力発電所の中でどうやって核燃料の熱を使ってタービンを回すかというメカニズムであります。ここで気がつくことは何かと言いますと，このコンデンサーの所で水蒸気を冷やしてやらないと，原子炉の中の温度はどんどん高くなってしまうということです。つまり，いざという時には外の方から，この図では右の方からですけれども，海水をひっぱってきて，その海水を使ってこのコンデンサーの所で水蒸気を冷やして水に戻してやらなければならないのですが，今回は津波によってこの海水がやってこなくなりました。さらに，停電が起きてこのポンプが回らなくなりました。そのために，原子炉の中の圧力容器，および格納容器の温度がどんどん上がっていってしまったわけであります。海水は来ないし，それから停電も復旧しないということで，この圧力容器と格納容器の温度がどんどん上がっていく事態に対してどうしても，何らの対策も施すことができなかった状況が，3・11の地震の後，数日間続いたのです。

　その間，水蒸気の圧力が高くなりすぎて，この圧力容器あるいは格納容器がいつ爆発するかと非常に心配されました。その頃，「ベントをいつやるか」が話題になりました。ベントとはどういうことかと言いますと，圧力容器と格納容器の中の水蒸気圧が高くなったときに，その中をとにかく冷やさなきゃいけないわけですから，外から消防車でもなんでもいいから，とにかく水を持ってきて，中を冷やそうと，現場では考えました。しかし消防車の水圧が十分高くなかったことに加えて，中の圧力の方が高すぎて，水を中に入れられず，冷やせなかった。そのために，中の高まった圧力を抜いて，中の圧力を下げてから消防車の水を供給しなければならなかったわけです。しかし，そのベント，つまりプシュッと圧力を抜くという作業がなかなか進行しなかったのを覚えておられる方がたくさんいるかと思います。何でそんなにもたもたしていたのか，ということですけれども，それは後でご説明することとしまして，とにかく今

①2011年3月14日に3号機の原子炉建屋が水素爆発を起こし、大破した。21日には煙が発生し、作業員が一時避難した。右奥は4号機＝2011年3月21日、東京電力撮影

図7 『福島原発事故独立検証委員会　調査・検証報告書』ディスカヴァー・トゥエンティワン，2012年，ⅰ頁。

のような問題がこの四つの原子炉すべてで発生しました。残り二つ原子炉があったのですけれども，その二つの原子炉はディーゼル発電の緊急用の発電機が動いていたために，冷却水をポンプで送ることができたのです。ですからユニット 1, 2, 3, 4 と書いてありますこの四つの原子炉が事故に巻き込まれて，ユニット 1, 3, 4, の三つで水素爆発が起きて，屋根が吹き飛んでしまいました（図7）。No.2 は吹き飛んでいないのですけれども，実はこの炉は，水素爆発は起こらなかったものの水蒸気の圧力が非常に高くなって，そのために中の放射能が漏れだしたのです。福島原発全体から漏れた放射能のうちの 90％は，この No.2 ユニットから漏れたと言われております。ですから見た感じと実際にどれだけの被害を与えたかというのは，また別問題ということになります。

　これは，先ほど模式的にお示しした原子炉の図面を，もうちょっとリアルな図面で示したものでありますけれども，黄色の部分が格納容器です（図8）。真ん中の赤い部分が圧力容器で，この中に核燃料が入っているわけです。事故が起きると，核燃料棒が，まず温度が高くなって破損します。そしてさらにその

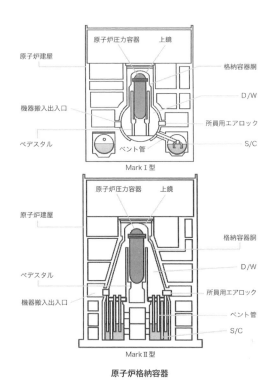

原子炉格納容器

図8 淵上正朗・笠原直人・畑村洋太郎『福島原発で何が起こったか』日刊工業新聞社，2012年，178頁。

まま水がない状況が続くと，最後には温度が上がりすぎてメルトダウンを起こす。メルトダウンを起こすと，あの赤い容器の中の水がすべて蒸発して水蒸気になって，高圧になって外に漏れだすことになるわけでありますけれども，その周りに黄色い格納容器がありますから，放射能は黄色い格納容器で拡散が食い止められると考えられているわけであります。さらに，その一番外側には緑の建屋がありますので，そこでまた一部が食い止められると考えられていたわけでありますが，今回はそれがすべて破られ，放射能は外に漏れてしまったということになったわけであります。

それで，先ほど核燃料棒を水で冷やしているというふうに申し上げましたが，原子炉というのは，地震が起こると，核分裂の連鎖反応をストップさせるように設計されています。しかしながら，核分裂の連鎖反応がストップしても，核

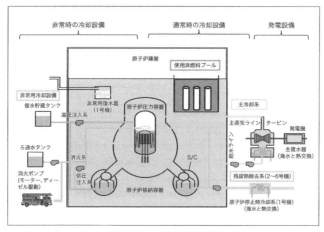

図9 同上書，23頁。

燃料棒というのはいろいろ副生成物の放射性核種ができていますので，その後放射能崩壊が起きて，運転しているときの約10分の1近くの熱が，その後もしばらくの間発生します。したがいまして，原子炉がストップしても水で冷やし続けないとメルトダウンが起きてしまうことになります。どのくらいの水が必要かといいますと，だいたい1時間当たり数トンの水，そのくらい大量の水を投入しなければならないわけです（図9）。先ほど，ベントをしようとしてもなかなかベントができなかったということを申し上げました。なぜベントをするのにそんなに時間がかかっていたのかといいますと，これは，真ん中の白い部分が先ほど申し上げた圧力容器であります。そしてこの全体が格納容器の内側ですけれども，この図でご覧なりますように，格納容器と圧力容器の間のパイピングシステム，すなわち配管がかくも複雑な形にできているということが分かります（図10）。つまり，誰一人としてちゃんと覚えることができないくらいの複雑な構造になっているのが，現在の軽水炉という原子炉なのです。したがいまして，普段，事故に慣れていない操作員の人たちにとっては，事故が起きて，さあベントしなくてはならないという時に，どうしたらいいかがすぐには分からないわけであります。停電が起きていなければ，ベントと書かれ

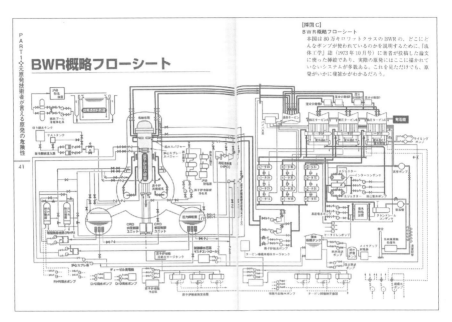

図10 小倉志郎『元原発技術者が伝えたいほんとうの怖さ』彩流社，2014年，40-41頁。

たスイッチをポンと押せばベントができるのですけれども，停電していましたから，マニュアルで操作しなければならない。マニュアルで操作しようとなると，この配管がどうなっているのか，どこのバルブをどういう順番で開けていったらいいのかというようなことが問題になるわけであります。ですけれども，それをマニュアルの上で，しかも停電した真暗い中で探していたというように，非常に大変でした。

あの四つの原子炉から，特にNo.2の原子炉から漏れた放射能がこういうふうに広がりまして，それで日本全土の1%から数%の土地が汚染されてしまったわけであります。現在，8万人ほどの人が強制的に退避させられております（図11）。そしてさらに，もう8万人ほどの人が自主的に避難生活を続けていますので，全部で16万人が最低でも避難生活を続けているという状況になっています。

こちらはチェルノブイリ事故でどういう範囲に放射性物質が拡散したかということを示している図面であります（図12）。これを日本の汚染の状況と比べ

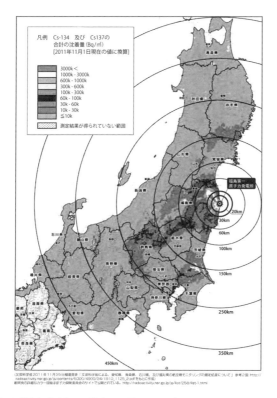

図11 原子力市民委員会『原発ゼロ社会への道』, 2014年, 25頁.

てみますと,同じ縮尺で日本地図もここに書いてありますが,福島の事故というのは,そう言っては福島の人たちに本当に申し訳ないですけれども,チェルノブイリの時に比べれば汚染区域は小さくてすんだと言えなくもないわけです。かなりの放射能は,福島の第一発電所のところから海の方に向かって漏れてしまったので,海での分布は,この地図には書かれていないわけです。これが今回の福島の事故の一つの特色かと思います。チェルノブイリのときには,あちこちに漏れた,四方八方に漏れたのがすべてどこかの汚染につながったわけであります。福島の事故は,世界の歴史の中で2番目に深刻な事故でありました。そしてINESの基準に従い,レベル7という最悪のレベルにランク付けされました。しかしそれでも,チェルノブイリのときに比べると,大雑把に言って,7分の1から10分の1くらいの汚染であったというふうに言われております。

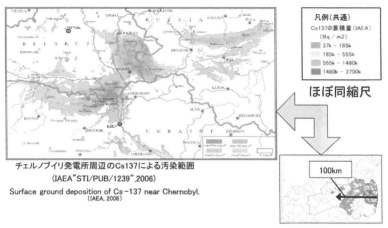

口絵 15　チェルノブイリ発電所事故と福島第一原子力発電所事故による汚染地域の比較（本文 74 ページ）
［文科省データから編集］

図 12　日本原子力学会『福島第一原子力発電所事故　その全貌と明日に向けた提言　学会事故調最終報告書』丸善出版，2014 年，口絵 15。

　この事故は，アメリカ，ペンシルバニアのスリーマイル島の事故，それからチェルノブイリの事故，それに続いて第 3 回目の深刻なメルトダウンが起きた商用原子炉の大事故でありました。それまで日本には，「原子炉は安全である」という，安全神話と呼ばれるものが存在していたわけでありますけれども，それはこのために完全に消え去りました。

　先ほど申し上げましたように，福島の事故は，もしも日本がもっと準備をしていれば，この原発事故をはるかに小さく抑えることができたはずです。そのことが後になって分かったわけであります。しかし，もしかすると，もっとはるかに大きな事故になる可能性もありました。特に，第 4 号機では使用済み核燃料をプールの中にためておりますけれども，そのプールは，地震によって水が供給されなくなっていました。そうなりますと，使用済み燃料も熱を発していますので，水がなくなると，いずれはそれが干上がって，さらにはメルトダウンに至り，そこから放射能が漏れてしまう危険がありました。もしもそんなことが起きると，すでにもう屋根は水素爆発ですっとんでしまってなくなって

おりますので,放射能が直接大気中に漏れてしまう。それが最も心配されたことでありました。

　2号機以外の他のユニットではパッキンが駄目になってしまって格納容器の中の水蒸気が漏れたのですけれども,2号機はなぜかパッキンがそれほど悪くならず,建屋の中に水蒸気が漏れなかったのですね。そのために,逆に水蒸気の圧力がどんどんどんどん高くなっていって,格納容器それ自身が爆発するかもしれないと非常に心配されたのが3月の14日,15日,16日頃でありました。そしてついに圧力が高くなりすぎたのですが,しかし,それでも格納容器は爆発しないですんだ。けれどもどこかに穴が開いて,そこから中の放射能も水蒸気と共に漏れたということで爆発は起きなかったものの,この2号機が最も大量の放射能が漏れた原子炉でありました。この爆発がもし起こっていたとしたら,チェルノブイリよりももっと大きな事故になっただろうと言われております。なぜ爆発しないでどこかに穴が開いたのかは,今のところまだよく分かっていないわけであります。ただその頃,私たちはみな,いつ爆発するのではないかとたいへん恐れていたわけであります。

　その意味で,本当はもっとはるかに深刻な事故になる可能性もあったと言えます。ですから,福島の事故が,この程度で現在済んでいるというのは,ある意味ではわれわれにとっては非常に幸運なことでもありました。もしも,そのチェルノブイリよりも大きな事故になっていたら,東京,首都圏を含めて3000万人以上の人が退避しなければならない,そんな事故になる可能性があったわけであります。そのことは,シミュレーションによって首相にも伝えられていて,当時,首相官邸では,天皇陛下にはどうやって逃げていただくのか,あるいは3000万人の首都圏の人々をどっちの方向に逃がしたらいいかが心配されていたわけであります。逃げるとなると,東の方ですでに事故が起きていますから,西の方に逃げるしかないわけですね。ではどうやって西の方に逃げていくかというと,やっぱり富士山方向に向かって大体は逃げるということになるわけです。けれども,そちらの方に行くと今度は浜岡原発があることが気になるわけです。しかも,東日本大震災に続いて,浜岡原発のある静岡から南の地域は,東南海大地震が連動して起きるかもしれないということが,地震学会によってあの頃警告されました。つまり,大地震の連動がありうると指摘されて

いました。そうなると，日本を潰さないためには，首都圏の人たちをどうやって西の方に逃がしていくかが，首相官邸にとっては非常に大きな問題であったわけでありますけれども，そうなると浜岡原発を止めざるをえないということで，海江田経産大臣が，当時浜岡原発を訪ねて，原発を停止するよう要請したことはみなさんも覚えておられるかと思います。もっと事故が深刻になるかもしれなかったというこのことは，その後ずっと隠されておりました。首相官邸でも，当時の菅首相まで一応報告はされていたわけでありますけれども，そんなことを国民に言ったら大変なパニックになるので，国民には知らされていなかったわけであります。しかしながら，その危険性は外国の人たちにはかなりのレベルで伝わっていたようであります。そのために，例えばアメリカ人とか中国人はかなり大勢が日本から逃げました。そんなこともあったわけです。

　ここまでは，原子炉の事故の直接的な部分についてお話しさせていただきました。しかし，日本の原子炉の事故がなぜ起きたかを調べていくうちに，私たち民間事故調としては，その背後に非常に大きな日本の文化的，政治的，あるいは行政的な問題が潜んでいることを認識せざるをえませんでした。どういうことかを簡単にお話しさせていただきますと，まず第一に，日本では，原子力の安全神話が存在していて，日本では原子力の事故は起こさない，だから起きない，だから原子力の事故が起きてからの後のことは心配する必要はない，そう語られていたのです。そのために，深刻な事故が起こり始めてから後の準備が全然できていなかったことが判明したわけであります。たとえば，事故が起きると，原子炉外部から水で冷やすことが十分にできなくなります。そのとき，とりあえずまず緊急に，停電していても冷却水で原子炉を冷やすという，緊急装置がついております。しかし普段は，その緊急装置は働くことがない，日本では30年以上，たとえば福島第一の原子炉では働かせたことがなかったんです。働かせたことがなかったために，働いているのか働いていないのかを，緊急時に判断することもできませんでした。たとえばアメリカでは，同じ緊急冷却水循環装置がついておりますけれども，4年に1回練習していた。今いるオペレーターの内の誰かはそのことを知っているわけです。そして，緊急用の冷却装置が動いていればものすごく大きなうるさい音がすることも知っていたのですね。それが日本では，動かしたことがないために，「動いているかどうか」

すらわからなかった。動いているものと期待していたのです，実は。そのため，動いているとミスジャッジして，その後のプロセスが遅れてしまった，たとえばそういったことも起きておりました。それから，福島の原発では，冷却水がまだ原子炉の中にあるのかないのかが，よく分からなくなっていました。それはなぜかというと二つの問題がありまして，一つは水の水位を計る水位計，センサーが故障してしまった。それからもう一つは，原子炉から運転室の方にシグナルを伝える電源が切れてしまったために，時折シグナルが伝わってくるのだけれども，すぐに回線が切れてしまう，そんなことが起こっていました。そのため，時折，どうもまだ水位は高く見える，というようなことがありました。それで現場ではまだ水位は高いのではないか，十分な水があるのではないか，と期待を込めて信じ込んでいました。実際には，もう水位は低くなっていたのです。後になって，私たち民間事故調で調べてみると，アメリカでは同じ水位計を使っていたのですけれども，スリーマイル島の事故の時に，この水位計はもう駄目だとみて取り換えていました。ヨーロッパでも，アメリカの経験に学んで，水位計を取り換えていたのです。けれども日本は全然取り換えていなかったわけであります。物事が何か危険な方向に向いていると心配されたときには，情報が不確かだったら，一番危険なことが起きているというふうに考えなければならない。これが工学の常識であります。たとえば水位計の水位が低くなっていくと大変なわけですけれども，ところが現場では，まだ大丈夫なのではないか，いずれは回復するのではないかと期待を込めて，物事を処置していた。そういう大きな工学上の誤りがあったように思われます。その意味で，事故に対する対応策が，日本では非常に遅れていたと認めざるをえないわけであります。

　次に第二に，日本には原子力の安全規制を行うべき原子力安全委員会という Nuclear Safety Commission があり，それから，原子力安全・保安院というのが，実際に経産省の中で原子力の安全を守る，その直接的な規制組織として存在しておりました。その二つともに，実は，私たちの調査ではまったく機能していなかったことが分かったわけであります。

　まず原子力安全委員会がどういう規則を決めていたかと言いますと，停電が起きてから後のことは心配しなくてもいいという指導原則を作っておりました。

どういうことかと言いますと，停電が起きるということが，さっきご説明しましたように，原子炉にとっては最も危険で厄介な問題なのですね。だから，電力会社としては，停電が起こってから後のことをちゃんと考えなさいと言われていたら，これは大変だったわけであります。だから，「停電が起きても大丈夫，それからのことを心配しなくてもいい」と言われれば，対策がとても簡単であった。今回の事故は停電で起こったわけですけれども，停電が起こった後のことを心配しなくてもいいと原子力安全委員会が自ら言っていたわけですから，その意味では，今回の事故の責任は原子力安全委員会にあると言ってもおかしくはない。つまり電力会社としては，「今回の事故は停電で起きましたけれども安全委員会が，停電が起こってから後のことは考えなくてもいいと言っていましたから私たちには責任はありません」というふうに言ってもおかしくはない。そして，これは詳しくは述べませんけれども，この原子力安全委員会がなぜそんなことを言っていたのか，これは私たちの報告書には書いておりませんが，後になってその理由が分かってきました。それは，原子力安全委員会の事務局が，電力会社の人たちで実質的にできあがっているということなんです。だからそういう人たちが原子力安全委員会のいろいろな討議を準備して，実際に運営しているわけであります。ですから，そういうところで電力会社が大変になるような，そんな規則を決められるわけがない状況になっていたのです。

　次に原子力安全・保安院がどういうことをしていたかと言いますと，電力会社や原子炉のメーカーに対して，安全に関するいろいろな指導をするわけですけれども，その指導を，普通だったら文書で指導して，つまりこれこれこういう安全規則を守りなさいと言うはずのところ，それを一切せず，電力会社が自主的に努力してくださいと言っていたのです。つまり，文書でこういう安全対策をちゃんと立てなさいと言うと，「それまで100％安全だと言ってきたのに実は安全じゃなかったのね」と言われることを恐れて，原子力安全・保安院では一切文書の通達をしなかった。そしてその答えも，きちんと報告させると，「これまでやっぱり安全じゃなかったのですね」と言われることを恐れて，報告させないということが起こっていたのです。

　今まで3回の原発事故が起きたことによって，原子力発電というものがどの

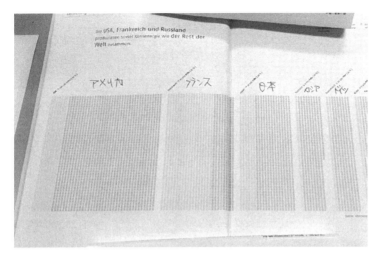

図 13　Gonshalla, Esther, Das Atombuch, 2009, S.12-15; Eigenverlag.

ような規模で推移してきたかですけれども，今回の福島の事故が起きたことによって，またかなりの減少があったと考えられます（図 13 ——主要国の原発設置数の比較）。福島の事故後，私もいろいろな国を訪ね，各国の原子力発電に対する考え方や対応に変化があったかどうかを見聞いたしましたが，次のような規則性があることに気付きました。つまり，日本よりも面積の大きな国は，当面原発に対しては鷹揚に構える。一方，日本よりも面積の小さな国は脱原発に向けて走り出すというものです。これが私の経験則であります。大体，今までの状況はそれに従った形で各国の政策が決まっているように見えます。これは，福島の事故を見て，たとえばドイツやイタリア，スイス，オーストリアなど国土の小さい国では，福島のような事故が一発でも起きたら国はおしまいになるという，そういう恐怖感を抱いた面があると私は見ております。これは，彼らと話してみてそう感じるわけであります。つまり，福島規模の事故が一発で the end of the country なのですね。しかしながら，そうは思っても東ヨーロッパの国々が脱原発できるかというと，自分たちの経済レベルがまだ低すぎる。そして，ロシアにエネルギーをすべて頼っている。それでロシアという国のリスクと原発のリスクとどっちが大きいかというと，東ヨーロッパではロシアのリスクの方が大きいとまだ考えているという面があると思われます。地震

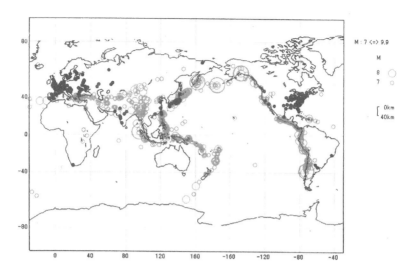

図14　茂木清夫『とらわれずに考えよう——地震・火山・岩石破壊』古今書院, 2008年, 183頁より。世界のM7以上の浅い大地震（1903～2002年）と原子力発電所の分布を示している。

が，どこでどれだけ起きるかというこの赤丸と，それから緑の，どこに原子炉が存在しているかという分布を見てみますと，その二つが現在大きく一致しているのは日本と台湾であります（図14）。ですから，その意味で，日本，トルコ，チリ，エクアドル，台湾，カリフォルニアといったところが原発と地震の関わりが非常に気になる国々・地域であるわけですけれども，これも，どこの国が脱原発に向かって走り出すかといったことに微妙な影を落としていると思っております。今，日本では54基の原子炉があって，そのうちの4基はもう駄目になりましたけれども，これから福島第一の残り2基も安倍首相の指示によって廃炉になることが決まりました。そうなると48基が残っているわけですけれども，そのうちのどれだけがこれから動くかというのが現在の大きな問題です。そのときに非常に気になることとしては，ヨーロッパのほとんどの原子炉，及び中国のすべての原子炉には，コアキャッチャーという構造があることで，原子炉でメルトダウンが起きたときに，そのメルト（溶融している，溶けているもの）が原子炉の底を突き破って落ちてきた際，その溶けたものがどういう具合に散らばるかということが非常に大事なんです。それをちゃんと考

（参考）シビアアクシデント対策

> 燃料が溶融するシビアアクシデントが発生した場合に備え、格納容器が破損しないよう、溶融燃料を圧力容器・格納容器内に保持し、冷却することで、事故の進展を止める。

原子炉容器内保持システム（IVR：In-Vessel Retention）
原子炉内の核燃料が溶融するに至った場合でも、原子炉格納容器に外部から重力による注水を行い、圧力容器を水没させることで、圧力容器を冷却し、破損を回避。（※PWR用）

コアキャッチャー
原子炉内の核燃料が溶融し、圧力容器が破損するに至った場合でも、溶融した燃料を受け止め、冷却水等により冷却することで、格納容器の破損を回避。（※BWR用）

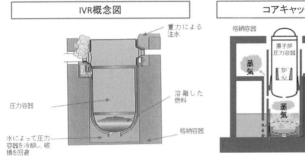
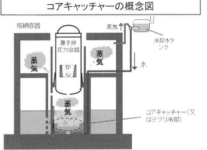

図15 資源エネルギー庁『原子力技術開発の動向』，2012年，5頁（http://www.enecho.meti.go.jp/committee/council/basic_policy_subcommittee/008/pdf/008_003.pdf）。2016年3月5日閲覧。

えないと，また再臨界（臨界状態に再びなってしまうこと）が起きる危険もあるわけです。このメルトが落ちてきたときにどうなるかを，今までの日本の原子炉ではただの一つも考えられておりません。つまり，そんなことは起きないと考えられていました。ところがヨーロッパのかなりの原子炉あるいは中国の原子炉は，メルトダウンが起きた時には，それが安全な場所に散らばるようにできています（**図15**）。この図でコアキャッチャーと呼ばれるところにメルトが導かれるようにできています。そういったことが日本ではまだ考えられておりません。そして，これから再稼働していったときに，原子炉はとにかく，事故が起こっても早くに水で冷やすということが大事なんです。そうしないとどんどん放射能汚染が広がっていってしまう。その水をどこからどういう具合に引っ張ってきて緊急的にまず冷やすか。これは東芝の提案ですけれども，今，青印で書いてあるところに，水をためたプールを準備しておいて冷やしましょう，といったことが現在提案されております。

が，まだ実際にはなされておりませんので，これから再稼働していった時に，しばらくの間は大きなリスクを伴う状況であるわけです。ですから今後の大きな問題は，事故が起きた時に国がつぶれてしまわない程度のリスクに抑えると，これが一つの考え方であります。もう一つの考え方は，絶対に事故を起こさないという，その絶対の部分をもっとレベルを上げるということですね，たとえ停電してもいろいろな方法で電力を供給することを考えて，停電が長く続かないようにする。この二つの考え方で今後再稼働していったときの原子炉の安全性を考えていくわけでありますけれども，私の見る目では，国にとって大きなリスクとなる大事故にしないようにする配慮が，まだまだ足りないのではないかというふうに見えます。それから，事故が起こった時になるべく早く水で冷却するという点でも，まだまだ足りません。その意味で努力すべきことはたくさんあるかと思います。ですから，一体いつ再稼働をするのかという，そういう時間的なファクターと，どこまで改善していくのかとのせめぎ合いが今後続くのではないかと見ております。

　それでは時間が来ましたので，ここで終わらせていただきます。どうもありがとうございました。

（北澤邦子・今清水正巳 補筆／壽福眞美 編）

第 7 章

原子力政策をめぐる社会制御の欠陥とその変革

舩橋晴俊

はじめに

　本章では，原子力政策をめぐる日本社会の社会制御の特徴と欠陥を分析し，その変革を「公共圏の豊富化」という方向づけのもとに，以下の問いの検討を通して，探究してみたい。まず，福島原発震災を引き起こした社会的要因連関はいかなるものかを，「原子力複合体」の構造と作用に注目して検討する（第1節）。次に，東日本大震災の後のエネルギー政策の迷走を，民主党政権と自民党政権が原子力政策に対してそれぞれどのような態度をとってきたのかという視点から分析する（第2節）。そのうえで，社会制御過程を四種の「取り組みの場」に注目して分析する理論的視点を提出する（第3節）。四種の取り組みの場とは，「公論形成の場」「科学的検討の場」「政策案形成の場」「政策決定の場」である。最後に，日本社会における社会制御の質的変革の可能性を，エネルギー政策の転換と，震災被災地域の再建という二つの具体的課題との関連で，考察してみよう（第4節）。

1　福島原発震災を引き起こした社会的要因連関はなにか[1]

　2011年3月の福島原発震災は，二重の意味での「制御の失敗」を示している。第1に，原子力の利用を担う諸組織が原子力の技術的制御（安全な利用）に失

1）　本論文の第1節は舩橋（2013b）を基盤とし，それを修正，再編したものである。

敗し，第2は，総体としての社会が「原子力複合体」を適切に制御できなかった。なぜ原発震災の防止ができなかったのか。この主題の解明のためには，少なくとも以下の四つの論点を検討する必要がある。

(1) 地域独占，発送電統合，総括原価方式による売電価格決定，電源三法交付金という制度的枠組み。このような制度的枠組みは，競争を排除する形で，原発マネーや核燃マネーとも呼ばれる巨大な経済力を電力会社や日本原燃のような原子力事業を担う企業に保証してきた。

(2) 経済力の情報操作力，政治力への転化。電力会社や経済産業省の有する巨大な経済力は，情報操作力と政治力に転化してきた。

(3) 原子力複合体の形成と存在。「原子力複合体」とは，原子力利用の推進という点で利害関心を共有し，原発などの原子力諸施設の建設や運営を直接的に担ったり，間接的に支えている各分野の主体群，すなわち，産業界（電力会社，原子力産業），官界，政界，学界，メディア業界などに属する主体群の総体である。原子力複合体は，その文化風土の前近代性を強調するならば，「原子力ムラ」と呼ぶこともできる。原発マネーや核燃マネーは，原子力複合体の強力な形成根拠となっている。

(4) 主体形成と制度的枠組み形成の相互循環的補強。原子力複合体を構成する諸主体と制度的構造は相互循環的に補強し合い，硬直的な意志決定と批判拒絶，原子力複合体以外の主体の介入を排除してきた。

この四つの論点を，以下，より詳しく検討してみよう。

(1) 制度的枠組みが保証する巨大な経済力

まず，注目するべきは，原子力発電を推進する主要な主体である電力会社と経済産業省が有する巨大な経済力である。

日本の電力会社は，いくつかの保護的な制度的枠組みによって，巨大な経済力の入手が保証されている。そのような制度的枠組みとしては，地域独占，発送電統合，総括原価方式による電力販売価格決定の三つが重要である。これらの制度的枠組みには，1990年代以降，多少の修正が加えられてきた。しかし，骨格的制度構造は変わっていないのである。

地域独占とは，各地域において，一つの「一般電気事業者」が独占的に電力

供給を担っていることである。例えば，東京電力は，一般電気事業者として，関東圏の一都六県，及び静岡県と山梨県の一部電力供給を一手に担っている。

1995年以来，電力自由化が推進されるようになり，卸供給事業者（IPP）や特定規模電気事業者（PPS）が段階的に，発電に参入するようになった。しかし，自由化がはじまって15年以上経過した2011年7月でも，特定規模電気事業者（PPS）のシェアは，3％程度に過ぎず（熊本，2011：48），一般電気事業者のシェアが圧倒的である。

次に，発送電統合とは，発電事業と送電事業とを一つの電力会社が統合的に担うことを言う。この制度的仕組みは新規の発電事業者の参入にとって，大きな障壁となりうるものである。というのは，送電線網の管理者である電力会社が，他の発電事業者の送電線利用に課す託送料が高価であったり，場合によっては，送電線使用を拒否する場合がありうるからである。実際，日本においては，託送料金が高すぎるという批判がPPS側からなされており，実績としても，2005年度には，10電力会社の送配電部門で2000億円を超える超過利潤が発生している（熊本，2011：50）。

さらに，「総括原価方式による電力販売価格決定」とは，発送電に要した経費（固定資産の減価償却費，営業費，諸税）に，「真実かつ有効な事業資産」に一定の報酬率をかけて得られる「事業報酬」を加えて，その全体が収入として保証されるように，電力販売価格を決定することである。報酬率は，1960年から1987年までは8.0％であったが，1988年以後，圧縮する方向で数回の改訂があり，2008年においては3.0％から3.3％と電力会社によって異なる率になっている。このような方式は電力業以外の業種でも採用されてきたものであり，確実な収入の確保による経営安定化という機能を果たしているとも言えるが，総括原価の中に広告費などが算入されることにより，過剰な収益を可能にしていると批判されてもいる。

このような仕組みによって，電力会社の売り上げ高は巨額なものになっており，最大の東京電力の売り上げは5.37兆円（2010年度）に及んでいる。

他方，原子力を推進してきた行政組織も巨大な経済力を有している。経済産業省と文部科学省はそれぞれ巨額の原子力関連の予算を有している。2000年度以降，毎年度，4300～4800億円の予算が投入されており，2010年度原子

力関係政府予算は，原子力委員会のまとめによれば，4323億円であり，その内訳は，文部科学省2478億円，経済産業省1750億円，その他諸省が94億円である（原子力委員会HP）。

　このような予算の大半を支えているのは，通称，電源三法交付金であり，この交付金は，電力使用1000kWhあたり375円を徴収する電源開発促進税に財源を有し，エネルギー対策特別会計電源開発促進勘定として管理されている。

　日本の電力会社の経営の前提になっている制度的枠組み，すなわち，地域独占，発送電分離，電力価格決定方式などの制度的枠組みと，原発立地を促進する制度的枠組みとしての電源三法交付金は，原発立地を推進する主体としての電力会社と経済産業省に巨大な経済力を付与している。

(2) 経済力と情報操作力と政治力の相互関係

　原子力利用を推進してきた主要な組織である電力会社，経済産業省，文部科学省（省庁再編前の2000年12月までは科学技術庁）の有する巨大な経済力は，巨大な情報操作力と政治力に転化してきた。

① 情報操作力への転化

　前項で見たように，電力会社と原子力推進官庁は，巨大な経済力を有しているのであるが，その経済力は，いくつかの回路を通して，情報操作力や政治システムにおける決定力に転化する。

　情報操作力の第一の回路は，電力会社の広告や宣伝，ならびに，政府組織による広報である。これらの宣伝や広報のためには，莫大な経費が費やされている。直接的な広報誌を作成するとともに，新聞広告や，テレビ，ラジオといった放送における広告を通しても，宣伝が行われる。そのほかに，各原発サイトにおいては，ＰＲ館が設置されている。電力会社や関連団体の総計年間広告費は，約2000億円に達すると言われている（週刊金曜日編集部，2011）。

　第2に，このような巨額な広報費，広告費とならんで，メディアの報道や番組の内容への直接的な働きかけも行われる。原子力発電に批判的な番組や記事に対する牽制と，好意的な記事に対する促進的な働きかけである。

　第3に，メディアに登場する文化人やオピニオンリーダーへの働きかけがあ

る。原子力発電に対して好意的な文化人やオピニオンリーダーを増やそうという努力がなされてきた。これに対しては，原子力問題の深刻さに鈍感な文化人，芸能人が，安易に原子力推進の宣伝役になってきたことに対する厳しい批判もなされるようになった（佐高信，2011）。

　第4に，研究者への働きかけも，情報操作力の増大の重要な一環をなす。原子力を支持する専門家が豊富に存在し，また，批判論に対する否定的見解を提示してもらう必要がある。さまざまな専門家を通して，原子力の必要性や安全性を宣伝することは，重要な広報戦略であった。

　このようなさまざまな回路を通しての情報操作は，理論的情報の洗練とともに，感性に訴える情報の大量提供という形でもなされていた。例えば，東北電力は，青森県の東通原発に「トントウビレッジ」と名付けたＰＲ館を持っていた。それは，こびとを主題にして，子供にとっての快適な遊び場空間として設計されており，ミュージアムあるいはテーマパークのような趣の建物である。ある住民は，幼児に対して，原子力に対する親和感情の「刷り込み」をねらっているものだと批判していた。

　このようなさまざまな回路を通しての広報宣伝は，原子力発電に好意的な社会意識や世論を作り出すためになされてきた。そして，選挙制度を通して民意を表明する仕組みが備わっている社会においては，好意的な世論の存在は，政治的な決定権の獲得の大きなテコになる。すなわち，情報操作力は世論の操作に成功すれば，政治的影響力に転化するのである。

② 政治的・行政的影響力への転化と強化

　電力会社や行政組織の有する経済力と情報操作力は，もともと存在していた行政組織の影響力を強めるとともに，電力会社の政治的影響力に転化する。

　経済産業省や文部科学省は，巨額な原子力予算のみならず，行政的権限を有しており，各地の原子力施設の建設に際して，その権限を行使してきた。その際，情報操作力は，広告・宣伝を通しての世論への働きかけに効果を発揮してきたし，一般会計予算および，電源開発促進勘定をとおしての巨額な支出は，政治システムにおける交換力，操作力という効果を発揮してきた。とりわけ，他の産業が乏しく，雇用機会に恵まれない地域において，原発マネー，核燃マ

ネーが，地域住民の多数派形成に大きな効果を発揮してきたことは，さまざまに報告されてきた（朝日新聞青森支局 2005，清水 2011，開沼 2011）。

また，電力会社は民間企業であるが，地域社会レベルの政治的意志決定にも，国政レベルの政治的意志決定にも，以下のような諸回路を通して，大きな影響力を発揮してきた。

第一に，各級の公職選挙においては，原子力発電を支持するような候補者を組織的に支援し，当選させようとしてきた。市町村レベルでも県レベルでも，原発に好意的な候補者を積極的・組織的に支援し，議員や首長として当選させてきた。

第二に，政治資金の提供による影響力の行使がある。政党あるいは議員個人への政治献金が，さまざまな形で行われてきた。東京電力は，木川田社長の時代に，市民運動家の市川房枝氏の追求を受け，政治献金の廃止を取締役会で決めた。しかし，会社としての献金はとりやめても，自民党政権時代に，役員がその地位に応じて金額を定めた個人献金を組織的に続けていた。

第三に，民意の表出される手続き的回路が存在する時に，好意的な意見を演出するための操作がある。2011 年の 6 月においては，九州電力の「やらせメール」問題が顕在化した。福島原発震災後の九州電力玄海原発の再稼働が問題になった状況で，国が主催する佐賀県民向け説明会が開催されることになったところ，九州電力は協力会社に対して，発電再開容認の意見を，県民からの意見提出という形で出すように要望した（日経 COM 2011 年 11 月 27 日，しんぶん赤旗 2011 年 10 月 18 日）。同様に，2008 年には，北海道電力のプルサーマル計画をめぐる住民の意見募集に際して，北海道庁の当時の課長が，北電に対して賛成意見を出すように依頼したことが，第三者調査委員会によって指摘されている（毎日 jp，2011 年 11 月 26 日）。

これらの「やらせ問題」は例外ではなくて，従来からの，各種のシンポジウムやパブリックヒアリングにおいても，「好意的な世論」を演出するために広範に採用されてきた方式が顕在化してしまったと解するべきである。

第四に，電力会社およびその連合体である電事連は，個々の政策決定や制度設計において，原子力産業界や電力業界の利益を増大・防衛させるような政策の推進のために，繰り返し，要望や働きかけを行ってきた。反対に，原子力業

界や電力業界の既得権を削減するような変革努力には抵抗してきた。

(3) 原子力複合体の形成と，その政策決定への影響力
① 原子力複合体の形成

以上のような，電力会社を中心とするマネーフローを連結軸として，「原子力複合体」が形成される。原子力複合体とは，原子力利用に共通の利害関心を有し，その推進を緊密に協力しながら担っているような電力業界，原子力産業と関連業界，経済官庁，政界，学界，メディア業界に属する諸主体（組織，個人）の総体から構成されている。原子力複合体は，その文化風土の前近代性を強調するならば，「原子力ムラ」と呼ぶこともできるが，内部の役割分担や利害関係が構造化されつつ，高度に統合されており，国家体制レベルの制御中枢圏に対して強大な影響力を発揮しているという特徴を表現するために，「原子力複合体」と名称を採用する。そのイメージは図1に示したようなものである。原子力複合体を構成する諸主体とその特徴を概観しておこう。

日本の原子力複合体のコアにあるのは，保護的・特権的な制度枠組みのもとで，巨大な経済力を獲得している電力会社である。電力会社あるいはそれに準ずる日本原燃のような組織が有する経済力は，マネーフローとなって，他の主体を統合し，協力させる力へと転化する。

電力会社と緊密な取引関係にあるのは，原子力産業界であり，日本においては，その中心は，原子炉の製造を担う東芝，三菱，日立の三社である。さらに，そこには，原子炉メーカーに関係する数多くの関連会社や建設業者が含まれている。電力会社は，全体としての原子力産業に毎年，約2兆円を支出している（週刊ダイヤモンド，2011）。

日本の原子力産業の顕著な特徴は，多重下請け構造である。このことは国際的には一般的なものではない（北村，2011：176-179）。

政府の行政組織における原子力政策の担い手としては，内閣府に原子力政策の最高決定機関として原子力委員会が，原子力安全規制政策の最高決定機関として原子力安全委員会が設置されているが，必ずしも，これらの委員会が実権をもっていたわけではない。2000年までの中央の行政組織において，実質的な勢力を有するのは，原子力政策の実施を担う科学技術庁と商業原子力発電事

図1 震災以前の原子力政策をめぐる主体・アリーナの布置連関

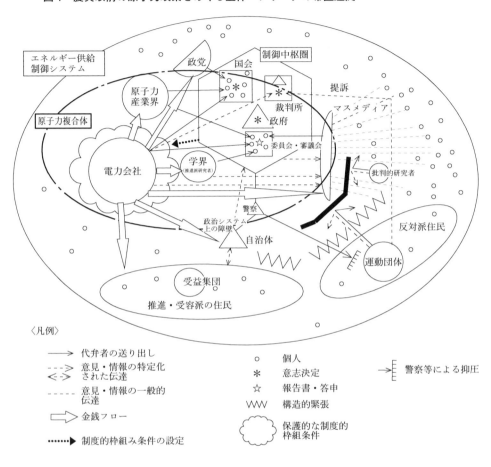

業を所管する通産省であった。両組織の二元体制が原子力行政を担当してきた（吉岡，1999）。だが，2001年1月の中央省庁再編によって，科学技術庁は解体され，（旧）文部省に統合され文部科学省が形成されるとともに，通産省は経済産業省へと再編され，原子力行政の権限を拡大しつつ掌握し，その中心的担い手となった。安全規制を担当する組織として，経済産業省の外局として，原子力安全・保安院が設立され，経済産業省が原子力発電の推進と規制の双方を担うこととなった。吉岡によれば，「経済産業省主導体制」が成立したのである（吉岡，2011：139-140）。

政府の原発推進政策には，立地点となった地方自治体がさまざまな形で協力してきた。原発の立地・操業のためには，道県レベル，市町村レベルの双方で，自治体の協力と同意が必要である。

　立地が問題化した地域では，住民間で激しい賛否両論が闘わされるのが常である。立地が実現した自治体では，首長や議会が立地を促進し，反対論を却けてきたが，立地推進の動機としては，経済的受益への期待が大きく作用している。関連産業の発展，雇用の確保，自治体財政収入の増大といった受益が，自治体の立地推進の大きな動機となっている。財政収入としては，固定資産税に加えて，電源三法交付金や核燃料税という形で，原子力発電事業固有の受益機会が，自治体の態度選択に大きな影響を与えてきた。

　さらに，原子力複合体の一部分においては，秩序維持の強制力を発揮する諸組織の力も作用している。地域紛争が非妥協的に続けられた場合，警察力や海上保安庁が，住民の実力阻止行動を抑圧するために動員されてきた。このような行為パターンは，かつての熊本水俣病問題で，1959年11月に，チッソ水俣工場に乱入した漁民を警察が大量逮捕し，多数の死者と重篤な水俣病患者を生み出した，加害企業を警察が防衛する役割を果たしたことを彷彿させる。

　さらに，原子力推進の立場に立つさまざまな研究者と，関連学会や関連する大学部局も，原子力複合体の一角を形成している。原発推進の立場に立つ一部の研究者に対して，電力会社からの多額の研究費が提供されており（佐々木奎一，2011），そのことは原子力推進派の研究者の増大や組織化に寄与してきた。福島原発震災以後，「御用学者」批判が広範に語られるようになった。このような批判は，研究者が研究者としての自律性を失い，さまざまな利害関係や社会関係への配慮のもとに，研究内容そのものを恣意的に操作しているのではないかという疑念にもとづいている。原子力委員会，原子力安全委員会，総合資源エネルギー調査会といった審議機関に，多数の研究者が参加しているが，それらの人々のあり方が改めて問われることとなった。

　さらに，メディアも原子力推進において，大きな役割を果たしてきた。読売新聞は一貫して原子力推進の世論形成を推進してきた。また，1974年以降，朝日新聞にも，原子力広告が掲載されるようになった。続いて，毎日新聞にも原子力広告が掲載されるようになり，逆に原子力に批判的な記事は，抑制され

るようになった（週刊東洋経済, 2011）。

　原子力複合体に類似の言葉としては,「産軍複合体」という言葉がある。周知のように「産軍複合体」とは,軍備増強に共通の利害関心を有する軍事組織と軍事産業が相互に協力しながら,巨大な経済力,政治力を入手し,政策決定に大きな影響力を発揮するようになった状態を批判的に捉えようとする概念である。原子力複合体は,産軍複合体と類比的な意味で使用できるのみならず,部分的に重なる状況を呈しているのである。

　核戦力を軍備の柱にしているアメリカ合衆国のような国においては,原子力複合体と産軍複合体とは,融合している面がある。これに対して,日本は,核武装を採用しないことを表向きの政策としてきたが,だからといって,原子力複合体が産軍複合体と無縁であるとは言えない。日本においても,軍事的要因が,1960年代以来,タテマエとしての「原子力の平和利用」を推進する一つの要因となっていたことが,最近明らかになったからである。

　1969年9月に作成され,2010年まで秘密にされていた外務省の内部文書によれば,「核兵器については,NPTに参加すると否とにかかわらず,当面核兵器は保有しない政策をとるが,核兵器の製造の経済的・技術的ポテンシャルは常に保持するとともにこれに対する掣肘を受けないよう配慮する」（外務省外交政策企画委員会, 1969 : 67）と記されている。この文章の含意は,核武装の潜在能力を維持するために原発を推進するということである。このような考え方は,福島原発震災後に脱原発論が強まる中で,エネルギー政策とは異なる文脈での原発維持論として,一部の保守派の政治家から公然と表明されるようになった。自民党政調会長の石破茂は,「原発を維持するということは,核兵器を作ろうと思えば一定期間のうちに作れるという「核の潜在的抑止力」になっていると思っています。逆に言えば,原発をなくすということはその潜在的抑止力をも放棄することになる,という点を問いたい」と語っている（石破, 2011 : 85）。同様の考え方は,原発震災後の読売新聞社説によっても,次のように主張されている。「日本は,平和利用を前提に,核兵器材料にもなるプルトニウムの活用を国際的に認められ,高水準の原子力技術を保持してきた。これが,潜在的な核抑止力としても機能している」（読売新聞, 2011.8.10）。

　原発推進についてのこのような論拠は,これまで,国会などで,政府の正式

な政策として表明されたことはなかった。潜在的核抑止力という論理は，秘密文書に記されていたが，国民には長らく隠れていたものである。だが，石破議員や読売新聞社説に見られるように，推進派の一部では密かに抱き続けられた考え方だったのである。原子力複合体を支える要因として，産軍複合体に重なる論理が作用していたことに注意したい。

以上のように，原子力複合体は非常に複雑な顔をしている。一方で，さまざまな形で，明るいイメージを振りまいている。オール電化の宣伝などに見られるように，消費者に快適なサービスを提供する明るい企業，二酸化炭素の削減に有効な原発，トントゥビレッジにみられるようなテーマパークのような装飾性を示す。他方で，多額の研究費で研究者を操作しようとし，核武装の可能性を維持し，広告費を操作力としてマスメディアに対して働きかけ，ぎりぎりの所では反対運動に対する警察力行使を前提にしている。

② 原子力複合体の制御中枢圏に対する支配力

原子力複合体はエネルギー政策，とりわけ原子力政策の形成と推進にあたって，圧倒的な力を発揮してきた。国家体制レベルの制御中枢圏は，中央政府，国会，裁判所で形成されているが，日本社会においては，そのいずれに対しても，長期にわたって原子力複合体が大きな影響力を発揮してきた。

日本政府の原子力政策の長期的方針を定めてきたのは，1956年以来，数年ごとに策定されてきた「原子力長期計画」である。しかし，この長期計画の策定会議という政策形成アリーナは，原子力複合体の代弁者を主要なメンバーとして構成されてきた。構成メンバーが偏っていれば，そこから作り出される計画も偏ったものにならざるをえない。ようやく2000年の原子力長期計画改定作業（第九回改定）の際に，原子力に批判的な意見を有する委員が数名選ばれるようになった。また2005年10月にまとめられた「原子力政策大綱」の策定過程においても，原子力批判派が委員として参加していた。しかし，批判派は少数派であり，「原子力政策大綱」は原子力複合体を構成する諸主体の主導権のもとにとりまとめられたのである（伴，2006）。

国会議員の構成や国会での審議に対しても，原子力複合体は大きな影響力を発揮してきた。国会議員の中には，電力業界の出身者や電力労組の出身者が，

繰り返し選出されてきた。また，電力業界による選挙支援や，政治資金の提供も長らく行われてきた。そして，国会は，原子力法制の制定と毎年の国家予算を通して，原子力複合体を支えてきた。間歇的に原子力批判派の議員が質問に立つことはあるが，全体としての国会の意志決定は，長期にわたって原子力複合体の存続を支持するものであった。例えば，電源三法交付金を振り替えて，再生可能エネルギーの支援に回すというような選択を国会は回避し続けてきた。

原子力複合体が，国家体制レベルの制御中枢圏に大きな影響力を発揮してしまっているということは，制御中枢圏の中に，原子力複合体に対する超越性を有する主体や制御アリーナが存在しないことを含意している。このことの帰結は，既得権を再編するような変革ができないということである。

(4) 制度的枠組みと主体群の相互補強――硬直性と排他性のメカニズム

このような原子力複合体による原発推進政策については，1970年代以来，さまざまな批判がなされてきたにもかかわらず，見直しや方向転換ができなかったのはなぜなのだろうか。ここで注目するべきは，「制度的枠組みと主体群の相互補強」という事態である。

一方で，制度は「成型効果」と「拘束効果」を発揮する。すなわち，一連の制度的枠組みの存在が，特定の利害関心と強固な資源動員力を有し，原子力を推進するような諸主体を作り出し再生産するし，また，その時々の状況において，原子力複合体の利益を守るような意志決定をするように拘束されている。他方で，そのような諸主体が，政治システムにおける意志決定過程においては，大きな影響力を発揮し，原子力複合体の維持にとって有利な制度的枠組みを守り続ける。この二つの作用の帰結は，相互循環的に，現在の制度と政策を硬直的に保守しようとすることになる。すなわち，原子力複合体とそれを支える制度的枠組みは，高度に構造化されており，自己維持的政策を選択し続け，外部からの介入を排除し続けてきた。

以上のように，原子力複合体が巨大な影響力を発揮している政策決定過程は，典型的な「勢力関係モデル」として把握することができる。勢力関係モデルは，一つの社会の中での意思決定を，さまざまな主体間の勢力関係によって全面的に影響されているものとして把握する。このモデルによれば，社会的意思決定

を左右する決定的な要因は，さまざまな財やサンクションの操作能力に根拠を有する交換力である。実際，多くの社会において，この勢力モデルこそが，あらゆる意思決定の多数を占めている。

2 震災後のエネルギー政策の迷走[2]

震災後，日本の原子力政策は，脱原発を求める世論が多数派になったにもかかわらず，明確にそのような方向を打ち出すことができず，迷走を続けている。必要なエネルギー政策の転換の方向性は，「戦略的エネルギーシフト」として表現できる。その含意は，省エネ，脱原発，化石燃料の長期的漸減，再生可能エネルギーの積極的導入，拡大である。では，震災後の日本政府は，エネルギー政策の転換という課題に対して，どのように取り組んできたのであろうか。

(1) 民主党政権のもとでの取り組み態勢と政策転換

2011年7月13日，民主党の菅首相は，日本の首相としては，はじめて「原発に依存しない社会をめざす」という意向を表明した。それを受けて，野田首相のもとで，同年10月21日に「エネルギー・環境会議」が設置され，将来のエネルギー政策の複数の選択肢が検討され，それぞれの効果やコスト・帰結が議論された。そのような審議をふまえて，野田政権は2012年7月に，2030年の原発割合について，0％，15％，20〜25％という三つの選択肢を提示し，国民の意見を聞く手続きに入った。意見聴取会（全国11会場），パブリックコメント（8万9124件），討論型世論調査（電話調査6849名，討論参加者285名）を実施し，56団体に対して説明会を行うという形で，民意をくみ上げる努力を行った。首相官邸や国会の前でのデモの盛り上がりを背景に，パブリックコメントでは，原発0％を支持する意見が90％に達した。そのような世論を反映して，「エネルギー・環境会議」は，9月14日に，「原発に依存しない社会の一日も早い実現」を掲げた「革新的・エネルギー環境戦略」を決定した。この過程は，勢力関係モデルの民主化，理性化の進展を示すものであり，社会制

---

[2] 第2節は，舩橋（2013c）の準備草稿という性格を有する。

御の質の一定の変革が見られた。

しかし，このような転換を志向する政策内容に対しては，日本の脱原発を望まないアメリカ政府，核燃料サイクル政策の堅持を求める青森県知事，原子力発電を維持したい財界主流派からの反発と抵抗があり，野田政権は「原発0％」のタイミングを「2030年代」と先のばしする形で，「革新的・エネルギー環境戦略」の内容を後退させたが，それさえ閣議決定することはできず，9月19日の閣議での取り扱いは，「「革新的・エネルギー環境戦略」を踏まえて，関係自治体や国際社会等と責任ある議論を行い，国民の理解を得つつ，柔軟性を持って不断の検証と見直しを行いながら遂行する」という扱いに留まった。

この過程の特徴は，第一に，「エネルギー・環境会議」が，制度変革的な「政策案形成の場」という性格を有し，その設置自体がエネルギー政策の根本的見直しという「政策議題設定」とセットになっていたことである。そのことは同時に，政策転換の前提としての「新しい状況の定義」，「価値序列の再編」の存在も意味していた。

しかし，第二に，「政策決定の場」としての内閣は，一貫した主体性を発揮することはできず，その時々の政治的勢力関係に左右された場当たり的な動きを示した。もともと，民主党政権のもとでは，脱原発を志向する潮流と，原発継続を主張する潮流がせめぎ合っており，そのつどの意思決定は両者の勢力関係のもとでの妥協点を探るという性格が強かった。

(2) 自民党政権下での原発復活と，取り組み態勢の劣化

2012年12月の衆院選挙の結果，自民党・安倍政権が発足した。この政権交代は，原発震災への対処という点では，政策決定手続きにおいても，政策内容においても，原発の復活に向けての大きな方向転換を帰結することになった。

安倍政権の本音は，原発の復活であるが，2012年12月の衆院選挙でも2013年7月の参院選挙においても，原発の是非を正面から争点に掲げることはしなかった。そして安倍政権は，民主党の設定した「エネルギー・環境会議」を継承せず，長期的なエネルギー政策についての「政策案形成の場」を解消してしまった。

また，原子力政策の要である「原子力委員会」についても，それを「政策案

形成の場」として再強化しようという姿勢は見られない。原子力委員会のあり方については，震災後に民主党政権によって見直しの対象となり，「原子力委員会の見直しの有識者会議」が2012年12月まで検討を続けた。原子力委員会の委員の任期は，2013年1月で終了したが，新しい委員の選任は見送られ，形だけは存続しているが，実質的な政策案形成機能は失われることになった。

さらに，「東京電力福島原子力発電所事故調査委員会法」に基づいて，2011年12月に国会に設置された「国会事故調」は，2012年7月に報告書を公表した。国会事故調の特徴は，その運営において，独立性や透明性の確保に工夫がされたことである（後藤，2013）。しかし，国会事故調の活動は，そこまでであり，以後，国会のもとに，原子力政策の推進・廃止を含めてエネルギー政策全体について検討するような調査委員会は作られていない。「現在の国会には，原子力をまともに議論する場がない」とさえ，国会議員のA氏は語っている（2013年9月の聞き取り）。

このようにして，自民党政権下では，脱原発を政策議題とするような「政策案形成の場」は消失し，実質的な「政策決定の場」は，内閣および与党首脳部が掌握することになった。そして，旧来からの「原子力複合体」の要求表出が有力に作用するような勢力関係モデルが復活した。

安倍政権は原発の復活を志向し，再稼働とそれを可能にするための新しい規制基準の制定，さらには諸外国への原発輸出を推進しようとしている。そのような政策枠組みの中で，原子力規制委員会は2013年6月19日に新規制基準を決定した。だが，安全確保という点では，その内容に多数の問題点があり，特に過酷事故対策という点では，原子力市民委員会が批判しているように（原子力市民委員会，2013），根本的な難点を抱えている。

結局，安倍政権のもとでは，福島原発震災を引き起こすに至った「二重の制御問題」に関する欠陥が再現することになった。第一に，原子力複合体は，原子力技術の使用について，責任ある一貫した対処ができていない。その端的な表れは，2013年夏に顕在化した福島第一原発の汚染水問題である。8月21日には，原子力規制委員会が，汚染水の状況を国際原子力事象評価尺度で「レベル3」と判断した。福島原発事故は収束していないのである。また，核燃料サイクル問題や，「もんじゅ」の取り扱いや，放射性廃棄物問題についても混迷

が続いている。

　第二に，汚染水問題やこれらの問題についての混迷の根拠になっているのは，原子力利用についての適切な取り組み態勢が社会的に欠如しているという事態である。つまり，原子力複合体の自存化状態を，日本社会は民主的に制御できていないのである。

　以上のように，震災後の日本政府の原子力政策は，国民世論の広範な脱原発の声にもかかわらず，戦略的エネルギーシフトの方向性を明確に打ち出すことができていない。とくに，自民党・安倍政権になってからは，原子力復権の志向性が明確である。このような状況を批判的に分析し，民意を反映したエネルギー政策の転換の可能性を考えるためには，どのような理論的視点が必要であろうか。そこで次に，政策決定過程の分析枠組みについて検討してみよう。

3　政策決定過程の分析枠組み

(1) 公共圏の豊富化による政策への民意の反映
① 公共圏と理性的制御モデル
　原子力災害の再発を防ぎ，エネルギー政策を転換して脱原発の道を実現していくためには，エネルギー政策の決定過程をめぐるさまざまな主体と意思決定の場（アリーナ）の布置連関は，どのようであるべきなのだろうか。

　図2は，討論空間としての「公共圏」が豊富化し，そこで形成された公論が，制御中枢圏の政策決定へと反映し，制御中枢圏が，原子力複合体に対して，規制的な政策を実現することができるような状況を示したものである。

　ドイツにおけるエネルギー政策の転換は，このような形での主体・アリーナの布置連関を前提にして実現したものではないだろうか。また，日本においても，新潟県巻町の住民投票に見られるように，地域社会における公共圏が活性化し，地域社会レベルでの住民の意思が，首長と行政組織の政策選択を変更させたプロセスは，このようなイメージで把握できると考えられる。

　ここで，公共圏が積極的な作用を発揮するような政策決定過程を「理性的制御モデル」として把握しよう。「理性的制御モデル」は，マックス・ヴェーバーのいう意味での「理念型」である。このモデルによれば，なんらかの公共的

図2 公共圏が豊富化した状態でのエネルギー政策をめぐる主体・アリーナの布置連関

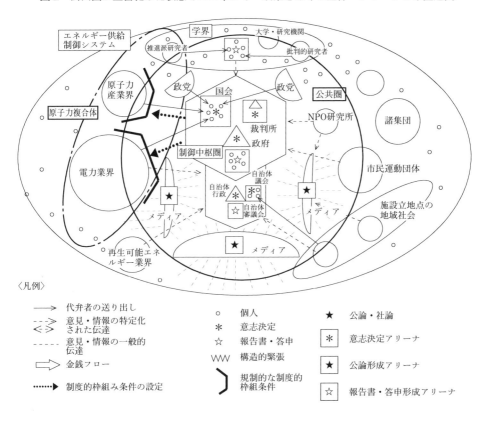

な問題についての社会的決定は、理性に立脚する一連の議論を通してなされる。このモデルにおいては、社会的意思決定を生み出す鍵要因は、「合理性」と「道理性」である。

各社会において、勢力関係モデルを理性的制御モデルに近づけていくような変革の過程を「勢力関係モデルの理性化」と言うことにすれば、その鍵は、公共圏の豊富化にある。そして、公共圏が政策の形成と決定に大きな役割をはたす状況は、同時に、「勢力関係モデルの民主化」を意味している。そのような「勢力関係モデル」の「理性化と民主化」こそ、震災後の日本社会の質的変革に求められているものである。

このような総括的把握を、より経験的分析に近づけるために、「政治システ

ムにおける社会的意志決定の類型」と「社会制御過程における四種の取り組みの場」について，理論的視点を提示しておこう。

② 政治システムにおける社会的意志決定の諸類型

表1は，政治システムにおける利害調整が，どのような社会的意志決定の類型のもとに行われているのかを示したものである。一つの原発を立地するような政策決定に際しては，建設推進主体と他の諸主体の間で，さまざまな勢力関係が多元的に形成されている。しかし，そのようにして進められてきた原発立地は，福島原発震災によって，道理性と合理性を欠いたものであることが明らかになった。これまでの日本の原子力政策においては，②交換力に基づく勢力関係や，③言論闘争に基づく勢力関係によって，原子力発電所の立地政策が推進されてきた。

これに対して，震災後の脱原子力運動にとっての課題は，②交換力に基づく勢力関係や，③言論闘争に基づく勢力関係に加えて，④理性的な論争に基づく勢力関係というさまざまな勢力関係に即して，優位を創り出すことが必要になっている。

「勢力関係モデルの理性化」の過程をより具体的に把握するためには，政策

表1　政治システムの利害調整アリーナにおける社会関係と社会的意志決定の類型

	鍵になる要因の差異	変化を表す言葉
勢力関係モデル	①暴力的な勢力関係 　（植民地，強制収容所などの暴力的支配）	非暴力化
	②（非暴力的な）交換に基づく勢力関係 　（スト，示威行進，座込み，金銭の与奪）	言論闘争化
	③多数派形成型の言論闘争に基づく勢力関係 　（選挙，住民投票）［言論闘争型の公論形成の場］	
理性的制御モデル	④理性的な論争に基づく勢力関係 　（法廷，公益調査制度）［論争型の公論形成の場］	論争的理性化
	理性的な対話の関係［対話型の公論形成の場］ 　（道理性と合理性に即しての説得性）	対話的理性化

（舩橋，2012: 34 より，一部修正）

形成過程に登場する四種の「取り組みの場」を区別することが必要である。

(2) 政策形成に必要な四種の「取り組みの場」[3]
　エネルギー政策をめぐる政策決定過程の取り組み態勢の優劣の分析のために，理論用具として，「政策決定の場（policy decision arena）」「政策案形成の場（policy-plan-making arena）」「科学的検討の場（scientific research arena）」「公論形成の場（arena of public discourse）」という四種類の「取り組みの場」に注目することにしたい。

① 四種の取り組みの場の意味
　図3は，日本社会における政策決定過程を分析するための理論枠組みを提示している。この図に示されているように，四種の取り組みの場が，意志決定を支える基本的要素である。それらは，「公論形成の場」「科学的検討の場」「政策案形成の場」「政策決定の場」である。
　「公論形成の場」とは，人々が，何らかの社会問題や公益にかかわる事柄について，自由にまた，開かれた形で議論するような場である。それは，ハーバーマスの言う意味での「公共圏」の基本的要素である。いいかえれば，公共圏とは，さまざまな「公論形成の場」の集積体である。
　「科学的検討の場」とは，科学的問題が自由に議論され，研究される場である。このタイプの取り組みの場にとって大切なことは，独立性と自律性である。さまざまな仮説が，科学的検討の場に登場することが大切である。複数の仮説についての自由な議論を通して，科学的検討の場への参加者は，次第に，より説得力のある理論に近づいていく。
　「政策案形成の場」とは，なんらかの公共の事柄について，政策案をつくるような場である。あらゆる政策案は利害調整の側面を有するから，科学的研究に基づいた正確な知識のみならず，価値判断についての基準が必要である。優れた政策を形成するためには，複数の案についての比較が必要である。
　「政策決定の場」とは，「政策案形成の場」で作られた複数の政策案から，一

3）　本節は，Funabashi（2013a）を素材として，それを翻訳し加筆修正している。

図3 公共圏が作用している「取り組み態勢」

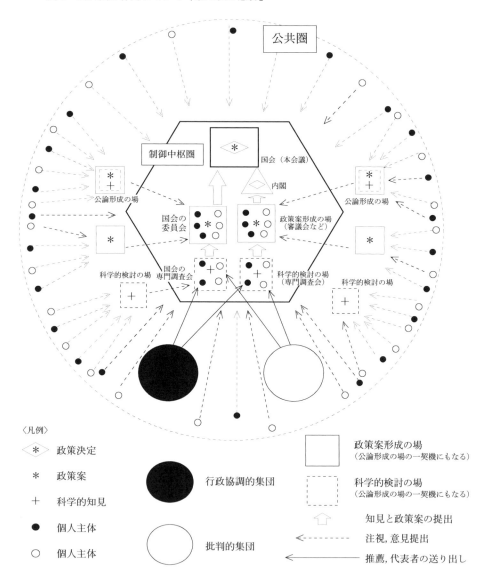

つの案を選ぶという形で，政策決定を最終的に行う場である。内閣や国会は，代表的な「政策決定の場」である。通常，制御中枢圏は「政策案形成の場」と「政策決定の場」とを含んでいる。

ある社会の意志決定の質や意志決定の能力は，すでに見たように，「勢力関係モデル」と「理性的制御モデル」の視点から把握することができるが，これらの二つのモデルの差異は，四種の取り組みの場の特徴と，それらの間の結合の様式という視点から分析することができる。勢力関係モデルと理性的制御モデルの差異を生み出す二つの重要な鍵要因は，公共圏の「豊富化の程度」と「科学的検討の場」の性格である。

このうち，公共圏の「豊富化の程度」とは，公共圏の基本的要素である「公論形成の場」がどれだけ多く存在し，どの程度の活発さと質をもって議論が続けられているかということに規定される。

メディアの質，人々のエートス，政策研究のあり方，市民の発言機会の制度的保証などは，公共圏の豊富化の程度に影響を与える。

② 科学的検討の場の二つのタイプ

次に，「科学的検討の場」について，二つのタイプを理解しなければならない。すなわち「統合・自律モデル」と言うべきものと，「分立・従属モデル問題」として把握できるものとである。

図4に示されたような「統合・自律モデル」は，次のような諸特徴を持つ。①科学的検討の場と政策案形成の場が分離している。このことは，科学的研究の自律性を維持するために必要である。②複数の学説を有する異なる潮流が一堂に会し，議論することが必要である。当初の段階で複数の学説が提示されるのは，むしろよくあることである。③科学的討論の過程は，公衆にとって可視的なものである。根拠と論理展開は，人々に公開され，人々が吟味できなければならない。

他方，図5に示されるような「分立・従属モデル」は，次のような特徴を有する。このモデルは，政府が政策形成過程の中に「科学的検討の場」を設置する時に，典型的に登場する。①「科学的検討の場」は，制御中枢圏の中の「政策案形成の場」に組み込まれている。つまり，「科学的検討の場」は，「政策案

図4 科学的検討の場の統合・自律モデル

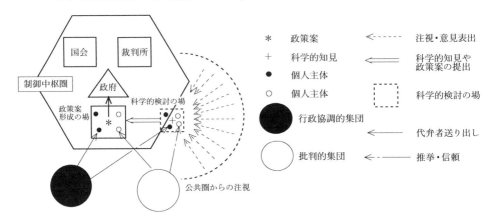

図5 科学的検討の場の分立・従属モデル

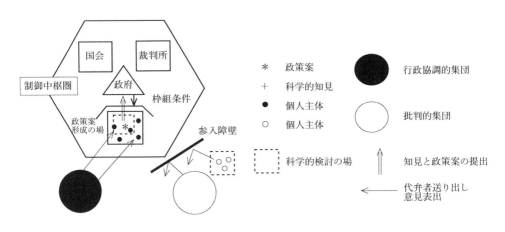

形成の場」から分離していない。二つの場は重なり合っている。その結果、さまざまな利害関心、とりわけ政府の利害関心が、科学的議論に介入してしまう。②参加者の選抜の過程は、政府の利害関心によって偏ったものになる。政府は、政府にとって不都合な含意を持たないような見解を有する研究者を好んで選ぶ傾向を示す。反対に、政府組織にとって不利な知識をあえて提出するような研究者は、政策案形成の場の中の科学的検討の場から排除される傾向を示す。

　③データの公開と討論過程は、しばしば不十分である。特定の結論を導いた

ような論理展開と論拠は，そのような取り組みの場の外にいる公衆や研究者にとって，説得力を欠いていることが頻繁に生ずる．

分立・従属モデルは，頻繁に勢力関係モデルの中に登場するのに対して，統合・自律モデルは，理性的制御モデルの不可欠の条件である．

4 日本社会における社会制御の質的変革の可能性

震災前および自民党政権の再登場のもとでの政策決定過程は，勢力関係モデルが復活する形となっている．原子力政策をめぐって，理性的制御モデルへの接近の道とはどのようなものであろうか．第一に，「公論形成の場」が豊富に形成され，積極的機能を果たすこと．第二に，脱原発を推進するような「政策案形成の場」や「政策決定の場」が形成される必要がある．そのためには，これらの場で，①変革主体形成，②政策議題設定，③新しい状況定義，④価値序列の再定義という諸条件がみたされなければならない．そして，「科学的検討の場」が自律性と開放性をもって作動し，政策案形成の場に「正確な知識」を提供しなければならない．

(1) 四種の取り組みの場の結合の仕方の欠陥

図6は，日本社会における四種の取り組みの場の現在の布置連関を示している．この図は，なぜ日本社会は，震災によって生じたさまざまな課題について，十分な制御能力を持っていないのかを説明するものである．

第一に，公論形成の場がそれほど多くないので，日本社会の公共圏はまだ貧弱である．この要因ゆえに，政策案形成の場における政策議題設定が十分でない．政策問題として検討されるべき重要なテーマ，例えば，避難者に対する「第三の道」，二重の住民登録，自治体が有する地域再生基金，原発事故被災者手帳というようなテーマが，いかなる取り組みの場においても，政策議題として設定されていない．被害者たちは，彼らの要求を効果的に提出していない．政治家たちも，そのような諸問題についての政策議題設定に関して，十分な主導性を発揮していない．

第二に，政策形成を推進する二つの回路のうち，国会の委員会を経由した回

路がうまく機能していない。その一つの理由は，政策案形成を支援するような専門家をあつめた調査委員会が欠如していることである。結果として，行政組織に依拠した，もう一つの政策形成の回路がほとんど政策形成過程を独占している。

図6　貧弱な公共圏のもとでの行政専横型の取り組み態勢

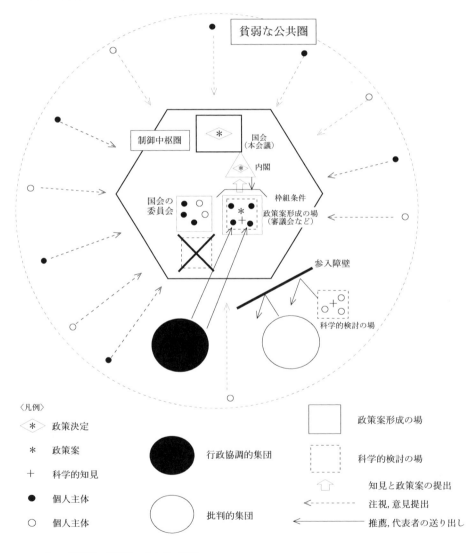

しかし，第三に，行政組織に依拠した政策形成の回路は，エネルギー政策の転換や被災地の再建について，革新的な政策形成をなしえていない。なぜなら，行政組織の中の政策案形成の場は，公論に対して十分開放的でもないし，敏感でもない。それに加えて，科学的検討の場は，分立・従属モデルの形をとっているので，その質が低下する傾向を示す。

　上述のような三つの特徴は，政策形成過程において，「行政組織ゆえの偏向」を帰結する。「行政組織ゆえの偏り」とは，政策内容が，行政組織にとっての利害関心と制約条件によって深く影響されることを意味する。例えば，使用可能な予算の上限や，重荷を回避したいという願望は，新しい政策議題設定や新しい政策案について行政組織が消極的で受動的な態度をとるように作用する。

　一定の制度的枠組みを前提にした部分改良的な政策形成の場合は，「行政組織ゆえの偏向」の弊害は，それほど大きくはないかもしれない。しかし，制度枠組み自体を組み替える必要のある大きな変革過程においては，この「行政組織ゆえの偏り」が，非常にマイナスに作用してしまう。

　言い換えれば，図6は，公共圏が貧弱な状況における勢力関係モデルを示している。

(2) 四種の取り組みの場の効果的な結合

　ここで，再度，図3に立ち返り，「勢力関係モデルの理性化」による制御能力の高度化の可能性を考えてみよう。

　図3は，日本社会における四種の取り組みの場の効果的な結合の可能性を示したものである。もし，私たちが，エネルギー政策の転換と被災地域の再生についての効果的な政策を創り出そうとするならば，日本において四種の取り組みの場を図3のようにうまく結合しなければならない。効果的な政策を形成することを可能にするのは，どのような条件であろうか。

　第一に必要な条件は，顕在的あるいは潜在的社会問題から導き出される適切な政策議題設定である。四種の取り組みの場の布置連関と相互関係が，政策議題設定の過程を促進するようなものであるべきである。政策議題設定の促進にとって，一つの必要な条件は，「公論形成の場」が豊富に存在し，政策案形成の場に要求提出ができることである。公論形成の場から提出される要求は，政

策案形成の場と，政策決定の場における政策議題設定へと転換されなければならない。もし，公論形成の場と，政策案形成の場との間に障壁があれば，要求を転換して政策議題を設定することは不可能である。政策議題設定を促進しうるもう一つの条件は，政策決定アリーナにおける諸主体の指導性である。政治家はこの点について，先導的指導性を発揮しうる。

　第二に，政策決定に至る回路が二つ存在することが望ましい。新しい政策を導入するためには，政府だけでなく議会が法律案を自前で準備するべきである。そのためには，議会に属する専門調査会が政策形成に必要な組織を提供することが望ましい。今日に至るまで，そのような取り組みの場の布置連関は，日本社会では稀であった。実際には，2011年12月に，日本の国会は，福島原発事故の原因を調査するために専門調査委員会を設置した。この専門調査委員会は重要な役割を果たしたが，国会がこのような専門調査委員会を設置したのは日本の憲政史上初めてのことであった。

　第三に，政策案形成の場が，政策形成過程に際して適切に機能することが必要である。政策案形成の場は，さまざまな能力を持たなければならない。その構成員は，政策議題設定に基づいた政策目標を定義し，状況を分析し，目的達成のための複数の政策案を創りだし，それらの中から合理的で道理にかなう選択を行い，政策決定の場に有力な政策案を提出するべきである。科学的検討の場と，政策案形成の場の関係が重要である。科学的検討の場は，政策案形成の場に，もっとも効果的な手段を発見し，それらの手段に随伴する帰結を予測する点で有用な正確な知識を提供するべきである。統合・自律モデルという特徴を備えた科学的検討の場が，自律的な科学的活動を通して，効果的な政策形成に貢献することができる。公論形成の場は，政策案の改善に貢献することができる。政策案形成の場と，公論形成の場との間での討論は，政策案をより合理的で，道理にかなったものにするための効果的な手順である。

(3) どのようにして勢力関係モデルを理性的制御モデルに転換するか

　日本社会にとって，震災によってもたらされた複合的な諸問題を解決することは，社会的・政治的な緊急課題である。それらの問題の中でも，戦略的エネルギーシフトと，被災地再生の総合政策は，非常に大切な政策目標である。

戦略的エネルギーシフトの内容としては，①省エネルギー，②脱原発，③化石燃料の長期的削減，④再生可能エネルギーの積極的拡大，を四本の柱とするべきである。

　被災地再生の総合政策としては，①社会的道理性を実現する規範的原則，②地域再生基金，③被災者手帳，④地域再建の課題別協議会と専門支援員，⑤適正な科学的研究，⑥個人生活と地域再生のために「移住」か「早期の帰還」かという選択肢をこえた「長期待避，将来帰還」という「第三の道」の設定，⑦二重の住民登録，⑧セカンドタウン，⑨汚染された土地の長期的保全と利用，といった諸課題に政策パッケージとして，取り組み実現していくべきである。

　このような重要な目標群を達成するためには，日本社会は，政策形成と決定過程において質的な変革が必要である。この質的変革とは，勢力関係モデルから理性的制御モデルへの転換として，定義することができると思われる。

　このような移行は，四種の取り組みの場の布置連関とそれらの質の変革によって可能となるであろう。日本の社会が必要としているのは，より豊富な公論形成の場であり，統合性と自律性を備えた科学的検討の場であり，創造的な政策議題設定と公正に議論を管理できるような政策案形成の場である。

　その場合，鍵になるのは民衆のつくる「公論形成の場」がどこまで増大し，質的に高度化するかという要因である。とりわけ「公論形成の場」の担い手が，市民の視点にたって，対抗的な政策提言を作成することが，積極的な意義を有する。なぜなら，そのような努力によってこそ，制御中枢圏における，政策議題設定，政策案形成のあり方に影響を及ぼしうるからである。この点で，2013年4月に発足し，「脱原子力政策大綱」の作成をめざす原子力市民委員会の努力（原子力市民委員会，2013）が，どのような成果を上げるかが注目される。

　規範理論の文脈で論ずるのであれば，日本社会の改革の鍵になる要因は，「公正」と「公平」という価値をいかにして政策形成過程に内部化するかということである。政策決定過程の改革については，「公正」という価値が決定的に重要である。

　公正を保証するための多様な手段，すなわち，情報公開，公聴会，政策案形成への住民参加というような手段は，四種の取り組みの場すべてにおいて，より積極的に導入されるべきである。政策内容については，さまざまな財や負担

の分配についての公平は，社会的合意を形成するための鍵要因である。社会の自分自身に対する制御能力は，公平を備えた諸政策こそが社会的合意形成を可能にするのだから，そのような政策によってこそ，増大しうる。

結び

本章では，原子力政策をめぐる日本社会の制御能力の不足を，公共圏の貧弱さのもとでの「勢力関係モデル」の優越と，原子力複合体の自存化や独走という視点から分析してきた。日本社会が制御能力を取り戻すためには，公共圏の豊富化による勢力関係モデルの理性化，民主化が鍵である。

そのような変革の過程は，四種の「取り組みの場」のそれぞれを質的に改善しながら，的確に連結することによってこそ可能となる。四種の「取り組みの場」の中でも，民衆がつくる「公論形成の場」の増大と質的向上が，社会の質的変革の可能性を左右するであろう。

〈参考文献〉
朝日新聞青森総局，2005，『核燃マネー 青森からの報告』岩波書店
石破茂，2011，「「核の潜在的抑止力」を維持するために私は原発をやめるべきだとは思いません」『SAPIO』2011.10.5: 85-87
開沼博，2011，『「フクシマ」論——原子力ムラはなぜ生まれたのか』青土社
『エネルギー政策の転換と公共圏の創造——ドイツの経験に学ぶ：国際シンポジウム予稿集』
外務省外交政策企画委員会，1969，『わが国の外交政策大綱』
北村俊郎，2011，『原発推進者の無念——避難所生活で考え直したこと』平凡社新書
熊本一規，2011，『脱原発の経済学』緑風出版
原子力委員会ホームページ（http//: www.aec.go.jp/）
原子力市民委員会，2013，『原発ゼロ社会への道——新しい公論形成のための中間報告』原子力市民委員会（非売品）
佐々木奎一，2011，「あの東大，京大センセイたちが受け取っていた「8億円原発マネー」」『SAPIO』2011.7.20, No. 11: 31-35
佐高信，2011，『原発文化人50人斬り』毎日新聞社
清水修二，2011，『原発になお地域の未来を託せるか』自治体研究社
週刊金曜日編集部，2011，「電力会社が利用した文化人ブラックリスト」『週刊金曜日』843号（2011年4月15日号）．
週刊ダイヤモンド，2011．「特集 原発——カネ 利権 人脈」『週刊ダイヤモンド』2011年5月

21日号:26-59.
週刊東洋経済,2011,「封印され続けた「負の歴史」――日本「原発大国化」への全遺産」『週刊東洋経済』2011年6月11日号:54-58
伴英幸,2006,『原子力政策大綱批判――策定会議の現場から』七つ森書館
舩橋晴俊,2012,「社会制御過程における道理性と合理性の探究」,舩橋晴俊・壽福眞美編『規範理論の探究と公共圏の可能性』法政大学出版局:13-43.
Funabashi, Harutoshi,2013a,"What should we learn from the Fukushima nuclear disaster?", Diversity: Environment and Society (Proceedings, The International Symposium on Environmental Sociology in East Asia):113-123.
舩橋晴俊,2013b,「福島原発震災の制度的・政策的欠陥」,田中重好・舩橋晴俊・正村俊之『東日本大震災と社会学――大災害を生みだした社会』ミネルヴァ書房
舩橋晴俊,2013c,「震災問題対処のために必要な政策議題設定と日本社会における制御能力の欠陥」『社会学評論』255号
吉岡斉,1999,『原子力の社会史』朝日新聞社
吉岡斉,2011,「原子力安全規制を麻痺させた安全神話」,石橋克彦『原発を終わらせる』岩波書店:131-148

第8章

日本の市民運動は，原子力発電所を終わらせエネルギー政策の転換を実現することができる

私たちは何をすべきか

アイリーン・美緒子・スミス

1　はじめに

　今，日本の市民社会は原子力発電所を終わらせ，日本の新たなエネルギー政策を創造する絶好の機会に恵まれている。

　エネルギー政策の転換のために活動してきた市民運動，なかでも反原発運動は，おそらくかつてないほどに最もやりがいのある課題に向き合っている。この課題とはつまり，私たちが福島第一原発事故のような災害を繰り返さないことを確実にし，市民社会が特に原発に関して，またエネルギー政策全般に関して議論しやすくなるように促し，よりよい道があることを日本の社会に確信させることである。

　この絶好の機会と最高にやりがいのある課題に応じるために，私たちが引き受けなければならないと思われる活動のリストを提示したい。

　① 原発の再稼働を阻止し遅らせる

　　これによって市民社会は原発を止めることと，エネルギー政策転換の実現についての議論をする好ましい環境が整うであろう

　② 原発の再稼働をめざす電力会社と政府の虚偽を暴く

　③ 安倍政権が原発やエネルギー政策に関して議論する際のやり方が非民主的であることを明らかにする

④ どのようにして私たちは原発を止めることができるのかを示す
私たちが新しいエネルギー政策と原発との双方を持つことはできないことを示す——つまり，新しいエネルギー政策により，市民社会の参加，コミュニティのエンパワーメント，エネルギーの節約，エネルギーの効率化，再生可能エネルギーに基づく分散型エネルギー・サービスが供給されるのだが，原発がいかにその邪魔をしているかを示す
⑤ 市民社会にとってより魅力的な新しい道を提示する
⑥ どの道を選択するのが最善かについて市民社会が討論できる，公共の場を創造することに取り組む
⑦ 討論を通じて，原発を即時停止し，新しい道が最善の解決策であることを人々に納得してもらう

今日の日本社会は，経済的優位を失うのではないかという心理的不安の中にあり，新しい展望(ビジョン)を求めてもがいている。政治家たちは，どうにかして過去の高度経済成長を再現できないかと，「安全」策にしがみついている。

市民運動による明確かつ具体的な分析の提示が，決定的に重要である。市民運動は，原発を今すぐ終わらせることがむしろ経済にもよく，雇用にもよく，健全なコミュニティにもよく，農家にも若者にもよいこと——それがよりよい道であると示すことが大切である。

そのためには，総合的なアプローチが必須である。人の望みは幸せである。健全なコミュニティと公正な社会を望んでいる。欲しいのは職と若者のための未来である。つまり，人は「キロワット／時」を食べることはできない。人々は，優れたエネルギー・サービスの結果，得られるものを求めているのである。だからこそ私たちは，日本が今原発を終わらせ，「トップダウン」のエネルギー政策を変える必要があると人々が確信するようにしなければならない。私たちは，この討論が科学的な専門的知識をめぐるものではなく，実際には市民参加，雇用や新しい仕事，健全なコミュニティ，若者の未来，人々が幸せを探せる環境をめぐる討論であることを示す必要がある。

これは私たちだけでできることではない。私たちは，どのような能力の形成が必要なのかを考える必要がある。市民社会の広範な層の人々が参加するよう

促すことができなくてはならない。ドイツのような他の市民社会から学び，創造的で相互作用的なアプローチが必要だ。国外の市民社会と効果的にコミュニケーションをするためには，私たちの能力，とりわけ言語能力を鍛えなければならない。私たちは，新しいエネルギー政策を実現する**プロセス**に関する戦略的思考をもっと発展させる必要がある。私たちは資金調達について学ぶことができるし，またそれはお金を集める話だけでなく，より広範な市民社会を巻き込むプロセスであることを学ぶことができる。

　市民社会が関心を寄せているのは実現することであって，理想の世界についての素晴らしい文書などではない。市民が私たちに求めているのは，どうしたらエネルギー政策の転換を具体的に実現できるかを示してもらうことである。そのためには私たちはデータを示さなければならない。経済や地域自治体の予算調達を含む政策立案について，専門家と一緒に仕事ができるレベルまで学ぶというスキルアップが必要だ。

　電力システムの改革を進め，地域の再生可能エネルギー・イニシアティブの役割を促進することは不可欠である。それは魅力的でなければならない。強調すべきは自治体の政策立案であり，ハードウェアの話より人々とコミュニティのためにいかに役立つかの話だ。

　私たちは市民参加を促進するために，もっと美的にもっと創造的に考えなければならない。もし人々が参加したくてたまらないとなったら，私たちは彼らの心をつかんだのだ。彼らも自発的に活動するようになるだろう。

　私たちは，市民社会の公正な公開討論のプロセスを積極的に提案し，討論の条件について協議を積極的に進めなければならない。もし討論が都市に偏りすぎ，年齢や性別が偏り，要介護者・要援護者の支援に直面している人々を排除するなら，間違った答えを手にすることになるであろう。スリーマイル島，チェルノブイリ，福島の事故から学んだ最大の教訓の一つは，彼らの直接的な体験に市民社会が充分に耳を傾けなかったということだ。

　原発は，エネルギーの中でも電力しか供給していないという事実にもかかわらず，日本のトップダウン型エネルギー政策の基盤となっている。原発を終わらせることによって，私たちは日本のエネルギー政策の転換を促進することができ，よりよいエネルギー・サービスに至る道を，つまり日本に住む人々にと

ってよりよい社会に至る道を拓くことができるのである。

2　私たちが直面する具体的課題

　現在，日本の市民社会は明確な決定をすべき十字路に立っている——私たちは，福島第一原発の事故にもかかわらず，相変わらず原発とそれに伴う「トップダウン」のエネルギー政策を続けるのか，それとも向きを変え新しい道に進むのか。私たちは，この機会を軽く捉えてはいけない。なぜなら，この好機は福島第一原発の事故によりもたらされたあらゆる犠牲の上に，私たちに与えられているからだ。

　現在，日本の市民運動なかでも反原発運動は，おそらく実現すべき最大の課題に直面している。つまり，次なる原子力災害を許さず，原発とエネルギー政策に関する市民社会の議論を促進し，私たちが今原発を終わらせる必要があることを日本の社会に確信させるという課題である。

　現在〔2013年末〕日本では，原発によって生産される電力はゼロ・キロワットだ。日本の反原発運動にとっての課題は，この稼働停止の道を保持することである。9基の原発が稼働しているにもかかわらず，原発を終わらせる法的な拘束力をもった脱却政策をとっているドイツと違い，日本の安倍政権は原発の再稼働を活発に推し進め，原発技術の輸出を積極的に促進している。

　本稿を執筆している時，5つの電力会社が全部で14の原発の再稼働申請を原子力規制委員会に提出し，規制委員会は再稼働するためにこの申請を審査していた。**この再稼働をどのようにして阻止するのかがカギを握る問題であり，今こそNGOが実効性のある行動を起こす時だ**。私たちが成功すれば，日本は原発を終わらせ，世界の模範となる役割を果たすことができる。

　日本の反原発運動は歴史的には，市民社会からあまり有効ではないと見られているが，実際には有効であった。もたらされた結果がその有効性を証明している。もし原発の建設がねらわれていた地域の農民や漁民，地方の市民その他が，また都市の市民団体や個人，核物理学者・核化学者のような専門家，法律家，医師，作家，芸術家の精力的な努力がなかったのなら，「私たちが原発を止めることは可能であり，そしてやるべきである」かどうかといった現在の議

論はできなかったであろう――つまり，あらゆる市民が1960年代中頃から現在に至るまで，原発の建設を阻止し，建設後は安全問題を警告するために粘り強く運動してきたからこそ，今，この議論ができるのだ．

日本の市民がすべきことをしたから，2011年3月11日，福島第一原発の事故が起きた当時，原発による発電は日本の電力のわずか4分の1であった[1]．もし彼らがそのような努力をしていなかったら，原発への依存度はとても大きくなっていて，原発の即時ないし近い将来の廃止など考えられもしなかったであろう．彼らがこのような議論を可能にしてくれたのだ．これは真に偉大な成果であり，しっかり認識されて然るべきである．

したがって，問題は反原発運動がどのようにしたら実際に効果的に働くかではなくて，どうしたらこの運動が自らの課題を完成できるのかである．そして，これは容易な課題ではない！

この機会を活かして課題を達成するために私たちが引き受けなければならないと思われる活動のリストが，本章の冒頭に掲げた7つの項目である．

反原発活動を含む行動(activism)は芸術であり，指圧，柔道，合気道のように正しいタイミングで正しい圧点を探し，相手の強さを含め私たちにむかってくることをどう利用するかを知ることである．リストに述べたすべての活動は，私たちに与えられた環境と協同して，同時に相乗効果的に，創造的になされる必要がある．

これらのことを実現するためには，さまざまな行動に取り組まなければならない．そのために，運動の能力を形成する必要がある．**ドイツを含めて，原発を終わらせるために活動し，新しい道を創造している他の市民社会との交流が決定的に重要である．**

3　何が進められているか，まだ何がなされていないか

活動リストの次に，それぞれの分野で現在取り組まれている例ないし取り組まれるべき例を挙げながら，それぞれの課題を詳しく述べたい．以下，すべて

---

1) 独立の発電所を含めると4分の1となり，含めないと3分の1である．

の項目において，メディアへの働きかけ，立法者に対するロビー活動，インターネットによる情報発信，勉強会，討論集会，が今現在行われている。

① 原発の再稼働を阻止し遅らせることを継続する，これによって政策の転換に関する市民社会の討論にとって好ましい環境を提供する

現在取り組まれている活動の例をいくつか挙げる。
- 市民が新設された原子力規制委員会を市民が監視し[2]，規制委員会が活動について公に対し説明責任を果たすようにする
- 共通の問題を戦略的に提起するために，再稼働に取り組むすべての原発の地域のNGOをネットワーク化する
- 再稼働問題に関して原子力規制庁や経済産業省の資源エネルギー庁と，議員会館の講堂や会議室で頻繁に会合を持つ（Uストリームで放映される）
- 再稼働を申請した原子炉の下や近くの活断層を問題にする。（福島の事故から学んだ教訓の結果として設置されるはずの）安全対策の期限延長を含む技術的問題を提起する
- 原発事故の防災計画の不備を指摘する
- 福島原発事故から生じている事故現場の問題，そして被害者の救済に関する問題を提起する。事故は続いており，安倍政権は再稼働に突き進むのではなく，むしろ事故対策に集中すべきだと社会に喚起する
- 再稼働が予定されている原発のある町に行き，市町村・県の担当者と会い，安全問題を提起し，一軒一軒回って町の人々と会う

以上はすべていろいろ調べながら，東京と地域のネットワーク化，原発の立地する地域とその周辺にある自治体の市民とが協力しながら行われている。

② 原子力発電所の再稼働をめざす電力会社と政府の虚偽を暴く

この分野は深く取り組む必要がある。燃料費の経済学的分析が必要であり，主要な電力会社の再編成にどのように取り組むかのノウハウ等が必要である。私たちはこれに適切に取り組むために，専門家を探し，その人たちの協力を得るための充分な専門的知識を身に着けなければならないだろう。そして，これ

---

[2] 例えば東京の市民団体は連合して「原子力規制を監視する市民の会」を作った。

には包括的に取り組む必要がある。

③ 安倍政権が原発やエネルギー政策を議論する際のやり方は，非民主的であることを取り上げる

全国の市民団体がこれに取り組んでいるが，東京圏の市民運動が中心となる。例えば，この問題に取り組んでいる東京および全国各地の市民団体で作っているネットワークである e-shift[3]は，2012年夏に当時の民主党政権が行ったもっと民主的なプロセスと比べて，安倍政権による現在の討議プロセスがどれほど後退しているかを指摘している。

民主的プロセスをどのように進めるべきかを描く試みはあるものの，この分野の広範な作業はこれから取り組む課題である。**私たちは民主的な政策討議過程・立案の方法に関する，もっと多くのノウハウを必要としている。**

④ どうしたら私たちは原発を終わらせることができるのかを示す
新しいエネルギー政策と原発との双方を持つことはできないことを示し，原発がいかに新エネルギー政策を邪魔しているかを示す

この重要な分野の包括的な分析はまだない[4]。ほとんどの反原発団体は再稼働の中止と福島事故の問題（原発サイト内の問題と被害者の救済）に全力を集中している。私たちには，この分野に向けてのノウハウも問題関心も欠けているのだ。反原発運動には今まで，経済学者や行政マネージメントに関する広い専門的知識を持った人々が係わってこなかった。反原発運動の私たちは，どちらかというと予算割り当てのような執行に関わる問題よりも，原発の安全面に沿って考えてきた。**原発を終わらせ，新しいエネルギー政策の転換を創造するのに原発がどのように邪魔になっているかを私たちが具体的に示すことが，提起すべき重要な分野となっている。**

---

3) http://e-shift.org/
4) この点では，「原子力市民委員会（Citizens' Commission on Nuclear Energy: CCNE）」も含めて同様である。

⑤ **市民社会にとってより魅力的な新しい道を提示する**

この分野は、環境エネルギー政策研究所[5]のような、再生可能エネルギーに取り組んでいるさまざまな市民運動によって取り組まれている。真に重要なのは、私たちが包括的で魅力的なアプローチ（次の⑥に詳しく述べる）を提案することだ。このきわめて重要な分野で、取り組むべき作業はたくさんある。

⑥ **どの道を選択するのが最善かについて市民社会が討論できる、公共の場を創造することに取り組む**

e-shiftや原子力市民委員会[6]も、また再生可能エネルギー問題に取り組んでいる市民運動も、この分野で活動している。核エネルギーの終焉を議論するためには大切なのだが、この分野はまだ議論され始めたばかりで、**より多くの作業とより多くの人々を緊急に必要としている**。

私たちは、公平な討論を行うためのプロセスを積極的に書き出し、この討論が、取り組まれなければならないことを粘り強く要求し続けるべきである。このプロセスの運営に当たるルールの取り決めに、積極的になるべきである。方法の一つとして、討論型世論調査がある。すべての陣営にとっての公平なヒヤリング（公聴会）を促進するよう計画された方法が、積極的に提起されるべきだ。

例えば次のような場だ。そこでは、あらゆる広がりをもった専門的な見解が公開で議論されるが、そのフォーラムの対象は専門家でない人々であり、その人たちが議論に反応し、結論を導く。専門家以外の人々は、情報に基づいて判断する手段を与えられるべきだし、最終的な決定は、専門家から離れて自由になされなければならない。

私たちは大学や新聞を励まし、また幅広いステークホルダー（利害関係者）から構成された運営委員会が作られていくよう、説得する活動を行うべきである。複数の場（フォーラム）が必要であり、一つの「イベント」が仕切るべきでない。

このような場が作られるよう強力に組織する間に、情報に基づく一般市民の

---

[5] http://www.isep.or.jp/
[6] http://www.ccnejapan.com/

見解ができるだけ幅広く宣伝・伝達されるようにする必要がある。また私たちが主張している論点が，できるだけ幅広く宣伝・伝達されるようにする必要がある。

⑦ 原発の即時停止が最善の解決策だと人々に確信してもらう

これが最大の課題である。「私たちは原発を即座に終わらせるべきである。その理由は……であり，裏付ける情報・データは……である。原発の即時停止は，……のような方法で実行可能なのだ。私たちは，市民社会のあらゆる見解に関して討論を提起し，その議論が促進されるようにする。もし私たちが皆さんを説得することができなければ，私たちの見解は実行されないことになる」。このように言えるようになる必要がある。

4　戦略的展望のために

女性の排除

最近テレビ朝日で，10人の討論者による原発に関するオールナイト・テレビ討論が全国放映された[7]。そのうち9人が男性で，MCも男性だった。これは，露骨に不平等であることはもちろんのこと，メディアがどのように討論を設定し，またどのような問題が議論されるべきと考えているかを表している。

原発に関する政府の会合は，四方の壁中ぎっしり男性だ――委員会のメンバー，顧問，会社の人々でいっぱいの聴衆は，100％と言ってもいいほどに95％以上が男性である。

私は25年近く，反原発株主の1人として関西電力の株主総会に出席してきた。毎年同じことだ。壇上にはグレーのスーツ姿の男性幹部がずらりと並んでいる。後列のどこかに1人か2人の女性幹部が座っているらしい。

これに比べると，反原発運動では田舎であろうと都市であろうと，何十年も男性と女性の健全なバランスがとれている。女性も男性も重要な役割を果たし

---

[7] 2013年10月26日。「激論！止まらない汚染水　ドーする？原発」，テレビ朝日系列「朝まで生テレビ」（これは終夜のライブで，ディベート形式の番組である）。

てきた。

　原発推進の世界におけるジェンダー・アンバランスは，日本社会における原発の創設と継続とに絶対何らかの関係があるはずだ。だから，このアンバランスを正すことは，日本の原発を終わらせるために肝要なのだ。
　私たちもみずからに注意深くなければならない。私たちが反原発運動の中で一たび政策を議論し始めれば，やればやるほど「男性のように」なる危険が増え，自分たちの委員会を創設する仕方，あるいは問題の討論の仕方，言い換えるとプロセスが原発推進派の仕事のやり方と似通ってくるのである。私たちは，変えようとしている相手を映す鏡になってしまうのだ。このことを自覚する必要があり，そういうことにならないようにチェックしなければならない。

広範な社会を包摂することの重要性

　問題は女性が締め出されてきたことだけではない。もし若者が少なすぎるという歪んだ年齢的アンバランスを抱え，要援護者も含めず，都市志向に偏るとすれば，間違った答えを手にすることになるだろう。私たちは，誰が討論参加者であるかによって討論の内容が変化することを心に留めておかなければならない。

社会が確信するために，なぜ原発を終わらせる必要があるのかを包括的に語らなければならない

　2012年の衆議院総選挙では新しい政党の躍進が見られたが，その多くは反原発の立場だった。しかし，決定的に重大な政策と政治的誤りがあった。原発は，他の問題から切り離された問題として議論されたのだ。むしろ政党が提示すべき見解は，次のようなものだった。「もしあなたが**本当に**日本の経済を心配しているなら，もし**本当に**若者に仕事をつくろうと望んでいるなら，**本当に**田舎と都市の健全なコミュニティを望んでいるなら，それなら，原発を終わらせなければならない」と。
　だが政党は，そんなことはしなかった。だから，世間の大多数の人々が原発を終わらせたいと望んでいたとしても，それよりも経済を選んだのである。疑いもなく，多くの人々の考え方は，「私は本当に原発を終わらせたいと思って

いる。でも，今現在経済はこんなに落ち込んでいる。不幸なことだが，原発の廃止は今は待たざるを得ない」というものだった。

　市民運動のコミュニティが，まさに今原発を終わらせることが経済にとってもよいことで，仕事をつくるにもよく，コミュニティの健全さにもよく，農民にとっても若者にとっても**よい**のだ――つまり，これが**より**よい道なのだという明確な分析を提示することが重要だった。人々の幸せ，市民社会は「トップダウン」のエネルギー政策によって打撃を受けた。私たちは富は得たが，本当の幸せは得なかった。私たちに必要なのは，人々が飛びつきたくなるほどエキサイティングな計画を提示することだ。

　私たちは新しい社会をつくる転換点に立っている。だから，私たちは自分たちがどこに向かって進みたいのかを知り，人々と必要な連合を組み，必要な分析に取り組むことが必要なのだ。

　そのために私たちは抗議というものを文化のレベルに上げなければならない。表現方法をもっと豊かにし，価値観を伝えユーモアを加味し，美的批評を導入する必要がある。それをトップレベルの経済分析，政府の予算について知っている専門家，地域自治体・国レベルにおける変革を実際にどのように行うかに関するトップレベルのノウハウと混ぜ合わせなければならない。これを全部私たちだけでやることはできない。そのためにこれらの分野について知っている人々に係わってもらう必要がある。私たちの役割は触媒になることであり，これらの人々のこのような行動を促進することである。

　私たちに必要なのは，原発をもっと社会的に包括的な方法で語ることだ。この方法を日本の主流にとって魅力的にする必要がある。そのためには，原発の廃止に関して「**なぜ**」と同じくらいたくさん「**どのようにして**」を語らなければならない。そのようなプロセスの変革を行わなければならないのだ。

　今原発を終わらせることがよりよい，より幸せな社会をつくるためにどのように決定的に重要なのかについて私たち自身が明確な展望を持たなければならない。

　福島第一原発の事故が起きるまで何十年もの道のりがあった。より広範な市民社会の参加が欠けていたこと，ステークホルダーが意思決定過程から排除されてきたこと，要するに，民主主義が機能していなかったから事故が起きたの

である。

　スリーマイル島，チェルノブイリ，福島の事故から学ぶ最大の教訓の一つは，市民社会が人々の直接の体験に充分に耳を傾けなかったということだ。

日本の政治的リーダーシップの閉じた世界——それがどのように日本を傷つけているか

　私自身の経験から，例をいくつか描き出す。

　私は2002年，菅直人が民主党の党首のとき，党本部で彼に会ったことを思い出す。私が原発のことを話した時，彼は私に向き直り，そんな議論を全然聞いたこともないかのように少し当惑した表情で，「原発の何がいけないの？」と言った。10年も経たないうちに彼は，首相として地震，津波，福島第一の事故の危機に準備もなく直面することになった。

　2009年4月，当時政権にあった民主党が複数の市民団体に，気候変動についてブリーフィングに来てくれるよう要請した。細野豪志はそのとき民主党の党首で会合の議長だったが，出たり入ったりしていた。後で手短に彼と話し合った時，彼は会合に欠席したことを謝り，「私はあなたや他の市民団体の方たちから原発について学びたい」と言った（その日，私たちの交通費すら出ない予算となっていた）。その後何もなかった。それから，3・11が起き，彼は原発事故担当大臣になった。民主党はたぶん，市民社会からブリーフィングを受けるための予算をずっと組んでいなかったのだろう。

　これは民主党に限ったことではない。また市民運動だけでなく，市民社会の外部の専門家も除外されている。国会議員と政党は，市民社会から学ぶための予算をもっていない。私たちが彼らに（自費で）ブリーフィングをする時，彼らは耳を傾け，指摘されたことは重要だと言うが，それで終わりだ。

　市民団体や原発推進でない専門家に耳を傾けるのは「課外活動」だったし，今でもそうだ。新たな原発災害を防止する，よりよい日本社会をつくるための生命線と位置づけられていない。

　日本のリーダーシップの問題は，彼らが保守的であり原発推進であるということだけでなく，情報源が著しく制限されていることにある。

私たちには何ができるのか——実現のカギは，他人をどれほどまき込めるかだ

私たちはこの状況を今すぐ変えることはできないが，次のことはできる。

私の考えでは，反原発運動は次のことをもっと自覚する必要がある。つまり，都市での運動の主力になっている技術的な議論，そして運動を事実上支えている議論は，基本的に，原子力の利用を疑問視する核物理学者や核化学者の伝統に由来している。彼らは私たちの最初の教師であり，原子力に反対する彼らの議論は，何よりもまず安全性をめぐるものであった。

反原発の議論は，原発が経済にも雇用創出にも悪いと発言する経済学者から出されたものではなかった。コミュニティの健全性の問題あるいは倫理的問題さえ，主要な技術的安全性の問題に「付加的な」ものと，運動の側は多くの場合捉えてきた。

私たちはこの弱点を補正する必要があり，積極的に経済学者や（予算，避難のような危機管理を含む）地元・地域の政策を実行する経験をもった人々，異なるタイプの専門家を巻き込まなければならない。異なる人々を巻き込むことは，それまでとは異なった大変必要とされる問いかけを促し，現状を批評し解決策を作るためになるだろう。私たちは何が不足しているかを考え，外に飛び出し，それを手に入れなければならないのだ。

最終的に勝負を決めるのは，原発に依存している地域におけるドロドロした具体的な実態であり，電力会社の財政状況等々である。原発を終わらせることは理にかなっているというもっぱら知的なだけの議論によって，この課題の達成を得ることはないだろう。

私たちは自分たちだけでやろうとしすぎている。そう，確かに私たちはとても一生懸命活動している。勤勉で粘り強いのは大切だ。だが，次のことに気づくべきだ。私たちがどんなに一生懸命活動しても，原発を終わらせることが実際でき，即時終わらせるのが最善の方法だ，ということを広範な社会階層が認識しなければ，原発は止まらないのだ。これに欠かせないことは，原発の廃絶はどのように実行できるのか，が人々に見えることだ。

私たちの行動を変えることによって，私たちはこの過程の前進を促せる。

例えば，私たちが原発事故の避難計画について関西広域連合[8]と会合をもつ時，適切な問いかけをすることがきわめて重要だが，誰を招待するのかも同じく重要だ。避難元の施設・組織の責任者，あるいは避難者を誘導するまたは受け入れる担当者，さらに議員や地元・地域のメディア。もし彼ら自らが関西広域連合の準備がまったくできていないことを目の当たりにすれば，動揺して自ら不安の声を挙げるだろう。

　もう一つ別の例を挙げよう。原発問題の現状，または福島の事故に関する重要な国際シンポジウムが東京大学またはその他の大きな大学で開かれる時，カギを握るのは，私たちがそこで**何を討論するか**だけではなく，**誰に参加してもらうのか**，そしてシンポジウム後のフォローアップ**をどうするか**であろう。異なる専門家を招待する，当該大学の学生の無料参加，それ以外の学生の参加費を安くする，カギとなる新しいステークホルダーにとって魅力的であることが重要なのだ。

　大学が，原子力に関する議論と討論の場として花開くことが必要である。そう，大学では原子力の問題についてたくさんの会合やシンポジウムが開かれているが，そのほとんどは原発推進のイベントか原発反対のイベントだ。例えば，日本で最も威信のある一大学，私が住んでいる都市にある京都大学では，原発推進の専門家と原発に反対する専門家のきちんとした議論・討論のシリーズは依然として開催できない。それは今なおタブーなのだ！　合意していない論争問題について，公開で建設的に討論する方策が大学にないとすれば，いったい学問とは何なのか。

　さらにもう一つの例は，福島事故の被害者と政府の間の協議だ。福島の親たちが子どもを守ってほしいと政府に必死に要望している時，その親たちが支援者まで集めなければならないという事態にすべきではない。一方，支援の中心となっている市民団体は手がいっぱいだ。政府の予算の不足を含め現況がいかに不公平でひどいものなのかを他の人々に知らせる人，国内外に幅広く知らせていくことをする人が，このコアになっている人たち以外に必要とされている。私たちは，不正に対して机を叩くことはできるが，この問題に対する充分な予

---

[8] http://kouiki-kansai.jp/

算の確保ができなければ，事態が改善されることはないだろう。

　政府との話し合いから，私たちの多くは，もう一つの新たな福島災害に今まさに向かって進んでいる可能性が十分にあるとわかっている。しかし，そのことを他人に説明できない。なぜなら，人々はこの恐ろしくひどい実態を目の当たりにしていないから。

　言いかえると，必要とされている活動の一部は問題そのものに取り組むことなのだが，私たちが問題をどう宣伝するか，誰を巻き込むのかもまた活動の重要な一部なのだ。これを実行するためには積極的にならなければならない。さもないとそれは現実にはならないのだ。原子力市民委員会が開催する公開シンポジウムをウェブサイトに掲載する時には，視覚的にとても刺激的で，人々が「あぁ，逃して残念。次の会合には絶対行かなくては！」と思えるようにしなければならない。物事を楽しく魅力的にすることは何も悪くない。むしろ，とても大切なことなのだ。

　私たちは「若者を巻き込む」ことをリップサービスにとどめておくのか。むしろ真剣に取り組まなければいけないことなのだ。そのためには若者に企画をしてもらう必要がある。言うは易く行うは難しだが，大事なことだ。私たちはこれを前進させなければならない。

　鎖国は終わっていない──バイリンガル・マルチリンガル能力の重要性
　とりわけ最大の問題は，私の考えでは，福島事故の危機に関して現在日本で進行中の大部分が，そして安倍政権の原発再稼働の試みに関して進行中のたくさんのことが，国際的メディアの報道にもかかわらず，言葉の壁に阻まれて外部世界にまだほとんど知られていないことである。日本の活動家も，現在起こっていることに批判的な技術専門家も，直接英語でコミュニケーションをとる人はほとんどいない。その結果，日本国内と海外の市民団体，専門家，メディアとの恒常的な意見交換が存在しない。

　福島の本当の教訓が，海外に充分に伝達されていないのである。日本で進行中のことに関して透明性が欠落しているために，福島事故の犠牲者と日本の市民団体は，日本の状況に役立つような海外からの支援，情報，刺激を得ることから遮断されている。現在，私たちのバイリンガル能力はとても制限されてお

り，私たちのもとに来る国際ジャーナリストの要請にすら適切に応えることができていない。

つまりひどく制限されているバイリンガル能力のせいで，たくさんの機会を失っているのである[9]。

この壁を打ち破るために，私たちの言語能力まずは英語と日本語のバイリンガル能力を——例えば関心をもっているバイリンガルの若者と専門家に働きか

---

[9] ひどく制限されたバイリンガル能力のために現在および将来，私たちがとり逃している好機の例をいくつか挙げておこう。

国連人権理事会の「健康に関する権利」特別報告者であるアナンド・グルーバーが2013年5月2日に発表した福島に関する重要な報告を，日本政府は傲慢な軽々しい応対で済ませてしまった（「すべての者の到達可能な最高水準の身体及び精神の健康の享受の権利（健康の権利）」特別報告の外務省による日本語訳は http://www.mofa.go.jp/mofaj/gaiko/page3_000237.html にある。ヒューマンライツ・ナウによる日本語訳「達成可能な最高水準の心身の健康を享受する権利」に関する特別報告は http://hrn.or.jp/activities/fukushima/ にある）。この問題に対応するわれわれの仕事は，言語能力の欠如のため，著しく制限されている。

事故と日本の原子力についての技術的問題点に関する日本の専門家と市民団体の提案，訴え，解説等を世界は心待ちにしている。関心を寄せている海外の専門家と原子力に批判的な日本の専門家は，お互いにコミュニケーションをとる必要がある。現在のところ，日本の専門家は事実上英語でコミュニケーションをせず，海外の提案は日本に届いていないか日本で議論されていない。

2012年7月5日に公表された国会の福島原発事故に関する委員会の報告〔『東京電力福島原子力発電所事故調査委員会報告書』2012年9月30日〕は，福島第一原子力発電所事故が，「何度も事前に対策を立てるチャンスがあったことに鑑みれば，今回の事故は「自然災害」ではなくあきらかに「人災」である」と述べた。市民団体は，この報告書の内容を国内でも海外でも最大限活用できる。一例として，国際放射線防護委員会（ICRP）の日本側メンバーと，（この国際放射線防護委員会の会合の参加者に航空運賃を払う）電力会社との安直な関係を取り上げ，海外に知らせることである。

日本の原子力規制は，福島の事故の教訓を学んでいない。新しく設立された原子力規制委員会は，始めは電力会社に対して強い態度で臨むが，後に密室の会合となり180度態度を変えてしまう。この状況はますます悪化しているが，海外にはこの情報が充分伝わっていない。例えば地震の問題について原子力規制委員会は，原子力発電所下の断層に関する自分自身の規制に従ってさえいない。

2012年，日本の市民団体は二つの大規模な国際会議，「今こそ原子力からの解放を——原子力から解放された世界のためのグローバル会議」（http://nprfree.jp/english.html）を開催したが，言語能力の欠如のためにその後のフォローアップができなかった。

けるなどして——改善していくのが不可欠だ。そうしていけば，壁は打ち破ることができる。これは日本の原発をストップさせるために，大変有効な手段となろう。そして日本の原発をストップさせることは，海外でストップさせることに大きく役立つ。

私たちが得意とするのは何か，そしてなぜそれが重要なのか
　安倍政権は民主党政権よりも非民主的なプロセスに後戻りしているため，私たち市民団体は，今まで取り組んできた原発を阻止するという本来の役割をさらに頑張って担うことが大切だ。つまり，国家政策はきわめて原発推進であるとしても，私たち市民団体が政府の行動と計画に対抗し原発の再稼働を具体的に阻止できるとしたら，原発が動いていない状態を事実上作ることができる。そこから，今度はその現実を反映させる政策の転換に向けた行動ができる。つまり原発の再稼働をストップさせる活動は，単なる反応・反対ではなく，日本の政策転換のための実際的な活動なのだ。
　同時に，電力システムを改革し，地域の再生可能エネルギーを率先して推し進めている他の市民団体の活動も，原発阻止活動と並行する重要なキャンペーンである。もしこれらの活動が実現すれば，原発の経済状態は著しく悪化し，原発から脱却すべきであると発言する層が形成され，もっと社会的参加が生まれるだろう。現在に取って変わる経済と社会の実践的なビジョンを私たちが持てば持つほど，原発に留まるのは悪いことと思われるだろう。

資金調達によるキャパシティ・ビルディング——もっと大きな市民社会の支援を創造する
　もっと多くの国際的な意見交換によって得をするのは，反原発運動を支援する日本の財団の支援とエンパワーメントの分野である。現在，財団の数はあまりにも少なすぎる（5本の指でも余るほど！）。国際的意見交換は，財団の資金規模を大きくすることにつながる。これが重要なのは金銭的理由だけでなく，より広範な市民社会にかかわってもらうために役立つからである。
　一握りの財団が，どの市民団体に20万円（2000ドル相当）を寄付するかを決めるという，非常に苦しい選択に時間を費やすのではなく，もっと多くの時

間を資金というパイを大きくするために使えるよう支援を得ることができたら，それが大事だろう。確かに，日本には社会的活動に対する寄付の伝統がない。とはいえ，不景気ではあるにしても，日本は今なお世界第3位の経済大国なのだ。3・11以来メディアの原発問題に関する報道範囲は飛躍的に広がっているが，原発を終わらせるためのより広範な財政的支援はまったく伴っていない。状況を変えるには，誰かが終始一貫したやり方でこのことについて考える必要がある。助成金を出している財団などの資金提供者に対し，もっと財政的支援を施すためのお金，追加の資金調達源を生むためのお金が，世間に絶対もっと多く存在するはずだ。

　こうした変化がなぜ起こらないのかという問題の大部分は，少数の資金提供者と市民団体が，市民運動の活動への資金増に投資する人的・金銭的・時間的余裕を持っていないことにある。皆やることが多すぎるのだ。もう1つの問題は，市民団体だけでなくこれらの財団にいる資金提供者の多くも，市民団体と同様の視点を持つキャンペーン運動の出身者であって，ほとんどの場合彼らの第一の関心事が，お金を作ることにないからである。

　私たちが必要としているのは，新たに加わる人々，新たな種類の人々が加わることだ。私たちはブレークスルーしなければならない。

　このことをドイツから，いやもっと広くヨーロッパから，さらに広く資金支援活動を発展させてきた伝統をもっている世界各地から学び，感化されることが重要だ。もちろん，そこには文化的，財政的，社会的な違いがあるけれども，この伝統が海外に由来するという「魅力的」要素は，反原発の活動に対する日本の資金支援活動を一歩前に押し出す助けとなるかもしれない。そのために私たちはまず日本で活動し関心を持ってもらう，より広範な領域を見つけなければならない。集会や公開セミナーは，私たちに関心を寄せ，資金にアクセスでき，それを行動に移せる新しい人々を巻き込まなければならない。また，別々だが同様に大切なこととして，私たちはすでに参加している資金提供者と一緒にパイの増やし方，例えばmatching fund programsなど適切な資金プログラムを実行する技法についてセミナーを開く必要がある。

　さらに日本の市民運動は，もっと多くの潜在的な支援者に接近するために，運動自身の力量を増やすよう着手しなければならない。反原発の「平均的な」

市民団体は，年にそれぞれ3000円寄附するおよそ300人の支援者を持っているが，これは年間総額で90万円になる。もっと幅広い市民社会層からの資金援助は，もっと多くの資金の調達に役に立つだけでなく，反原発の活動をより広く支援することにもつながるだろう。

このような変革を実現するために，私たち日本の市民運動は上で述べた事柄にもっと注意を払わなければならない。私たちは自分たちの力量を高めること，ほとんど専門的知識のないこの分野での自己教育に，わずかな貴重な時間でもとにかく費やすよう努力する必要がある。もっと効果的に活動できるよう，ここに投資しなければならない。だが，それは綱渡りでもある。というのは，今は，私たちが一番経験を持っていること，つまり再稼働反対に全力を挙げる時だからだ。

キャパシティ・ビルディングの重要性

キャパシティ・ビルディングは，多くの分野で重要だ。なかでもメディアとより効果的に接する仕方を学ぶ，若い世代に接する能力を高める，私たちのキャンペーンの目標を達成する技法を向上させる——政府予算の使われ方，地域自治体の意思決定の過程，原発の経済学，これらの問題について，効率的に対処できるようになり，専門的に対処できる人を見つけることができるレベルまで充分に学ぶことだ。

ドイツや他の市民社会から学ぶ

「ドイツから学ぶ」，「海外から学ぶ」のは一方通行ではない。私は，意見交換が双方にとって有益である場合に実がなると信じている。そのためには，私たちは事実や結果だけではなく，過程について話さなければならない。過程を強調しなければならない。

必要なこと：展望——価値のコミュニケーション

日本社会は今，経済的優位の喪失と，それに伴うさまざまなことの喪失という心理的混乱状態にある。かけずり回るように新しい展望(ビジョン)を求めている。政治指導者たちは「安全な」ものにしがみつき，どうにかしてかつての高度経済成

長を再現しようとしている。今こそ行動の時だ。私たちは日本が「失った」20年について語らなければならない。そして，原発を今すぐ終わらせることこそがこの失われた時間を取り戻す助けになると語らなければならない。

　私たちは，今提案している展望をさらに発展させる必要がある。

　イソップの寓話の中にあるように，人は風が外套を吹き飛ばそうとするのには抵抗するけれども，太陽が輝くときは喜んでそれを脱ぐのである。原発を終わらせることは何かが「奪われてなくなる」というより，豊かになることでなければならない。もっと健全な経済を創造し，もっと健全なコミュニティをつくり，人々をもっと幸せにし，若者に未来に続くもっとたくさんの職を生み出すことでなければならない。それと同時に，第二の福島の災害を防止するものでなければならない。

　私たちは大声で明瞭にこう言わなければならない。「日本はもっと健全な経済，もっと魅力的で優雅な，美的で幸せな社会，仕事にとってもよい社会を望んでいる，だからこそ私たちは原発を終わらせなければならないのだ」と。日本の社会と政治家に対して，よりよい社会へと進むのを原発が**邪魔**しているということを示すことなのだ。このメッセージを発信するために，私たちは経済分析をし，このメッセージを伝達するための言語を発展させる必要がある。何かを諦めるのではなくて，何かを獲得することなのだ。しかし私たちは，日本の人々が納得しうるために，抜け目のない経済専門家や都市・農村の政策立案者のようにこれに取り組まなければならない。2012年の衆議院選挙での政党の失敗から学ぶ必要があるのだ。

市民社会は何を示されることを望んでいるのか――どのようにして原発の廃絶を実現するのか

　私は，原発の早期廃止が**どのようにして**実際に実現できるのかが示されるのを，人々が捜し求めていると信じている。例えば原発に依存している県は，原発廃止に直接的な便益があると見えなければ，原発を断念するはずがない。私たちは，地域の視点で状況を見ることのできる人々の助けを必要としている。

　おそらくスタートするのによい方法は，原子力市民委員会の中間報告を手に取り，こう質問することだ。「では，どうしたら私たちは実際にこれを実現で

きるのか。このパズルのそれぞれのパーツを検証するために，私たちが訪ねにいける人はどんなタイプの人なのか」。私たちはこれを広範な専門家やステークホルダー，社会の人々に持っていき，たくさんの質問をし，彼らの考えを頭に入れることを必要としている。出発点は，原子力市民委員会が企画している市民社会との公開討論フォーラムである。

5 結論

　日本社会の70%が，原発を終わらせることを望んでいる。人々はこれが実現可能なのか，そして可能であれば，**どのようにして実現されるのか**，を知りたがっている。日本の市民運動，とくに反原発運動の役割は原発の再稼働を阻止することであり，それによってこのような討論と議論が行える環境を提供し，原発がいかによりよいエネルギー政策の邪魔をしているかを示し，もっと魅力的な新しい道を提案することだ。最も重要なことは，市民社会において公開の討論の場の開花を促進し，それを通じて人々が，原発を終わらせることがよりよい道であり，実現可能であるという確信に至るように，私たちがすることである。

　以上のことを成すために，私たちは自分たちの力量を育む必要がある。私たちは，同様な議論をしてきた，そして今もしているドイツやその他の市民社会との間のコミュニケーションを必要としている。また，様々に関わってくれる人をもっと多く必要としている。原発を終わらせ，それにより，日本の「トップダウン」のエネルギー政策を転換させるのは，最終的には日本の社会の人々なのだ。私たちの仕事は，そのための触媒になることである[10]。

　　　　　（アイリーン・美緒子・スミス 監修，溝渕由起 監訳，壽福眞美 訳）

---

[10] 2013年9月29日。アイリーン・美緒子・スミス「日本の原子力をどうやって終わらせるか」に関する京都講演（https://youtu.be/Fa1Os5o5xU4）。

● Contents （英語目次）

Introduction
Masami Jufuku

1 Energy Transition: Chance and Challenge
Peter Hennicke

2 Regional economic effects of Renewable Energy in Germany
Jörg Raupach-Sumiya

3 Nuclear Energy Policies in Germany – Responces to TMI, Chernobyl and Fukushima
Ortwin Renn and Christian Krieger

4 The Nuclear Phase-out of Germany – Policy Change Produced from Public Participation
Chikako Yamamoto

5 Expert-Discourse, Citizen Participation and Making of Political Will – The Beginning of Setbacks in German Nuclear Energy Policy in 1979
Masami Jufuku

* The Greens and Energy Transition
Sylvia Kotting-Uhl

6 Fukushima, March 11 and National and Grobal Trend of Energy
Koichi Kitazawa

7 The Flaws and Transformation of Social Controls Regarding Nuclear Power Plants
Harutoshi Funabashi

8 The Potential of Japan's Anti-Nuclear Citizens' Movement to End Nuclear Power and Implement Change in Japan's Energy Policy – What Needs to be Undertaken to Meet this Challenge
Aileen Mioko Smith

Contributors

● Inhaltsverzeichnis（ドイツ語目次）

Einleitung
Masami Jufuku

1 Energiewende: Chance und Herausforderung
Peter Hennicke

2 Der nationale ökonomische Einfluss von Erneuerbaren Energien in Deutschland
Jörg Raupach-Sumiya

3 Kernenergiepolitik in Deutschland – Reaktionen auf TMI, Chernobyl und Fukushima
Ortwin Renn and Christian Krieger

4 Ausstieg aus Kernenergie in Deutschland – Veränderung der Politik durch Teilnahme der Öffentlichkeit
Chikako Yamamoto

5 Expert-Diskurs, Bürgerteilnahme und Gestaltung des politischen Willens – Anfang vom Scheitern in der deutschen Kernenergiepolitik 1979
Masami Jufuku

* Die Grünen und Energiewende
Sylvia Kotting-Uhl

6 Fukushima, 11. März und nationale und grobale Tendenz der Energiepolitik
Koichi Kitazawa

7 Mangel und Umgestaltung der sozialen Kontrolle über die Kernkraftwerke
Harutoshi Funabashi

8 Das Potential der japanischen Bürgerbewegung zur Abschaltung der Kernkraftwerke
Aileen Mioko Smith

Zu den Autor/innen

●編著者

舩橋晴俊（ふなばし・はるとし） [第7章]

1948–2014年。法政大学名誉教授。サステイナビリティ研究所前副所長、原子力市民委員会元座長。専門は環境社会学・社会計画論。主な著書に、『組織の存立構造論と両義性論』（東信堂、2010年）、『環境社会学』（編著、弘文堂、2011年）、『社会学をいかに学ぶか』（弘文堂、2012年）、『原子力総合年表』（共編、すいれん舎、2014年）、『社会制御過程の社会学』（近刊）ほか。

壽福眞美（じゅふく・まさみ） [はじめに／第5章]

1947年生まれ。法政大学サステイナビリティ研究所副所長、社会学部教授。専門は社会哲学。主な著訳書に、『批判的理性の社会哲学』（法政大学出版局、1996年）、『公共圏と熟議民主主義』（共編、法政大学出版局、2013年）、N. ボルツ／A. ミュンケル編『人間とは何か』（法政大学出版局、2010年）、ヘニッケ／ヴェルフェンス『福島後のエネルギー転換』（近刊）。

●執筆者

ペーター・ヘニッケ（Peter Hennicke） [第1章]

1942年生まれ。ヴッパータール気候、環境、エネルギー研究所前所長、ローマクラブなど多数の国際顧問会議の構成員、ドイツ（2014年）とスウェーデン（2015年）の環境賞受賞、国際産業環境経済学研究所（ルンド大学、スウェーデン）客員教授（2014～2015年）。専門はエネルギー、気候変動、資源効率化政策。200以上の論文、著作がある。最新の著書に、『ドイツのエネルギー転換——効率的で知足の緑のエネルギー経済』（共編、ヴッパータール研究所・国際産業環境経済学研究所、2015年）。

ヨーク・ラウパッハ・スミヤ（Jörg Raupach-Sumiya） [第2章]

1961年生まれ。1990年に来日。経営コンサルティング会社に入社後、外資系企業の日本法人と日独合弁会社の役員を務め、2013年からは立命館大学経営学部教授。専門は国際経営、国際産業論。世界のエネルギー業界、特に再生可能エネルギー分野について研究。

オルトヴィン・レン（Ortwin Renn） [第3章]

1951年生まれ。先進サステイナビリティー研究所（ポツダム）サイエンティフィック・ディレクター、シュトゥットガルト大学教授。専門は環境社会学。主な著書に、『リスク・ガバナンス』（アーススキャン、2014年）、『リスク社会の再審——社会理論とガバナンス』（共著、テンプル大学出版局、2014年）、『放射性廃棄物——処理の技術的・規範的側面』（共著、シュプリンガー、2011年）。

クリスティアン・クリーガー（Kristian Krieger） ［第 3 章］

ルーヴァン・カトリック大学（ベルギー）政治学研究所研究員。専門はリスク・ガバナンスの国際比較，とくに災害マネージメントのリスクとレジリエンス。主な著書に，「レジリエンスとリスク研究」，バージェス，アレマーノ，ジン『リスク研究ハンドブック』（ラウトレッジ，2016 年），「洪水マネージメント形成における近代，科学，リスク」（『ワイヤーズ・ウォーター』第 2 巻 3 号）。

山本知佳子（やまもと・ちかこ） ［第 4 章］

1959 年生まれ。国際基督教大学卒。フリージャーナリスト・翻訳家。1980 年代後半，西ベルリンで反核・平和運動のインターンシップ中，チェルノブイリ事故を経験。その後，ドイツ・メディアの仕事を中心に行ない，中国，インドを経て，現在日本在住。著書に『ベルリンからの手紙』（八月書館，1989 年），『外国人襲撃と統一ドイツ』（岩波書店，1993 年）ほか。

ジルヴィア・コッティング＝ウール（Sylvia Kotting-Uhl） ［特別寄稿］

1952 年生まれ。ドイツ連邦議会議員（2005 年～），同盟 90／緑の党・核政策代表，ドイツ・日本議員グループ議長（2014 年～），ドイツ環境・自然保全連盟，ドイツ地球の友，世界自然保護基金，アムネスティ・インターナショナル等の会員。

北澤宏一（きたざわ・こういち） ［第 6 章］

1943-2014 年。東京都市大学前学長。東京大学名誉教授。専門は材料科学，高温超伝導研究。福島原発事故独立検証委員会委員長に就任し，2012 年 2 月『調査・検証報告書』を発表。主な著書に，『科学技術は日本を救うのか』（ディスカヴァー・トゥエンティワン，2010 年），『日本は再生可能エネルギー大国になりうるか』（同，2012 年）ほか。

アイリーン・美緒子・スミス（Aileen Mioko Smith） ［第 8 章］

1950 年生まれ。1970 年，ユージン・スミスのアシスタントとなり，その後結婚。水俣病取材のため 3 年間現地に滞在。75 年アメリカで写真集『MINAMATA』をユージンと出版。80 年，日本語版『水俣』（三一書房）を出版。現在は反原発 NGO「グリーン・アクション」代表。email: amsmith@gol.com ／ URL: http://www.greenaction-japan.org/

持続可能なエネルギー社会へ

ドイツの現在，未来の日本

2016 年 8 月 25 日　初版第 1 刷発行

編　者　舩橋晴俊／壽福眞美
発行所　一般財団法人　法政大学出版局

〒102-0071　東京都千代田区富士見 2-17-1
電話 03（5214）5540　振替 00160-6-95814
組版：HUP　印刷：三和印刷　製本：積信堂

© 2016 Funabashi Harutoshi, Jufuku Masami *et al*.
Printed in Japan

ISBN978-4-588-62531-2

公共圏と熟議民主主義　現代社会の問題解決
舩橋晴俊・壽福眞美 編著　　　　現代社会研究叢書　4700 円

規範理論の探究と公共圏の可能性
舩橋晴俊・壽福眞美 編著　　　　現代社会研究叢書　3800 円

脱原発の比較政治学
本田宏・堀江孝司 編著　　　　2700 円

震災と地域再生　石巻市北上町に生きる人びと
西城戸誠・宮内泰介・黒田暁 編　　　　3000 円

新しい政治主体像を求めて
岡本仁宏 編　　　　5600 円

市民の外交　先住民族と歩んだ 30 年
上村英明・木村真希子・塩原良和 編著・市民外交センター 監修　　2300 円

人間存在の国際関係論
初瀬龍平・松田哲 編　　　　4200 円

「人間の安全保障」論
カルドー／山本武彦・宮脇昇・野崎孝弘 訳　　　　3600 円

環境をめぐる公共圏のダイナミズム
池田寛二・堀川三郎・長谷部俊治 編著　　　現代社会研究叢書　4800 円

メディア環境の物語と公共圏
金井明人・土橋臣吾・津田正太郎 編著　　　現代社会研究叢書　3800 円

表示価格は税別です

移民・マイノリティと変容する世界
宮島喬・吉村真子 編著 …………… 現代社会研究叢書　3800 円

ナショナリズムとトランスナショナリズム
佐藤成基 編著 …………… 現代社会研究叢書　4900 円

基地騒音　厚木基地騒音問題の解決策と環境的公正
朝井志歩 著 …………… 現代社会研究叢書　5800 円

若者問題と教育・雇用・社会保障
樋口明彦・上村泰裕・平塚眞樹 編著 ………… 現代社会研究叢書　5000 円

ポスト公共事業社会の形成　市民事業への道
五十嵐敬喜・萩原淳司・勝田美穂 著　法政大学現代法研究所叢書　3200 円

境界線の法と政治
中野勝郎 編著 …………… 法政大学現代法研究所叢書　3000 円

20 世紀の思想経験
細井保 編著 …………… 法政大学現代法研究所叢書　2600 円

社会国家・中間団体・市民権
名和田是彦 編著 …………… 法政大学現代法研究所叢書　3500 円

民意の形成と反映
石坂悦男 編著 …………… 法政大学現代法研究所叢書　4000 円

住環境保全の公共政策
山岸達矢 著 …………………………………………… 4400 円

表示価格は税別です